존재와 시간

인간은 죽음으로 향한 존재

 시대의 절대사상

존재와 시간

인간은 자기 앞으로 향한 존재

| 이기상 | 하이데거 |

살림

*e*시대의 절대사상을 펴내며

고전을 읽고, 고전을 이해한다는 것은 비로소 교양인이 되었다는 뜻일 것입니다. 또한 수십 세기를 거쳐 형성되어 온 인류의 지적유산을 제대로 이해하고, 그 바탕 위에서 새로운 자기만의 일을 개척할 때, 그 사람은 그 방면의 전문가가 될 수 있을 것입니다. 프랑스의 대입제도 바칼로레아에서 고전을 중요하게 취급하는 까닭도 그와 같은 이유 때문이겠지요.

그러나 예전에도, 현재에도 고전은 유령처럼 우리 주위를 떠돌기만 했습니다. 막상 고전이라는 텍스트를 펼치면 방대한 분량과 난해한 용어들로 인해 그 내용을 향유하지 못하고 항상 마음의 부담만 갖게 됩니다. 게다가 지금 우리는 고전을 읽기에 더 악화된 시대를 살고 있습니다. 변하지 않고 있는 교육제도와 새 미디어의 홍수가 우리를 그렇게 만들고 있는 것입니다.

고전을 읽어야 하지만, 읽기 힘든 것이 현실이라면, 고전에 친근하게 다가갈 수 있는 새로운 방법을 응당 고민해야 하지 않을까요? 살림출판사의 *e*시대의 절대사상은 이러한 문제의식을 가지고 기획되었습니다. 고전에 대한 지나친 경외심을 버리고, '아무도 읽지 않는 게 고전'이라는 자조를 함께 버리면서 지금 이 시대에 맞는 현대적 감각의 고전을 만들고자 했습니다.

고전의 내용이 지나치게 주관적으로 해석되어 전달되는 위험을 피할 수 있도록 그 분야에 대해 가장 정통하면서도 오랜 연구 업적을 쌓은 학자들이 자신의 경험을 응축시켜 새로운 고전에의 길을 열고자 했습니다. 마치 한 편의 잘 짜여진 다큐멘터리 프로그램을 보듯 고전이 탄생할 수 있었던 시대적 배경과 작가의 주변 환경, 그리고 고전에 담긴 지혜를 재미있게 습득할 수 있도록 내용을 구성했고 난해한 전문용어나 개념어들은 최대한 알기 쉽게 설명했습니다.

이전에 경험하지 못했던 새로운 감각의 고전 e시대의 절대사상은 지적욕구로 가득 찬 대학생·대학원생들과 교사들, 학창시절 깊이 있고 폭넓은 교양을 착실하게 쌓고자 하는 청소년들, 그리고 이 시대의 리더를 꿈꾸는 모든 사람들에게 생생하게 살아 숨쉬는 인류 최고의 지혜를 전달할 것이라고 확신합니다.

기획위원
서강대학교 철학과교수 강영안
이화여자대학교 중문과교수 정재서

들어가는 글

　20세기도 훌쩍 지나가고 새천년의 시작인 21세기가 발길을 재촉한다. 인류역사상 가장 사건과 문제가 많았던 20세기! 문제가 많았던 곳에 위대한 사상가들이 출현한다는 말이 맞다는 것을 증명이나 하듯 20세기는 기라성 같은 철학자들이 철학사를 찬란하게 수놓은 한 세기였다. 새천년에 들어선 지금 그들은 어디에 있는가? 사건의 현장에서는 영롱하게 빛나던 그들의 사상도 세계사의 흐름이 바뀌자 반딧불이의 반짝임처럼 역사의 뒤안길로 자취를 감추었다. 20세기말부터 삶과 앎의 패러다임이 변하기 시작하면서 새로운 사유와 인식의 틀을 제공하지 못하는 사상들은 죽은 개념들로 폐기처분되기 시작했던 것이다.

이제 우리 현대인은 탈근대라는 시대를 살면서 근대와는 다른 생활여건에서 삶을 꾸려나가고 있다. 현대인은 유럽중심주의, 이성중심주의, 인간중심주의에서 벗어나 지구상의 모든 민족들이 자신들뿐 아니라 다른 생명체와 더불어 평화롭게 살아가는 지혜를 배워야 하는 시대를 살고 있다. 시대정신을 개념으로 잡아야 할 철학도 유럽중심적, 이성중심적, 인간중심적 잔재를 털어버리고 민족과 문화의 차별을 넘어 지구 살림살이를 위한 대안을 마련할 채비를 갖추고 있다.

새천년에 들어서도 마르틴 하이데거의 철학은 아직도 유효하다. 그의 『존재와 시간』은 새 시대의 철학이 고려해야 할 철학사적 배경을 기술하며 새로운 대안 찾기에 꼭 필요한 존재 지평에 대한 시각을 제공한다. 그의 책 제목이 말해주듯 존재는 불변의 초시간적, 초역사적, 초민족적 이해의 지평이 아니다. 그것은 시대에 따라, 문화적 배경에 따라, 민족에 따라, 생활세계에 따라 다르게 울타리 쳐지는 세계이해와 자기이해의 지평이다.

나는 이 책에서 하이데거의 『존재와 시간』이 21세기를 살아가는 현대의 지성인들에게 던지고 있는 중요한 메시지를 정리하려고 노력하였다. 서양의 2500년 철학전통과 벌이고 있는 하이데거의 논쟁을 따라가기 위해서는 기본개념에 대한 이해가 필요하다. 나는 읽으미[독자]들이 어렵지 않게 하이데거의 중요사상을 이해할 수 있도록 예를 들어가며 쉬운 우리말로 설명하려고 노력하였다. 전반적으로 『존재와 시간』의 흐름을 좇아가면서 존재이해, 존재지평, 존재물음, 존재와 인간의 거기-있음[현존재], 실존, 세계-안에-있음, 세계, 시간, 진리 등의 중요개념들을 탈근대적 시각에서 해설하였다.

결론적으로 하이데거가 이 땅의 철학도들에게 던지는 메시지는, 우리의 역사적 생활세계에서 벌어졌고, 오늘날 삶의 세계에서 벌어지고 있는 존재사건에 주목하여 그것이 건네는 말에 유의하라는 것이다. 하이데거의 철학이 서양의 문화권에서 말을 건네는 존재의 소리에 대한 응답이라면, 한국이 포함된 동아시아에서 일어난 존재사건에 이 땅의 철학인들은 어떤 말과 어떤 개념으로 응답했고 응답해야 하는지를 탐구하는 것이 앞으로 우리가 해야 할 과제일 것이다. 지구촌시대라고 하는 21세기의 지구 살림살이를 전적으로 미국과 유럽인들에게 맡겨버릴 것이 아니라면 한국의 지성인은 우리의 역사와 문화에 새겨져 있는 우리 나름의 존재지혜를 드러내어 새로운 살림살이의 대안으로 제시하겠다는 각오를 다져야 한다.

현 독서계는 가벼운 읽을 거리만을 찾으며 어려운 고전들은 회피하는 유행의 흐름을 타고 있다. 이에 맞서 고전에 대한 이해를 바탕으로 세계와 역사를 보는 시야를 넓혀주어 읽으미들이 새로운 삶의 장에서 더 의미있게 살아가도록 하기 위해 살림출판사는 *e시대의 절대사상* 시리즈를 기획하였다. 이것은 인문학의 위기라는 현 시점에 때맞춘 시도이다. 살림출판사의 기획이 성공하여 풍성한 열매를 맺기를 바란다. 그리하여 21세기는 한국의 지성인들도 학술계를 이끌어가는 시대가 되기를 바라는 마음 간절하다.

돌마을[석촌동] 서재에서

이기상

| 차례 | 존재와 시간

e시대의 절대사상을 펴내며   04
들어가는 글   06

1부 시대·작가·사상

1장 하이데거 철학과의 만남

서양철학의 최고봉에 도전하다   16
하이데거가 내게 던진 물음들   25
하이데거의 철학사적 의미와 영향   32
과학의 족쇄로부터 삶을 해방시켜라   44

2장 하이데거와 20세기

문제가 있는 곳에 철학이 있다   52
이것이 바로 철학이다   66
하이데거의 삶과 사유의 여정   72

2부 『존재와 시간』: 존재를 둘러싼 거인들의 싸움

1장 존재의 의미와 존재물음의 필요성	95
2장 존재의 의미를 묻는 방법	127
3장 인간에 대한 새로운 규정	163
4장 과학, 일상, 실존의 세계	221
5장 세계 시간과 현존재의 시간성	293
6장 진리에 대한 새로운 해석	309
7장 의의와 영향	327

3부 관련서 및 연보

하이데거의 다른 저작들	334
더 읽어야 할 책들	336
하이데거 연보	338

1부

시대 · 작가 · 사상

하이데거가 말하는 문제를 문제로 본다는 것은 무엇인가? 여기서 문제란 무엇을 말하는가? 그것을 알기 위해 나는 하이데거를 공부하기로 더욱 결심을 굳히게 되었다. 하이데거를 공부한다면 서양철학이 접하고 있는 그 문제들을 모두 알 수 있을 것이다. 그리고 새로운 해결책을 어디서 찾을 수 있는지 그 방향도 알 수 있을 것이다.

1장 하이데거 철학과의 만남

서양철학의 최고봉에 도전하다

1972년 대학을 졸업한 그 해에 나는 벨지움으로 유학을 떠났다. 가톨릭 신학을 공부하려고 그 본산지인 유럽으로, 그것도 신학 분야에서는 나름대로의 명성이 있는 벨지움의 루벵대학교로 향한 나는, 미지의 세계에 대한 호기심과 학문에 대한 열정으로 가슴이 한껏 부풀어 있었다. 그렇지만 거대한 미지의 땅 유럽이 내게 준비하고 있었던 것은 전혀 예상치 못한 문화적 충격이었다.

첫 번째 충격은 나 자신, 우리 민족, 우리나라에 가해진 초강펀치였다. 반만 년의 찬란한 문화적 유산과 그 세계적 우수성에 대해서 귀에 못이 박히도록 교육을 받아온 터였는데, 어이없게도 내가 만나는 거의 모든 유럽의 학생들과 시민들은

'대한민국'은커녕 '코리아'라는 존재도 모르고 있었다. "나는 누구인가?"

두 번째 충격은 그리스도교에 대한 내 시각에 가해진 무차별 난타였다. 그리스도교의 영성(靈性)과 신학을 배우려고 그 본산지인 유럽에 온 내 눈에 비친 유럽인들의 신앙은 한마디로 늙어 죽어 가는 사람의 뒤척임이었다. 그리스도교의 교리와 신학이 결국 유럽 문화의 포장이라는 것을 알게 되었고, 이제 유럽인들마저도 자신들의 포장에 싫증을 내고 있다는 것을 확인하게 되었다. 도대체 "진리란 무엇인가?"

이 두 충격으로 나는 신학을 떠나 철학에서 나를 찾고 진리를 추구하기로 결심했다. 독일에서 철학을 하기로 마음을 굳히고 전공 영역을 정하는 데에는 약간의 오기가 발동하였다. 독일에서 철학 박사학위를 취득하려는 외국인이 피해야 할 주제는 헤겔과 하이데거라고 주변의 사람들이 충고해 주었다. 루뱅 대학교에서 철학강의를 들으며 하이데거의 『존재와 시간』 때문에 고생을 한 것이 생각은 났지만, 외국인 유학생이 피해 가야 할 첫 번째 장애라는 충고를 들었을 때 오히려 내가 해야 할 것은 바로 이것이라는 사명감을 느꼈다.

단순히 현대 철학자의 한 사람이라고 알고 있었던 하이데거가 내 인생에 서서히, 그러나 깊이 파고든 계기는 1975년과 76년의 사소하지만 큰 사건들이었다. 나는 그 당시 10년 동안 몸 바쳤던 신학 공부를 접고, 새롭게 철학을 공부하기 위해 벨지움 루뱅에서 독일 뮌헨으로 자리를 옮겨 독일어 공부를 하면서 무엇을 전공할 것인가 심각하게 고민하고 있었다. 1976년 5월 26일 독일이 낳은 20세기 최고의 철학자 하이데거가 서거하자 독일의 텔레비전, 라디오, 신문들은 앞 다투어 하이데거에 대한 특집기사들을 내보냈다. 그 가운데 하이데거에 대한 텔레비전 특집방송과 「슈피겔」 잡지의 기사가 나의 시선을 끌었다.

하이데거는 그 기사에서 현대의 기술문명을 신랄하게 비판했다. 하이데거는, '유럽의 정신문화와 기술문명에는 문제가 있다. 이제부터라도 우리는 새로운 길을 찾아야 한다. 그리고 새로 시작해야 한다'고 말했다. 그러자 대담자가 '그 새로운 시작을 어디서 찾아야 하는가? 우리가 모르고 있는 무언가를 동양사상에서 얻을 수 있겠는가? 동양인들이, 유럽인들이 피폐하게 만든 인류 문화를 구제할 가능성을 제시할 수 있는가?'라는 물음을 던졌다. 그러자 하이데거는 이렇게 대답했다.

"그럴 수 있다. 동양의 사상이 유럽인들이 모르고 있던 많은 부분들을 논의해 왔으니 그것을 가지고 유럽과 인류가 처한 문제를 해결할 방향을 제시할 수도 있다. 그렇지만 그것은 가능성일 뿐 결코 그렇게 되지는 않을 것이다. 왜냐하면 동양인들이 설사 해결의 열쇠를 가지고 있다 하더라도 문제가 무엇인지 모른다면 그 열쇠를 어디에 어떻게 사용해야 하는지 모를 것이기 때문이다. 문제를 문제로 알지 못하는 한 동양사상에 가능성이 있다고 해도 그 가능성이 실현될 수 없다는 말이다. 그러므로 결국 문제를 일으킨 서양인들이 해답을 찾을 수밖에 없을 것이다."

하이데거

 동양인으로서 나는 그 말을 듣고 충격을 받았다. 하이데거가 말하는, 문제를 문제로 본다는 것은 무엇인가? 여기서 문제란 무엇을 말하는가? 그것을 알기 위해 나는 하이데거를 공부하기로 결심을 굳게 되었다. 하이데거를 공부한다면 서양철학이 접하고 있는 문제들을 모두 알 수 있을 것이다. 그리고 새로운 해결책을 어디서 찾을 수 있는지 그 방향도 알 수 있을 것이다. 동양사상의 가능성을 인정하면서도, 마치 진주가 돼지에게 있는데 돼지가 그 가치를 알아보지 못한다는 식의 말투가 아닌가. 우리가 해결의 열쇠를 가지고 있다고 하여도 그 열쇠가 무엇을 위한 열쇠인지 모른다면 열쇠로서 가치가 없는 것이다. 인류가 처한 문제들을 제대로 알아보고 그 방향에 맞는 해결의 열쇠를 찾아야 하는데, 우리는 아직도 인류가 왜 어떻게 이러한 문제에 봉착했는지 잘 모르고 있다.

그 기사에서 하이데거는 20세기 서구 문명이 확산시켜 나가고 있는 지구파괴와 인간성 말살의 위험을 아주 차갑게 비판했다. 그는 이성 중심, 존재자 중심, 인간 중심의 삶과 사유의 방식이 퍼뜨리고 있는, 지구적 아니 우주적 지배의 논리와 폐해를 간파하고 새로운 사유에 의한 새로운 시작의 필요성을 강력하게 주장했다. 그러기 위해서는 무엇보다도 인간이 자신의 생활세계에서 쫓아낸 '성스러움'의 차원을 되찾아 와야 한다고 말하며 그것을 "오직 신만이 우리를 구원할 수 있다"라고 표현하였다.

70년대 중반 독일의 철학계를 뜨겁게 달구었던 화두는 '사회비판'과 '언어비판'이었다. 변방에서 철학을 배우려고 중앙으로 온 나에게 그 두 가지 철학적 논쟁은 피해갈 수 없는 장애물이었다. 그 중에서도 철학의 모든 핵심 물음들이 알고 보면 언어의 논리를 제대로 알지 못해 생긴 가짜 문제에 불과하다는 언어분석철학의 주장은 나에게 엄청난 충격을 안겨주었다.

"철학에서 대부분의 물음들과 명제들은 우리가 우리의 언어논리를 이해하지 못한 데에 기인하고 있다." "철학은 모두

'언어비판'일 뿐이다." "철학은 이론이 아니고 활동이다. 철학 저서는 본질적으로 설명으로 이루어져 있다. 철학의 결과는 철학적인 명제들이 아니고 명제들의 명료화[분명해짐]이다." "말할 수 없는 것에 대해서는 침묵해야 한다." (비트겐슈타인, 『논리철학논고』)

"철학은 언어를 동원해서 인간 지성의 홀림을 깨뜨리려는 싸움이다." "철학의 성과는 인간 지성이 한계를 모르고 날뛰다가 언어의 한계에 부딪쳐 얻은 단순한 난센스와 혹을 발견하는 데에 있다. 그 혹들은 우리에게 그러한 발견의 가치를 깨닫게 해준다." (비트겐슈타인, 『철학탐구』)

그렇다면 철학이란 우리 삶의 현실과는 상관없는 말장난이란 말인가? 철학이 순전히 말장난일 뿐이라면, 철학자들이 해야 할 일은 이제 더 이상 세상을 해석하는 것이 아니고 세계를 변혁하는 것이란 주장은 무슨 의미가 있는가? 언어분석철학에 대해 아무런 지식도 없던 내게 철학은 오로지 언어비판일 뿐이라는 비트겐슈타인과 그의 추종자들의 주장은 대단한 충격이었다. 더 나아가 지금까지 2500년의 서양철학을 장식했던 형이상학 또는 존재론이 순전히 언어의 논리를 모르고 저지른 실수에서 비롯된, 실제 문제가 아닌 가짜 문제라는 주장을 대하고서는, 내가 무슨 이유로 철학을 배우러 여기까지 왔는가 하는 회의도 생겼다. 더더욱 철학에서 가장 중요하다는 '존재'라는 것이 그저 잘못 만들어진 단어일 뿐이라는 데에는 정신이 다 아뜩해지는 것 같았다. '존재'라는 낱말 속에 우리가 기꺼이 부여하고자 하는 의미인 '있음'이란 언어의 논리를 깨뜨리는 어처구니없는 시도일 뿐이며, 그 '존재'라는 의미에는 연계사로서의 뜻인 '…이다'의 의미가 있을 뿐이라는 주장을 읽고 나서는 훨씬 더 심한 충격에 휩싸였다. 그렇다면 독일에서 '존재론'을 배워야 할 아무런 이유가 없지 않은가?

우리 한글의 문법에 따르면 '존재'에는 오로지 '있음'의 의미만이 있을 뿐이고 연계사로서의 '…이다'의 의미란 없으니 말이다. 서양철학의 꽃이라 불리는 '존재론'이 순전히 서양의 언어적 구조에 기인하고 있는 허구적 이론이며, 현실의 그 숱한 '있음'과는 아무런 상관이 없는 잘못된 말장난에 불과하다는 충격적인 주장들을 접하며 나는 아연해질 수밖에 없었다. 이때부터 내 철학 공부의 최대 화두는 '존재'와 '언어'가 되었다.

이렇게 '언어'의 문제는 처음부터 내 철학의 여행가방 속에 챙겨 넣어져 그 후로도 계속 들고 다닐 수밖에 없었다. 현실-인식-언어 사이의 상호관계를 확실하게 해명하지 않고서는 한 발짝도 앞으로 나갈 수가 없었다. 철학을 한다는 것이 언어와 뗄 수 없는 관계에 있음을 시작부터 뼈저리게 느꼈다.

서양의 세계 지배도 따지고 보면 서양 언어 또는 서양 [심층] 문법의 지배는 아닌가 하는 의구심이 떠나지 않았다. 언어를 떠나서는 철학을 할 수 없는 것인데 이때의 언어란 보편 언어나 이성 언어일 수가 없고 필연적으로 구체적인 어느 한 민족의 언어라고 한다면, '존재'를 둘러싼 거인들의 싸움이 알고 보면 '언어'를 둘러싼 거인들의 싸움은 아닌가 하는 회의가 계속 나를 괴롭혔다.

나는 이 모든 논쟁의 쟁점들을 공부하면서 끓어오르는 앎에 대한 열정을 간직한 채 뜨거운 마음이 인도하는 대로 학문의 방향을 맡겼다. 그리고 이 모든 논쟁에 대한 해답의 가능성을 하이데거 철학, 특히 그의 대표작인 『존재와 시간』에서 발견할 수 있었다. 석사 학위 논문은 '『존재와 시간』에서의 언어문제'를 주제로 삼아 쓰면서 내 나름대로 언어분석철학과 논쟁을 벌였다. 박사학위 논문은 철학의 정체성에 대한 하이데거의 현상학적 대답을 주제로 택해 실존철학자가 아닌 현상학자로서 하이데거를 부각시켰다. 1984년 학위 논문을 제출하고 한국외국어대학교 철학과에서 강의하기 위해서 귀국했다. 13년 만에 처음으로 밟아보는 조국 땅이었다.

13년 동안의 유럽 유학에서 내가 배운 것은 한마디로 '존재는 시간 속에서 주어진다'는 것이었다. 고정되고 확정된 존재의 진리가 어느 날 유럽인들에게만 유럽인들의 언어인 그리스어나 라틴어로 계시되어 주어진 것이 아니라, 존재를 이해하는 인간이 존재하는 곳에서는 어디에서나 존재자 전체로 침입사건이 일어나며, 그러한 존재사건이 일어나고 있는 곳에서는 어디에서건 존재의 진리가 발생했던 것이며 발생하고 있다는 깨달음이었다. 이렇게 하이데거의 철학을 통해 '자아 찾기'와 '진리 찾기'의 과정에 한 매듭을 지었다. 이제부터 내가 해야 할 일은 여기서 배우고 깨달은 '철학함'을 나의 생활세계에서 생활화하는 것이다.

하이데거가 내게 던진 물음들

1975년부터 하이데거 철학을 공부하며 지금에 이르렀으니까 하이데거와 같이 한 지 이제 30년이 된 셈이다. 그 동안 하이데거의 대표작인 『존재와 시간』(까치, 1998)을 번역했고, 그 이해를 위해 『존재와 시간 용어해설』(까치, 1998)도 출간하였다. 『존재와 시간』에 대한 해설서로서 『하이데거의 실존과 언어』(문예출판사, 1991), 『하이데거의 현상과 존재』(문예출판사, 1992), 『존재의 바람, 사람의 길』(철학과현실사, 1999) 등을 출간하였다. 하이데거 전집에서 『현상학의 근본문제들』(문예출판사, 1994), 『형이상학의 근본개념들, 세계-유한성-고독』(까치, 2001), 『논리학, 진리란 무엇인가』(까치, 2000), 『진리의 본질에 관하여, 플라톤의 동굴의 비유와 테아이테토스』(까치, 2004) 등을 번역 출간하고, 어렵기로 유명한 하이데거의 주요논문 『형이상학이란 무엇인가?』(서광사, 1995)와 『기술과 전향』(서광사, 1993)에 해설을 곁들여서 독한 대역본으로 출간하였다. 하이데거 철학으로 안내하는 좋은 해설서인 오토 페겔러의 『하이데거 사유의 길』(문예출판사, 1993)과 한스 페터 헴펠의 『하이데거와 禪』(민음사, 1995) 그리고 폰 헤르만의 『하이데거의 예술철학』(문예출판사, 1997)도 우리말로 옮겨 출간하였다. 각종 학술잡지에 하이데거 철학에 관한 논문도 20여 편 발표하였다. 그야말로 하이데거와 더불어 보낸 30년이다. 무엇이 나를 이렇게 하이데거에 푹 빠지게 만들었는가? 30년 동안의 오랜 연구 끝에 내가 얻은 것은 무엇인가? 이 땅에서 철학하는 후학들에게 하이데거 철학의 중요성을 어떻게 이야기할 수 있는가?

나에게 하이데거는 20세기 현대철학을 대변하는 사람으로 보였다. 하이데거를 모르고서는 현대철학에 대해 자신 있게 이야기할 수 없다. 하이데거의 철학적 주장의 핵심은 서양 철학 전반에 대한 비판과 새로운 사유의 예비에 있다. 다시 말해 하이데거 철학을 제대로 공부하면 2500년 서양철학의 흐름과 그 핵심 문제점을 대할 수 있게 된다. 그리고 그가 제시하려고 노력하는 새로운 사유의 방향을 예감하게 된다. 다른 문화권에서 온 내게는 서양철학의 종말을 부르짖으며 새로운 철학의 시원을 외치는 하이데거가 굉장히 충격적이고 신선했다. 서양철학과 대결하면서 우리의 전통과 역사가 새겨져 있는 한국철학을 대안으로 내세울 가능성은 없을까 고민하던 내게 하이데거는 최적의 스승인 셈이다.

하이데거를 공부하면 할수록 새삼 그의 천재성에 놀라며 감탄하게 된다. 서양철학 전체를 두루 꿰는 그의 박학한 학식은 공부하는 사람을 주눅 들게 만든다. 어떻게 서양철학의 중요한 사상가들을 그렇게 골고루 다 꿰뚫고 있을까? 플라톤과 아리스토텔레스 철학의 대가들이라는 사람들이 그의 제자인 것을 보면 하이데거가 이 분야에서 독창적인 해석을 했다는 데 대해 의심할 여지가 없다. 교수임용 자격논문으로 둔스 스코투스의 범주론과 의미론에 대해서 썼을 정도니 중세철학에 대해서도 해박한 학식을 갖추었음에 틀림없다. 그의 강의록을 보면 그가 수아레즈, 토마스 아퀴나스, 쿠사누스에 대해서 많이 연구했음을 잘 알 수 있다. 데카르트, 칸트, 셸링, 헤겔, 니체에 대해서는 많은 글을 썼기에 그가 이들 사상가와의 논쟁적 대결에서 자기 자신의 철학을 형성해왔음을 의심할 여지가 없다. 그의 사상적 스승격인 키르케고르, 딜타이, 후설에 대해 많은 연구를 했음은 말할 것도 없다. 서양철학의 새로운 시원을 찾아 파르메니데스, 헤라클레이토스, 아낙시만더 등과 같은 소크라테스 이전의 사상가들에 대해서도 깊은 관심을 갖고 연구했다. 그뿐 아니라 횔덜린, 릴케, 슈테판 등 시인의 시와 세잔, 고흐, 클레 등 화가의 작품에서도 새로운 존재의 소리를 들으려고 귀를 기울였다. 언제 이 모든 것을 읽고 보며 연구했을까? 신문, 텔레비전도 안 보고 여행도 안 다니며 집과 산채에 틀어박혀 오로지 연구와 관계된 일만 했다는 주변 사람들의 증언이 거짓은 아니다. 하이데거는 100여 권의 전집이 말해주듯 모든 것에 관심을 가졌다.

그의 천재성은 학술탐구의 양에서만 드러나는 것이 아니다. 오히려 천재성은 그의 철학적 해석의 독창성에서 발견할 수 있다. 남들이 생각할 수 없는 새로운 시각과 차원을 발견해내고 지금까지 어느 누구도 생각하지 못했던 방향에서 주제를 다루는 그의 독창성을 발견할 때마다 감탄하지 않을 수 없다. 서양철학 전체를 꿰뚫어보는 그의 혜안과 독창적 해석이 현대철학에 새로운 방향을 마련해준 것이다. 철학자들은 그를 실존철학자, 현상학자, 해석학자, 인간학자, 형이상학자, 존재론자 등으로 지칭하였다. 그리고 그의 철학은 철학의 영역을 넘어 신학, 교육학, 심리학, 정신분석학, 자연과학, 역사학, 미학, 예술평론, 문학평론 등에도 지대한 영향을 미쳤다.

내가 하이데거에게서 결정적으로 배운 것은 철학을 이해하는 방식이다. 철학은 흔히 알듯이 근본 원칙에 대한 지식이 아니다. 철학은 인간이 이 세상을 살아나가는 방식의 하

서재 책상 앞에서

나이다. 철학은 우리가 어떻게 살아가야 할지 그 방식에 대해 이야기한다. 앎 따로 삶 따로 있는 것이 아니라, 삶이 앎이고 앎이 삶인 그런 사람의 존재방식이 곧 '철학함'의 존재방식이다. 어떻게 존재해야 하는가? 인간은 선택의 여지없이 그가 속해 있는 삶의 세계에 내던져진 '세계-내-존재'이다. 그 속에서 인간은 다른 사람들과 더불어 살아가면서 더 나은 공동의 세계를 함께 노력하여 만들어 나가야 한다. 그러기 위해서는 사람들로부터, 기존의 세계로부터 거리를 둘 줄 알아야 한다. 인간은 주어진 것을 그대로 받아들이는 수동적인 존재가 아니라, 주어진 것을 자신이 떠맡아야 할 과제로 받아서 그것을 좀더 나은 것으로 바꾸어 나가는 능동적인 존재이다. 이것을 하이데거는 '실존'이라고 말한다. 철학은 이러한 실존 방식의 하나이다. 유럽으로 유학 와서 충격 속에 내게 던져진 물음인 "나는 누구인가?", "진리는 무엇인가?"는 바로 나의 실존이 달린 물음이다.

또 나는 하이데거로부터 철학하는 방법인 현상학적 해석학적 방법을 배우게 되었다. 동아시아 철학이 서양철학과 어깨를 나란히 하면서 현대인이 직면하고 있는 문제들을 고민하며 해결책들을 찾아나가려면 종래의 문헌학적 방법으로는 역부족이다. 나는 하이데거의 강의록들을 번역하고 공부하면서 하이데거가 자신의 연구에서 실제로 활용하고 있는 현상학적 해석학적 방법을 익힐 수 있게 되었다. 사태를 있는 그대로 기술하고 그 본질적인 차원과 구조를 밝히고 드러내어 새롭게 풀이하는 방법적인 절차가 어떤 단계를 거쳐야 하는지, 무엇을 놓쳐서는 안 되는지 등을 익히게 되었다.

현상이란 누구에게 어떤 것이 주어져 그에게 의식되는 것을 말한다. '자연'이라는 현상은 고대 그리스인들에게 주어져 그들에게 '피지스'로 의식되고 해석되었다. 마찬가지로 그 현상은 고대 동아시아인들에게도 주어져 '자연(自然)'으로 의식되고 해석되었다. 그리스인들의 피지스 현상이 곧바로 보편적인 것으로 동아시아, 즉 한국인들에게 받아들여질 수는 없는 것이다. 따라서 우리에게 주어지고 우리에게 의식되어 우리가 이런저런 개념으로 명명하고 해석한 현상이 우리의 철학적 주제가 되어야 한다.

이것은 더 나아가 존재에 대한 물음으로 확장되어야 한다.

하이데거는 전통 서양철학이 존재를 망각하여 마치 '존재'를 '존재자'인 것처럼 다루어 왔다고 비판한다. 과거 그리스 시대에 일어난 '존재사건'에 주목하여 존재가 어떤 의미로 받아들여지고 해석되어 왔는지 다시 밝혀내야 한다고 주장한다. 그런데 '존재 망각'이라는, 서양철학 전반에 대한 하이데거의 비판이 다른 문화권에도 아무 문제 없이 적용될 수 있는가? 동아시아에서는 '존재사건'이 다른 방식으로 일어났을 테고 다른 개념으로 파악되고 해석되었을 것 아닌가? 그렇다면 한국의 철학도들은 이 땅에서 일어난 '존재사건'에 관심을 갖고 그것을 현상학적 해석학적으로 구명하려고 노력해야 할 것 아닌가?

하이데거의 철학사적 의미와 영향

　일찍이 헤겔(Georg Wilhelm Friedrich Hegel, 1770~1831)이 말하기를 '철학은 자신의 시대를 사상으로 파악하는 것'이라고 했다. 그러므로 20세기를 사상으로 파악하기 위해서는 20세기 철학에 결정적인 영향을 끼친 사람들을 알아야만 한다. 20세기의 철학에 결정적인 영향을 끼친 사람들은 비트겐슈타인(Ludwig Wittgenstein, 1889~1951), 루카치(Georg Lukacs, 1885~1971), 하이데거(Martin Heidegger, 1889~1976)라는 데에 별 이견이 없다. 언어분석, 논리 실증주의, 과학철학의 기반을 마련한 비트겐슈타인의 『논리철학논고』, 마르크스에 대한 새로운 해석의 가능성을 열어 사회비판이론과 같은 마르크스주의의 활로를 놓아준 루카치의 『역사와 계급의식』, 우리가 다루고 있는 하이데거의 『존재와 시간』이 20세기의 철학을 결정지은 대작들이다.

하이데거의 천재성은 그의 엄청난 독서량에서 시작된다. 그는 책을 읽으면서 스스로 자기 것으로 만들어 나갔던 철학자이다. 하이데거는 철저하게 전통적인 공부를 한 사람이었다. 따라서 하이데거 철학의 특징은 전통과의 대결이라 할 수 있다. 하이데거는 후설(Edmund Husserl, 1859~1938) 아래에서 현상학을 공부했으며, 키르케고르(Sören Kierkegaard, 1813~1855)로부터 철학적 영향을 받았다. 키르케고르의 영향을 받았으므로 그에게서는 실존철학의 경향이 나타날 수 있었다. 그리고 당시 유행하던 딜타이(Wilhelm Dilthey, 1833~1911)의 생철학(삶의 철학)의 영향도 받게 된다.

따라서 하이데거의 철학은 현상학, 실존철학, 생철학을 아우르는 독특한 철학이라 할 수 있다. 그리고 삶의 철학(생철

오두막집 책상 앞에서

학)에서 나오는 것이 바로 해석학이다. 이로써 유럽을 풍미했던 철학적 흐름들이 드러나게 되는데, 영국 중심의 언어분석철학과 대륙 중심의 사회비판이론, 현상학, 실존철학, 해석학이 그것이다. 여기에 우리가 유럽 철학을 이야기할 때 하이데거의 영향을 빼놓을 수 없는 이유가 있다. 현대에 이르러 구조주의와 포스트모더니즘이라는 철학적 흐름이 주류를 이루고 있다. 그런데 이 두 가지 흐름 또한 하이데거의 영향을 배제하고는 이야기할 수 없다.

현대철학에서 하이데거 철학이 새롭게 논의의 물꼬를 튼 철학적 주제들을 간략하게 열거한다면 다음의 7가지가 될 것이다.

삶에 뿌리를 내리고 있는 학문

이미 하버마스가 옳게 지적하였듯이, 하이데거 철학이 현대사회에 기여한 가장 큰 공로의 하나는 '과학에 의해 식민지화되어 가고 있는 생활세계의 위기'를 깨닫게 해준 점이다. 이론이 그 기반을 생활세계의 실천에 두고 있으면서도 자신의 유래를 망각하고 자신이 추상해서 만들어낸 일면적인 시각을 유일한 시각인 것처럼 주장하고, 자신의 척도가 유일한 의미척도인 것처럼 행동하며 과학지상주의를 퍼뜨렸는데, 이것이 하이데거 철학에 의해 제동이 걸리게 된다.

주체적 인간에 대한 새로운 구명 – 실존적 신체적 인간

　근대철학이 가장 확실한 기반인 '사유하는 나'에서 출발하여 인간 주체를 '사유'에서부터 규정하면서 인간의 다른 차원을 간과하고 있음을 꿰뚫어 보고, 인간의 주체성을 새롭게 규정해야 할 과제로 제시한 것은 분명 하이데거를 비롯한 실존철학의 공로이다. 데카르트의 '사유하는 나' 그리고 칸트의 '행위하는 나'도 인간의 신체적인 면이 배제된 지성적인 차원에서 움직이고 있는 것을 간과하고 인간을 '관계 맺는 나'로 보도록 만든 것은 바로 키르케고르의 철학적 통찰이다. 유한보다는 무한을, 시간보다는 영원을, 개별보다는 보편을, 육체보다는 영혼을 선호하며 그것만이 철학의 이상적인 주제라고 천명하며 추구해온 전통철학이, 죽을 수밖에 없는 인간이 자신의 처지에서 벗어나 보려는 실존적인 몸부림임을 꿰뚫어 본 것이다.

　가장 확실한 것은 '나는 죽는다'임을 알면서도 그것을 보편화시켜 '인간은 죽는다'로 만들고, 그 보편적인 죽음 너머에서 철학함의 주제를 긁어모으느라 노력한 것은 결국 가장 자명한 진리인 '나의 죽음' 앞에서의 도피이며, 나의 신체를 외면한 결과일 뿐이다. '나'는 육체에서 해방된 사유로서의 주체도 아니고 순수의식으로서의 초월론적(선험적) 자아도 아닌, 육체를 가진 존재로서 지금 여기 살고 있는 구체적이고 개별적인 바로 '나'인 것이다. 나는 바로 나의 육체(신체)이다. 육체의 발견은 하이데거의 실존철학이 이룩해 놓은 공로의 하나이다.

상황에 내던져진 인간

사유 또는 순수의식으로서의 '나'는 시간과 공간에 얽매이지 않고, 역사나 문화에 예속되지 않고 대상을 자기 앞에 마주 세워 놓고 대상을 구성하며 자신의 세계를 구축해 나간다. 그러나 육체를 가진 인간은 더 이상 그러한 영원과 보편 속을 떠다닐 수 없게 된다. 실존적 인간은 육체를 가진 인간으로서 언제나 어떤 상황 속에 내던져져 있는 존재이다. 그는 스스로 원해서 그러한 상황 속에 존재하게 된 것도 아니고, 또 그는 그가 만나는 대상을 마음대로 좌지우지하지도 못한다. 인간은 '세계 속의 존재'이며, 그가 관여해 본 적이 없는 그 '세계'로 선택의 여지 없이 내던져져 그곳에서 통용되는 삶의 논리와 문법을 배우며 그 세계의 일원으로 살 수밖에 없다. 그렇다고 이 '세계 속의 존재'인 인간이 무기력하게 주어진 상황에 운명적으로 떠밀려 자신의 일생을 살아나가는 것은 아니다. 인간의 위대함은 자신의 상황을 떠맡아 거기에서 자신의 최대의 존재 가능성을 길어 내올 수 있다는 데 있다.

시간적·역사적 인간

육체를 가진 인간은 무엇보다도 육체의 제약 속에서 살 수밖에 없는 존재다. 육체를 감옥으로 생각하고 육체를 벗어난 순수한 영(靈)의 상태를 이상적인 상태로 꿈꿀 수는 있다. 그러나 그러한 꿈도 결국 인간이 본질상 육체를 가진 존재이기 때문에 꿀 수 있는 것이다. 육체가 가지고 있는 최대의 제약은 죽음이다. 그래서 실존철학자들은 한결같이 죽음을 인간을 규정하고 있는 가장 본질적인 요소로 간주한다. 인간은 방식이 다를 뿐이지 언제나 명시적으로건 묵시적으로건 죽음과 관계를 맺으며 존재하고 있다. 이러한 존재방식을 '죽음을 향한 존재'라고 명명한다. 인간은 철두철미 '죽음을 향한 존재'라는 본질적 차원이 인간이 행하고 이룩해 놓은 모든 것에 각인되어 있다. 인간은 '끝을 향한 존재'로서 유한한 존재이기에 인간만이 자신의 종말과 관계를 맺으며 그 종말을 어쩔 수 없는 나의 불가능성의 가능성 또는 가능성의 불가능성으로 받아들이며 자신의 삶을 마감할 수 있다. 인간만이 죽을 수 있는 존재이다.

죽을 수 있는 존재인 인간은 자신의 죽음으로 미리 앞서 달려가 미래로 자신의 가능성을 기획 투사하여 그 가능성 아래에서 자신의 존재가능성을 기획하여 현재를 살아나간다. 그러한 존재가능성 아래에서 과거 현사실적으로 존재해 왔음을 자신에게 주어진 과제로 떠맡아서 새롭게 반복하여 재해석하며 과거를 다시 잡을 수 있게 된다. 이렇듯 인간의 있음은 단순한 눈앞에 있음이 아니라 '과거를 떠맡고 미래를 기획투사하며 그 가능성 아래에서 현재를 존재해나감'으로서의 '시간적으로 있음'이다. 이러한 시간적 있음이 구체적으로 일어나는 것이 '사건 또는 생기'이며 탄생과 죽음 사이에서 일어나고 있는 나의 존재적 생기가 곧 나의 '역사'이다. 나의 역사는 내가 그 세계에서 태어나 그 세계의 역사를 떠맡아서 존재하고 있는 그 민족적 역사의 한부분이다. 어쨌거나 인간의 역사성은 바로 인간이 시간적으로 존재한다는 근거를 두고 있는 것이다. 역사적 인간은 자신의 역사적 상황을 떠맡아 결단을 내리고 새로운 역사적 지평을 열어가야 할 임무를 띠고 있다.

본래적 인간·비본래적 인간

플라톤이 이데아(Idea)의 세계와 독사(Doxa)의 세계를 구분했듯이, 철학의 역사와 더불어 본래성과 비본래성의 구별은 항상 있었다. 그런데 실존철학에서 본래성과 비본래성을 나누는 준거점은 과거의 어느 것과도 다르다. 그것은 곧 실존철학이 발생하게 된 시대적·역사적·사회적·문화적 상황과 관련이 있다. 이제 인간은 이론적 형식적으로 주체이며 자유롭고 평등한 것으로 만족하지 않고 실제로 그렇게 되기를 주장하기에 이르렀고, 그것을 위한 사회적 제반 여건도 성숙했다. 이렇게 자기의식이 성숙한 결과가 '실존'이라는 개념 속에 농축되어 들어온 것이다.

실존은 한마디로 인간의 있음이 단지 사실적인 '눈 앞에 있음'이 아니라 '과제로 부과되어 있음'이기에 그 존재적 독특함은 곧 '존재해야 함'이며 그것도 각자 자신의 존재를 떠맡아 각기 나름대로 '자신의 존재를 존재해야 함'이다. 그래서 오로지 인간에게만 그 있음(존재)이 완성된 존재로 주어지지 않았으며, 인간은 존재하면서 바로 자신의 존재(있음)가 문제가 되고 있는 존재자인 것이다. 인간에게는 지금 그가 무엇으로 존재하고 있는가가 중요한 것이 아니라, 그가 무엇으로 존재하기를 결단내리고 있는가 하는 그의 '존재가능'이 결정적이다. 인간은 그가 결단내린 그 '존재가능'에 따라서 지금의 자신의 존재를 존재하고 있는 것이기 때문이다. 그러므로 실존에서 중요한 것은 자신의 사실적 존재를 자신의 존재로 떠맡아(현사실성) 자신의 죽음으로 앞서 달려가 보아 자신의 존재가능성 아래에서 하나의 가능성을 택해서(기획투사) 결정을 내려 자기가 되기로 마음먹은 그 존재가능을 지금 여기서(결단의 순간) 실현해 나가며 존재해 나가는 것이다. 이것이 실존의 본래적인 모습이다.

그런데 인간은 대개 결단을 내리지 않고 남이 자신에게 전해주고 있는 '존재가능'을 인수받아 거기에 맞춰 살아나간다. 이렇게 자기 자신으로 존재하는 것을 결정하지 않고, 보이지 않는 '그들(사람들)'이 지정해 주는 존재가능을 아무 저항 없이 당연하게 받아들이고 사는 존재양태를 '비본래적 양태'라고 말한다. 인간은 대개 이러한 '그들의 세계' 속에서 안온함과 포근함을 느끼며, '그들'의 삶의 논리와 문법을 따라가며 살 때 정상적이라고 생각하게 된다. 인간의 실존은 이렇듯 '그들'의 세계(사회성)와 '나'의 실존적 세계 사이의 긴장 속에서 존재함을 말한다. 사회세계를 떠난 실존세계가 있을 수 없고 실존세계를 인정하지 않는 사회세계가 있을 수 없음을 보고 있는 것이다. 현대 인간의 과제는 이러한 긴장을 어떻게 잘 풀어나가는가 하는 데 있다.

세계를 형성하는 인간

인간은 고립되어 생각하는 자아가 아니라 '세계 속의 존재'이다. 인간은 태어남과 동시에 자연과 사물, 인간세계의 한가운데 던져진 것이다. 인간은 그렇게 자기가 던져져 있는 그 세계의 법칙과 삶의 문법을 배우며 세계존재로서 성장해 나간다. 그렇게 세계존재로서 존재하면서 인간은 자신의 실존세계를 구축해 나간다. 이렇듯 인간의 '인간됨'에는 '세계

형성'이 본질적으로 속한다. 인간은 '세계'가 열어 밝히고 있는 존재의 빛 안에서 존재자를 발견하며, 그 존재자를 '어떤 것으로서' 대하게 된다. 선행적인 '세계이해' 없이는 구체적인 도구나 사물에 대한 이해는 불가능하다.

그런데 인간이 그 안으로 내던져지는 '세계의 지평'은 고정된 크기의 어떤 것이 아니다. 인간은 이해의 지평을 확장해 나가면서 자신이 속해 있는 '세계의 지평'을 넓혀 나간다. 이렇게 인간의 본질에 '세계형성'이 속하기에 인간의 세계는 시대적으로 문화적으로 각기 다른 형태를 띠고 있는 것이다. 각기 다른 세계에 각기 다른 삶의 논리와 문법이 통용되어 왔다는 사실을 받아들여야 한다. 어떤 특정의 세계에서 통용되어 온 삶의 논리와 문법을 유일한 세계의 논리와 문법으로 주장하는 오류를 범해서는 안 될 것이다. 이것이 '세계현상'에 주목하게 한 하이데거 철학의 철학사적 공로라 할 수 있다.

이해의 지평을 묻는 인간

현상학과 실존철학에서 구명하고 있는 '초월론적 자아'는 내용이 없는 형식적인 '생각하는 자아'가 아니라 '세계를 형성하고 이해하는 해석학적 주체'이다. 인간의 독특함을 관계맺음에서 보고, 이러한 관계맺음에서 자신이 관계 맺고 있는 그것을 어떤 형태로든지 언제나 항상 이해하면서 보고 있는 것이 해석학적 주체의 특징이라 할 수 있다. 따라서 인간의 이러한 관계맺음과 이해의 구조를 파헤쳐 구명해 보는 것이 철학의 과제인 것은 당연하다. 이러한 해석학적 탐구의 성과 중 하나는, 대상을 구성하고 세계를 형성하는 이른바 '초월론적 자아'가 시원을 자기 안에 갖고 있는 절대적 존재가 아니라 그 역시 '구성된' 존재라는 것을 통찰한 데 있다. 따라서 이 '초월론적 자아'는 내용면에서 그가 처해 있는 역사적인 조건과 해석학적 상황에 얽매어 있음을 인정해야 한다.

그러기에 형식적으로 우리가 동서양을 막론하여 '초월론적 자아'를 이야기하긴 하지만, 내용적으로 동양의 '초월론적 자아'가 서양의 그것과 결코 같을 수는 없는 것이다. 이렇듯 초월론적 자아에 대한 해석학적 탐구는 각기 다른 문화권에 각기 다른 세계가 있으며, 그로써 또한 각기 다른 이해의 지평을 열어 밝혔으며, 각기 다른 삶의 논리가 전개되고 있음을 통찰하게 하였다.

따라서 하이데거의 현상학과 실존철학이 그것을 수용하고 있는 우리에게 주체적으로 부과하고 있는 과제는, 바로 우리의 세계에서 일어나고 있는 '존재의 사건', '진리의 사건', '세계형성의 사건'으로 눈을 돌려 우리 자신의 '초월론적 자아'에 대한 물음을 제기하고, 우리의 세계이해 지평을 열어 보이고, 그 세계에서 통용되어 온 삶의 문법과 논리를 밝혀내는 것이다.

과학의 족쇄로부터 삶을 해방시켜라

무엇이 하이데거의 『존재와 시간』이 출간된 지 70여 년이 지난 지금도 여전히 가치가 있는 작품이라 평가하게 만드는가? 한마디로 하이데거의 위대함은 시대를 앞서가는 그의 통찰력에 있다고 할 수 있다. 그는 다가올 세기를 기술과 과학의 세기로 보았고, 기술과 과학이 인류에게 안겨줄 환희의 이면에 도사리고 있는 어두운 그림자를 앞서 느낀 사람이다. 그래서 그는 기술과 과학을 움직이고 있는 '논리'가 무엇인지를 파헤치려고 노력하였다. 거기에서 그치지 않고 다가올 세기에 인류가 택해야 할 삶의 문법과 문화의 논리는 무엇이며, 그것을 위해서 인류는 무엇을 어떻게 준비해야 할지 고심하였다. 이러한 문제의식 속에서 하이데거는 기술과 과학의 토대가 서구의 형이상학임을 간파하고, 형이상학이 간직하고 있는 일면적이고 일방적인 이성 중심의 '논리'를 비판하며 그 근원이 어디에 있는지를 구명하려고 시도했다.

『존재와 시간』은 이러한 세기적인 작업을 구체적으로 수행하기 위해 하이데거가 처음으로 내디딘 첫걸음이었다. 하이데거는 이 작품에서 과학의 논리가 뿌리를 내리고 있는 삶의 문법을 탐구했다. 하이데거는 언제부터인가 과학의 논리가 삶의 문법을 지배하며 과학이 생활세계를 식민지화하고 있음을 꿰뚫어보고 그 전도된 관계를 바로 잡으려고 노력했다. 과학 중심적 태도는 과학을 통해서 보는 것만을 유일하게 타당한 시각으로 간주하여, 신적인 것을 내몰고 성스러움의 영역을 폐쇄하며, 예술을 사적인 감정의 영역에 가두어 놓고, 윤리도덕을 행위조절 기능으로 평가절하하기에 이른다.

하이데거의 『존재와 시간』은 삶의 문법을 과학의 논리로부터 해방시키기 위한 노력의 일환이다. 삶을 과학의 족쇄로부터 해방시켜 삶이 간직하고 있는 다양한 차원과 풍부한 논리를 되살리자는 것이 하이데거의 생각이다. 그는 또한 책 제목이 시사하고 있듯이 '존재와 시간'의 관계에 주목한다. 그가 누차 강조하듯이 여기에서 중요한 것은 바로 '와'이다. 하이데거는 바로 '시간 속에서' 형성하는 존재의 생기와 사건을 보았으며, 이 둘이 어떤 관계에 있는지를 탐구하는 것이 여러 우여곡절 속에서도 변하지 않은 그의 유일한 관심사이다. 존재는 시간 속에서 주어지는 것이다. 그러므로 유일하고 변하지 않는, 모든 시대와 문화권에 보편적으로 통용될 수 있는 '존재'나 '존재의 논리'란 없다. 인간은 자신의 '시간 속에서' 일어나는 존재의 사건에 참여하여 거기서 존재의 부름에 자기 나름대로 응답할 뿐이다.

다가올 세기는 세계화의 시대라고 한다. 하나뿐인 지구에서 인류가 하나의 세계를 이루며 지구촌의 시대를 살게 된다고 말한다. 그렇다. 이미 우리는 여러 면에서 그야말로 하나의 세계 속에 살고 있다. 제1세계, 제2세계, 제3세계를 구별케 했던 이데올로기의 벽은 허물어져 가고 있고 기술과 과학으로 인해 가능해진 '하나의 세계, 하나의 지구'라는 보편적 인류의 이념에 모든 나라와 민족, 문화가 동참하려고 한다. 지금 세계를 하나로 묶고 있는 끈은 자유민주주의라는 정치이념과 기술과 과학에 의한 생산방식, 자본주의 시장체제이다. 이 셋은 모두 유럽적인 근원을 갖고 있다. 그것을 한마디로 서구적 합리성의 전형이라고 말하기도 한다. 지금 세계가 합리적인 유럽적 사유방식, 생활방식에 의해 지배되고 있다는 데에는 이의가 없을 것이다. 따라서 세계화라는 허울 좋은 구호는 결국 서구화를 말하는 것이다. 사실 현대화는 곧 서구화였고, 이제 서구화가 세계를 하나로 만드는 유일한 논리와 잣대임을 공인받으려 하고 있다.

그러나 여기서 우리는 서구화의 논리인 합리성이 서구적 생활세계와 역사에서 형성되어 나온 '시간 속의' 산물임을 망각해서는 안 된다. 따라서 특정한 시대와 역사를 통해 특정한 문화권에서 생성된 지역적인 '이성'을 너무 성급하게 모든 시대와 역사, 문화권에 통용될 수 있는 보편문화의 논리로 삼아서는 안 된다. 세계화가 지구상의 모든 민족과 역사와 문화를 하나로 획일화하는 프로크루스테스의 침대나, 서구의 합리성을 재가하는 계기로 남용돼서는 안 된다. 오히려 서구적 합리성으로 인해 지구파멸의 위험이 더욱 가중되고 있는 지금, 우리는 대안적 문화논리를 찾아야 한다. 그러기 위해서는 다른 역사와 문화권에서 일어난 '존재생기'의 사건에도 귀를 기울여, 거기에서 형성된 '존재의 논리'도 탐구해 다가올 세기를 준비해야 한다. 이것이 하이데거의 『존재와 시간』이 다른 문화권과 다른 역사적 전통 속에서, 다르게 존재의 소리에 응답하며 살아온 우리에게 부과하고 있는 과제이다.

하이데거는 『존재와 시간』에서 존재의 다양한 의미와 그 통일적 이념을 파헤치기 위해, 각양각색의 존재자와의 만남에서 그 존재자들을 이해하며 관계 맺고 있는 인간의 생활세계와 삶의 문법에 주목한다. 『존재와 시간』은 이렇게 존재이해가 일어나고 있는 인간 현존재의 '세계-안에-있음'을 체계적·구조적으로 분석하여 존재가 시간적으로 어떻게 인간에게 주어지며, 인간이 어떻게 거기에 응답하는지를 드러내 보임으로써, 존재의 의미에 대한 물음에 대답하기 위한 토대를 마련하고자 한다. 따라서 『존재와 시간』은 존재사건에 대한 공시적인 시각에서의 탐구(synchronische Untersuchung)라고 할 수 있다. 그리고 그 이후 소위 후기에서의 존재역사 내지 '존재역운'에 대한 탐구는 '존재사건'에 대한 통시적(diachronische)인 접근방식이라 할 수 있겠다. 어쨌든 '존재와 시간'은 하이데거의 전 사상을 두루 꿰뚫고 있는 유일한 그의 관심사임에 틀림없다.

『존재와 시간』은 의심의 여지 없이 가장 어려운 철학책 중의 하나이다. 그 책을 어렵게 만들고 있는 주요 요인을 두 가지로 열거한다면 다음과 같다. 먼저 저자인 하이데거 자신이 천명하고 있듯이, 그 책이 전통 서양철학과의 차별화 속에서 태동했다는 데에서 그 원인을 찾을 수 있다. 지금까지의 서양철학은 사물을 표본으로 삼아 개념의 틀을 짰고, 그 틀로 존재하는 모든 것을 설명하려고 했다. 그러므로 사물적 범주 속에 들어오지 않는 것들은 모두 왜곡될 수밖에 없었다. 하이데거는 그의 저서 『존재와 시간』에서 이러한 고정된 개념의 틀을 깨고 존재하는 것 전체를 새로운 시각에서 고찰하여 새로운 개념 속에 담으려고 시도했다. 이런 이유로 그가 사용하고 있는 많은 용어들, 즉 존재적-존재론적 개념들과 실존범주들은 새롭게 만들어졌거나 전통적인 방식과는 다른 의미로 사용되었다. 이것이 『존재와 시간』을 읽기 어렵게 만드는 첫 번째 요인이라 할 수 있다.

둘째는 하이데거가 『존재와 시간』을 전통 철학과의 차별화뿐 아니라 전통 철학과의 근본적인 대결 속에서 저술했다는 사실이다. 하이데거는 자신의 이러한 접근 방법을 '현상학적 해체'라고 명명하고 있다. 전통 철학의 잘못된 시각과 범주들을 해체하여 새롭게 구성하려는 그의 시도는 분명 대단히 거창한, 2500년의 서양철학사를 관통하는 획기적인 작업이다. 이러한 그의 세기적인 모험을 함께 하려면 그가 그리고 있는 서양철학 전반에 대한 그림을 공유하고, 그것을 이해하며 따라갈 수 있어야 할 것이다. 이것이 독자들로 하여금 『존재와 시간』에서 전개되고 있는 사유의 발걸음에 보조를 맞추기 어렵게 하는 요인이다. 그 외에도 이 책에서 사용되는 용어들이 한편으로는 일상생활에서 흔히 사용되는 일상어가 주류를 이루고 있는가 하면, 다른 한편으로는 일상의 상식으로는 도저히 이해할 수 없는 극도로 추상화된 전문용어들이 대거 쏟아져 나오고 있다는 것 또한 이해를 어렵게 하는 요인이라 할 수 있다. 물론 설명에 인색한 저자 자신의 글쓰기 방식에도 큰 책임이 있음을 지적해야 할 것이다.

2장 하이데거와 20세기

문제가 있는 곳에 철학이 있다

정체 위기에 놓인 철학

고대 그리스 시대에는 철학(philosophia)이 곧 학문이었다. 철학에서도 제일철학은 형이상학이고 그 중에서도 신학이 최고의 학문이었다. 이처럼 철학이 학문이고 학문이 철학이던 시절이 있었다. 중세에는 철학이 신학의 시녀로 전락하여 신앙의 이성화에 큰 몫을 하였다. 그러다가 철학은 근대 말기에 들어와서는 과학의 머슴으로 전락하여 과학의 뒤치다꺼리를 도맡게 되었다.

근대 초기에는 그래도 만학의 왕 자리를 되찾으려고 하였다. 칸트도 철학을 만학의 왕이라 하였다. 그러나 17~18세기에 들어 자연과학이 발달하면서 과학이 학문의 기준이 되었고, 철학은 과학을 닮지 못해 안달하게 되었다. 19세기에 들어서는 '철학이 학문인가' 하는 의심마저 들게 되었고, 과학의 콧대는 한층 더 높아졌다. 이제는 학문이 무엇인지를 철학이 아닌 과학이 규정하는 시대가 되었다.

학문의 대상은 현실이다. 철학의 대상도 존재하는 것 전체인 현실이다. 그런데 근대로 들어오면서 현실 중에서도 '자연현실'은 자연과학의 독점물이 되어버렸다. 그래서 철학은 자연현실이 아닌 다른 데에서 자신의 학문적 주제와 대상을 찾아 나서기 시작했다. 학문이 학문이기 위해서는 충족시켜야 할 조건이 있다. 그 학문에서 다루고 있는 대상영역이 있어야 하고, 대상영역을 다루는 독특한 방법이 확보되어야 한다. 대상영역과 방법이 없으면 학문이 될 수 없다.

자연과학은 자연을 자신의 학문 대상으로 삼는다. 그 전에는 철학도 자연을 탐구대상으로 삼았다. 그러나 근대에 들어서 철학은 자연을 자신의 대상으로 주장하기 위해 과학에 맞서 자신의 독특한 학문 방법을 정당화해야 했다. 과학은 자연을 수량화시키고 계량화시켜 반복 가능하고 제작 가능하고 생산 가능한 것으로 만들어 경험적인 방법을 통해 검증 가능한 것으로 만들어 버린다. 그리고 이렇게 검증 가능한 방법을 확보하고 있는 학문만이 진정한 학문이라고 주장한다. 자연과학은 자연의 영역을 전부 자신들의 학문영역이라고 선언한다. 철학은 자연의 영역을 빼앗기고 그것에 대해서 더 이상 권리를 주장할 수 없다는 것을 깨닫자 다른 대상영역을 찾아 나선다. 그래서 발견한 것이 심리현실과 논리현실, 그리고 역사현실이다.

이러한 과학중심주의를 실증주의라고 말한다. '실증주의(Positivismus)'라는 낱말에는 라틴어 '포지툼(positum)'이 들어 있다. '포지툼'은 주어져 있는 것 또는 정립돼 있는 것을 뜻한다. 여기에서 '주어져 있는 것'은 감각에 주어져 있는 것을 말한다. 즉 감각적인 경험에 주어져 있는 것이다. 감각적인 경험에 주어져 있는 것만 인정하는 것이 실증주의다. 감각에 주어져 있는 것만 감각적인 경험에 의해서 검증이 가능하다.

그런 실증주의에 맞서 철학은 경험적인 자연현실 외에도 심리현실, 논리현실, 역사현실이 있으며, 그것이 철학의 대상이라고 주장한다. 그러면서 매번 자신이 여전히 근본 학문임을 선언한다. 따라서 심리현실을 다루는 심리학이 근본 학문임을, 논리현실을 다루는 논리학이 근본 학문임을, 그리고 역사현실을 다루는 역사학이 근본 학문임을 입증해야 했다. 19세기에 이러한 학문들이 대두한 것은 궁지에 몰린 철학이 자신의 생존영역을 확보하기 위해서 버둥거린 몸부림에 크게 힘입고 있는 셈이다.

철학의 근본 학문으로 세상에 선을 보인 심리학은 얼마 지나지 않아 경험적인 방법을 도입해 자기 나름대로 독특한 심리학을 발전시킨다. 경험적인 관찰과 자료에 의존한 경험심리학이 가능함을 보여주자, 이와 차별화하기 위해서 기존의 심리학은 자신을 이성심리학이라고 규정한다. 이것이 브렌타노[1]류의 심리학이다. 브렌타노는 후설의 스승이다. 그런데 후설이 자신의 학문은 심리학이 아니라 현상학이라고 천명하면서 이성심리학은 설 자리가 없어졌다.

역사 현실을 다루는 역사학도 비슷한 과정을 거쳐 역사과학이 되고, 논리현실을 다루는 논리학도 비슷한 과정을 거쳐 논리연산학이 된다. 이렇게 철학이 버둥거리며 자신의 영역으로 삼으려 했던 현실들이 과학화의 추세 속에 모두 과학의 손아귀로 들어가고 철학은 거듭 빈털터리가 되었다.

철학은 사회비판이다

이러한 철학사적 배경 아래에서 20세기를 철학사적으로 되돌아보도록 하자. 이때 우리의 관심은 20세기의 문명사적 업적은 무엇인가 하는 것이다. 그리고 철학적으로는 어떤 사람들이 20세기를 수놓았는가 하는 물음이 제기된다. 20세기의 위대한 사상가로 흔히 세 사람이 거론된다. 비트겐슈타인, 루카치, 하이데거가 20세기의 위대한 사상가로 꼽힌다. 이들은 1920년대를 전후하여 왕성하게 활동하였다. 그 당시는 세

루카치

계사적으로 유럽이 위기에 처했던 시기이다. 제1차 세계대전이 끝나고 제2차 세계대전이 발발하기 직전이었다. 흔히 '문제가 있는 곳에서 철학이 있다'고 한다. 즉 문제가 꼬이고 꼬이는 곳에서 위대한 철학자가 태어난다는 것이다. 위대한 철학적 저술인 비트겐슈타인의 『논리철학논고』와 루카치의 『역사와 계급의식』, 그리고 하이데거의 『존재와 시간』은 이때 탄생하게 된다.

간략하게 20세기 전반에 걸친 철학사적 흐름을 점검해 보자. 우선 (사회)비판이론을 거론할 수 있는데, 이는 마르크스(Karl Heinrich Marx, 1818~83) 철학에 토대를 둔 것으로 마르크스에 대한 새로운 해석이라 할 수 있다. 마르크스에 대한 새로운 해석인 루카치의 『역사와 계급의식』은 마르크스 철학을 경제비판 일변도에서 벗어나 새로운 시각으로 해석하기 시작했다. 20세기는 새 마르크스주의냐 반 마르크스주의냐에 의해서 전세계가 요동치는 시기였다. 제2차 세계대전은 공산주의/사회주의와 자유민주주의/자본주의라는 이념의 싸움이라 할 수 있다. 1950년의 한국전쟁 역시 이 두 이념의 싸움이었다. 따라서 현대의 시대사적 배경에는 마르크스가 큰 그림자를 드리우고 있다고 해도 과언이 아니다. 이후 1980년대까지 한국의 운동권과 대학가는 마르크스를 추종하는 경향을 띠고 있었다. 1970년대 독일의 학생운동을 주도했던 그룹 또한 마르크스 그룹이었다. 1980년대 말에 이르러 소련이 붕괴되고 동유럽권이 몰락함으로써 마르크스에 대한 해석에 잘못이 있다는 것이 인정되었지만, 항간에서는 마르크스의 해석이 옳았다고 하는 의견도 있다. 왜냐하면 마르크스는 정치이념보다 경제가 중요하다고 주장했는데, 동유럽권이 자본주의 경제에 의해 붕괴됨으로써 결국 세계를 지배하는 것은 경제라는 것이 입증된 셈이므로 마르크스는 옳았다는 것이다. 그러므로 20세기를 이야기할 때, 우리는 마르크스를 외면할 수 없으며 마르크스를 새롭게 해석했던 루카치를 빼놓을 수 없다.

여기에 이어져 나오는 철학적 경향은 호르크하이머(Max Horkheimer, 1895~1973), 아도르노(Theodor Wiesengrund Adorno, 1903~1969), 그리고 하버마스(Jürgen Habermas, 1929~)로 대변되는 사회비판이론 그룹(흔히 프랑크푸르트 학파라 지칭)이라 할 수 있다. 이들이 보기에 철학이란 한마디로 사회비판이다. 즉 철학은 상아탑 안의 이론이 아니라 사회비판, 사회

변혁, 혁명, 실천이라는 것이다. 실천, 곧 세계를 바꾸는 것은 세계를 해석하는 데서 끝나는 것이 아니라 구체적으로 세계를 바꾸어야 한다는 것이며, 이것은 이미 마르크스가 주장했던 것이다. 이렇듯 이론이 아닌 실천을 강조하는 것이 20세기 철학의 커다란 흐름이었다.

철학은 언어비판이다

또 다른 철학적인 흐름은 언어분석이다. 언어분석에는 두 가지 흐름이 있는데, 그 하나는 이상적 언어를 찾는 것이고, 다른 하나는 이상적 언어란 결국 일상적 언어에 그 뿌리를 두고 있다는 관점이다. 결국 이상적 언어 중심과 일상적 언어 중심의 싸움이 벌어지게 되었다. 20세기 초에는 이상적 언어, 즉 수학적 언어, 기호화된 언어가 언어의 보편적인 모델로 생각되기도 했다. 이후에 일상적 언어가 가장 중요한 언어라는 관점이 부각되었다. 20세기 들어서 사회비판과 더불어 가장 크게 대두된 것은 언어의 문제이다. 철학은 언어 없이 불가능한데 20세기 들어서야 언어에 대한 관심이 부각되었다는 것은 이상한 일이다.

철학이 시작할 시기에 이미 아리스토텔레스(Aristoteles, 기원전 384-322)는 "인간은 이성적 동물이다"라고 하였다. 이때 '이성적'이란 잘못된 번역인데, 본래 그리스어로 '이성적'이란 말은 '언어적 능력이 있음'을 뜻하는 것이다. 이후 라틴어로 번역되는 과정에서 'animal rationale', 즉 이성적 동물로 된 것이다. 그러나 그리스인들이 이해했던 인간의 독특함은 언어에 있음을 우리는 주의 깊게 보아야 한다. 그로부터 2500년 후 20세기에 와서야 비로소 철학은 언어에 관심을 갖게 된 것이다. 이때 언어의 문제를 부각시킨 사람이 바로 비트겐슈타인이다. 흔히 영미 철학이라 하면 우리들은 언어분석철학이라고 이야기한다. 물론 영미철학에는 실용주의 철학의 측면도 있지만, 결국 실용주의 철학은 일상언어분석과 같은 흐름을 형성하는 것이라 할 수 있다.

언어분석철학을 이야기할 때 비트겐슈타인을 빼놓을 수 없다. 그는 20세기 철학적 흐름을 주도한 『논리철학논고』와 『철학탐구』라는 두 책을 저술했는데, 아이러니한 것은 『논리철학논고』가 이상적인 언어의 흐름을 주도했다면, 『철학탐구』는 일상언어 흐름을 주도한 책이라는 것이다. 그리하여 이 두 저술로 비트겐슈타인의 전기 철학과 후기 철학을 구분할 수 있다. 사실 비트겐슈타인은 자신의 전기 사상을 후기에 가서 철저하게 비판했다. 언어분석철학에서 중요한 영향을 미친 학파는 논리실증주의 학파 또는 신실증주의 학파이다. 여기에서는 감각적 경험을 중요한 기준으로 삼는다. 즉, 우리의 감각적 경험에 주어진 것만이 있는 것이라는 것

비트겐슈타인

이다. 비트겐슈타인은 『논리철학논고』에서 "참된 명제의 총체는 자연과학의 총체이다"라고 말한다. 즉 자연과학의 명제만이 진리라는 것이다. 왜냐하면 자연과학의 명제만이 감각적·경험적으로 확인될 수 있고 검증될 수 있기 때문이다.

이러한 논리실증주의의 태두는 루돌프 카르납(Rudolf Carnap, 1891~1970)과 그들이 이끌어 나가는 비엔나 학파인데, 비엔나 학파에서 말하는 것이 "과학으로 풀 수 없는 수수께끼란 없다"이듯이 그들이 신봉하는 과학은 일종의 종교적 차원의 것이라 할 수 있다. 이를 과학적 세계관이라 하며 많은 사람들이 환호하며 받아들이게 되었다. 반면에 어떤 사람들은 과학이 우리 삶을 투명하게 설명해 줄 수는 있지만, 우리의 삶에 의미를 줄 수 있는가 하는 점에 관해서 물음을 던지게 된다. 즉 과학을 따르면 따를수록 인간은 허전함을 느끼게 되고, 따라서 오히려 허무주의가 등장하게 되는 아이러니에 빠지게 된 것이다.

비트겐슈타인이 지적하는 철학의 문제는 다름 아니라 철

학이 언어를 잘못 사용하고 있었다는 데에 있다. 즉 언어의 논리를 지키지 않았기 때문에 생기는 문제라는 것이다. 따라서 언어의 논리를 제대로 파악해서 언어의 논리를 따르기만 하면 철학의 문제는 저절로 해소된다고 주장한다. 그에 따르면 "철학의 문제는 해결되는 것이 아니라 해소되는 것이다." 즉 "철학의 문제는 애당초 문제가 아니었기 때문에 사라져 버리는 것이다."

그는 전문적인 철학적 훈련을 받지 않았는데, 이 배경이 이후에 언어철학이 유행하게 된 이유가 되기도 했다. 즉 철학사 공부를 하지 않아도 마치 비트겐슈타인과 같은 위대한 철학자가 될 수 있다는 생각을 할 수도 있기 때문이다. 그는 철학사 공부도 하지 않고 오로지 혼자 사색만 하였다. 혼자 사색하며 철학적인 땅에서 떨어져 은둔하던 그는, 어느 날 찾아온 비엔나 학파의 학자들과 토론하던 중 자기가 오해하고 있는 것이 있다는 것을 깨닫고 후기 작업을 시작했다. 그는 이후에 자기가 잘못 이야기했던 것을 바로 잡는 데 일생을 걸었다. 이에 그는 일상언어를 분석하는데, 여기에서 유명한 말은 "언어(낱말)의 의미는 사용이다"라는 것이다. 즉 하나의 사물의 의미는 고정된 것이 아니라 바로 그 사용 속에 있다는 것이다.

비트겐슈타인은 후기 철학에 이르러 "생각하지 말고 보

라"고 명령한다. 생각하려면 많은 선입견을 갖게 된다는 것을 알고 있었으므로, 생각하지 말고 실제로 그것이 어떻게 일어나고 있는지를 보라고 주장한다. 일상언어가 사용되는 맥락은 생활세계이다. 그는 거기에 바로 언어의 의미가 있음을 발견한다. 다시 말해 언어는 모호하므로 그 모호함을 버리고 언어의 정확성, 투명성을 구하려 하지만 언어에는 정확성, 투명성이란 없다는 것이다. 언어는 어차피 사용에 따라서 그 의미가 달라지는 것이다.

철학은 존재해석이다

마지막으로 하이데거의 철학을 살펴보면, 하이데거에 있어서 가장 중요한 것은 존재이다. 우리는 있는 것, 존재자에 둘러싸여 살고 있다. 우리 자신도 그러한 있는 것 중 하나이다. 그런데 있는 것과 없는 것, 소위 존재와 무의 구별 기준은 무엇일까? 인류의 역사를 되돌아보고 지구상의 다양한 민족과 종족들을 두루 살펴볼 때, 있는 것과 없는 것을 가르는 구분이 다 같은 것도 아니고 자명한 것도 아니다. 거기에는 분명 있는 것을 없는 것에서 구별해내는 존재의 눈, 있음을 식별해내는 식별의 눈과 같은 것이 있음에 틀림없다. 그리고 그 눈은 가장 중요한 눈으로서 그 눈이 열려야 우리는 비로소 있는 것을 알아볼 수 있다. 우리는 있는 것에 대한 기준이 없으면 있는 것을 알아볼 수 없다. 있는 것을 있는 것으로 알아보게 하는 기준이 되는 것이 바로 있음이고, 그것이 바로 존재이다. 그와 같은 '존재의 눈'은 시대에 따라 다르고 민족에 따라 다른 것이다. 개개인으로서 인간은 그 존재의 눈을 안경 갈아 끼우듯이 마음대로 갈아 끼울 수는 없다.

우리는 특정한 존재의 시각이 통용되는 세계 속에 태어나서 그 안에서 통용되는 시각으로 세상을 보고 현실을 이해하고 사물들을 다루며 다른 사람들과 관계를 맺는다. 우리는 모두 나름대로 존재의 눈을 가지고 태어난 것인데, 가지고 태어났다기보다는 태어나서 존재의 눈에 습득되는 것이라 할 수 있다. 예를 들어, 강아지 한 마리가 방 안에 들어왔을 때 강아지가 보는 것과 우리들이 보는 것은 다르다. 강아지가 보는 것에는 있음이라는 기준이 없다. 강아지에게 있는 것은 결국 강아지의 본능에 새겨져 있는 것, 즉 먹고 노는 것에만 관련된 것들이다. 강아지에게도 책상의 있음은 있는 어떤 것이겠지만, 그것은 우리가 있음으로 갖고 있는 것과는 다르다. 강아지의 눈과 우리들의 눈이 생물학적으로는 같은 구조를 가질지는 몰라도 강아지가 있는 '세계'와 우리가 있는 세계는 다르다. 그리고 세계 속에서 사용되는 언어가 다르고 강아지에게는 언어가 없기 때문에 강아지에게 어떤 사물이 보이는 것과 우리들에게 어떤 사물이 보이는 것은 다른 것이다. 강아지에게는 언어가 없으므로 세계도 없다. 강아지에게는 고작해야 환경이 있을 뿐이다.

사람들은 흔히 사람이면 똑같은 눈을 가지고 있다고 생각한다. 그것이 소위 서양 사람들이 이야기하는 보편성, 합리성이라 할 수 있을 것이다. 우리에게 중요한 것은, 한결같음, 똑같은 눈이라는 보편적이고 합리적인 측면이 아니라, 30년 전과 지금의 우리가 얼마나 달라져 있는지, 우리의 세상을 보는 눈이 얼마나 달라져 있는지를 느끼는 것이다. 예를 들어 생활한복에 관한 사람들의 시선을 보면, 몇 년 전까지만 해도 한국 사람이 한복을 입는 것을 이상하게 보았다. 수많은 사람들이 서양 옷을 입고 지나가는 것은 이상하게 보지 않아도 우리 옷을 입고 다니는 것은 이상하게 바라보았다. 그런데 우리의 눈은 주어진 것만을 보는 눈이 아니다. 그 눈은 이미 해석하는 눈이다. 뒤에서 해석을 조작하는 시각이 있는 것이다. 그 시각이 바로 존재의 시각이다.

존재, 그것은 최상의 것이다. 존재 이상의 개념은 있을 수 없다. 존재는 존재하는 것과 없는 것, 즉 존재와 무를 가늠하는 것이다. 무에 관해 우리가 말할 수 있는 한 무도 있는 것이다. 때문에 존재를 떠나서는 아무 것도 이야기할 수 없다. 존재다, 존재가 아니다 혹은 참된 존재다, 거짓된 존재다 하는 것을 가늠할 수 있는 기준, 식별의 눈(드러나 있지는 않지만)이 있는 것이다.

우리는 그러한 우리 나름의 식별의 눈을 100년 전, 200년 전에는 가지고 있었는데, 그때에는 너무 우리의 눈만 고집하다가 서양과 일본에 의해 짓밟히고 말았다. 해방 이후에 우리는 너무 성급하게 서구화하려 하면서 우리의 가치관마저도 내던져 버렸다. 지금 세계화가 강조되고 있는 시대이지만, 진정한 세계화의 의미는 다양한 나라들이 각기 자신들의 독특함을 찾아내는 것인데, 정작 우리는 우리 것의 독특함이 뭔가 하는 물음을 던져야 하는 지경에 이르게 되었다. 음악과 그림, 철학에서도 우리의 것은 모두 서양화되고 말았는데, 이는 우리들에게 매우 중요한 문제이다. 왜냐하면 존재시각을 잃어버리면 존재하는 모든 것을 잃어버리는 셈이기 때문이다.

이것이 바로 철학이다

하이데거와 「존재와 시간」

　수사학 교수인 발터 옌스(Walter Jens)는 하이데거를 '알르마니아의 소크라테스'라고 불렀고, 철학자 가다머(Hans-Georg Gadamer)는 그를 '예언자'라고까지 불렀다. 그러나 하이데거 자신은 자신을 아직 출현하지 않은 더 위대한 예언자를 위한 예비 사유자일 뿐이라고 생각했다.

　1976년 5월 26일 하이데거가 프라이부르크에서 세상을 떠나자 「프랑크푸르트 알게마이네 차이퉁(Frankfurt Allgemeine Zeitung)」은 이렇게 썼다.

　"이 사람 안에 세계 철학사의 모든 지혜가 집결되어 있으며, 그가 남겨 놓고 간 어마어마한 작품은, 지금까지 그 모든 철학적 문헌이 할 수 있었던 것보다도 더 깊이 그의 독자들을 물음의 심연으로 휘몰아 넣을 것이다."

파리신문 「르 몽드(Le Monde)」는 이미 하이데거의 생시에 더 높은 찬사를 아끼지 않았다. 이 신문은 슈바르츠발트의 하이데거 교수를 단적으로 '우리 시대의 가장 위대한 사상가'라고 천명했고, 그로써 그를 사르트르(Jean Paul Sartre, 1905~80), 야스퍼스(Karl Jaspers, 1883~1969) 또는 마르쿠제(Herbert Marcuse, 1898~1979) 등과 같은 유명한 철학자들 위에 군림시켰다.

그런가 하면, 1987년 빅토르 파리아스(Victor Farias)의 책 『하이데거와 나치』가 프랑스에서 출간되어 하이데거가 철저한 나치 추종자였음을 주장하자, 프랑스 지성계에는 핵폭탄이 터진 것과 같은 회오리가 일어났다. 온 프랑스가 경악하여 벌린 입을 다물지 못하는 듯했고, 어느 유력 일간지는 '하일 하이데거!(Heil Heidegger!)'라는 제목 아래 이 '사건'을 다룰 지경이었다.

왜? 하이데거의 무엇이 이토록 프랑스를 감탄과 경악의 상반된 감정 속으로 몰아넣었는가? 무엇이 그를 그토록 유명하게 만들었는가? 그리고 또 무엇이 그토록 프랑스 지성인들을 실망을 넘어 분노하게끔 만들었는가? 여기의 짧은 글에서 우리는 이 모든 것들을 상세하게 다 다룰 수는 없다. 여기서는 우선 간략하게 하이데거의 삶의 여정을 살펴보고, 그의 대표작이며 20세기의 최고 걸작품의 하나인 『존재와 시간』을 근간으로 삼아 그의 철학적 화두를 살펴보기로 한다.

무엇이 하이데거를 20세기의 대표적 사상가로 군림하게 했는가? 하이데거 사상을 아는 사람들은 이 물음에 이렇게 답한다. "하이데거의 위대함은, 그가 고전 서양철학의 핵심인 존재, 세계, 시간에 대한 물음 또는 진리와 언어에 대한 물음들을 우리 세기의 어느 사상가도 성공할 수 없었던 진지함 속에서 하나의 새로운 토대 위에 정립해 놓았다는 데 있다."

하이데거의 제자인 한나 아렌트(Hannah Arendt, 1906~75)는 그래서 (그녀의 스승의) '사유(사상)를 관통해 몰아쳐 간 폭풍은' 너무나 엄청나서 그에 필적할 만한 폭풍은 플라톤의 작품에서나 찾을 수 있다고 말한다.

정확하게 살펴볼 때 하이데거는 그 모든 소용돌이를 단 하나의 물음—이 물음은 그를 일생 동안 붙잡고 놔주지 않았다—으로 유발시켰다. 그 물음이란 다른 아닌 "존재의 의미란 무엇인가?"이다.

존재에 대한 통상의 이론(존재론)은 '존재자'와 '존재'를 구별한다. 이에 따르면, 존재하는 모든 것이 다 존재자다. 사물들, 인간들, 세계, 그리고 최고의 존재자로서 신 등 모든 것이 다 존재자다. 이에 반해 존재는 사물, 인간, 세계, 그리고 신이 그것으로 존재하고 있는 것으로 만들고 있는 바로 그것이다. (존재와 존재자가 상호 어떤 관계에 있는지에 대해 종래의 존재론은 제대로 합당하게 해명하지 못하고 있다. 이 구별은 하이데거가 비로소 처음으로 정확하게 개념 정리하려고 시도했다. 여기에서부터 하이데거의 그 유명한 개념 '존재론적 차이'가 유래한다.) '무(無)'라는 단어와 똑같이 전혀 정의할 수 없는 이 단어 '존재'를 천 년 이상이나 수많은 무리의 철학자들이 고심하며 논하고 씨름하여 왔다. 그렇지만 누구도 존재의 의미에 대해서 물음을 던질 생각에는 이르지 못했다.

비로소 하이데거가 처음으로, 특히 1927년 당시 38세의 그를 대학사회를 넘어서까지 단숨에 유명하게 만든 책 『존재와 시간』에서, 이 점에 온 신경을 써서 그 구명에 심혈을 기울였다. 전문가들은 이 『존재와 시간』을 우리 세기에 쓰여진 가장 중요한 작품으로 여기며 그 중요성을 칸트의 『순수 이성 비판』과 비교한다. 그리고 의심의 여지 없이 이 저서에는 젊은 과학자 칼 프리드리히 폰 바이체커(Carl Friedrich von Weizsäcker)가 30년대 말에 하이데거의 사상을 알게 된 뒤 한 다음과 같은 말이 통용된다. "이것이 바로 철학이다. 나는 한 마디도 이해하지 못하겠다. 그러나 이것이 철학이다."

이 작품이 출간된 지 얼마 안 되었을 때에 일본 귀족 한 사람이 『존재와 시간』을 옆구리에 끼고 프라이부르크에서 파리로 향했다. 거기에서 그는 사르트르를 만났다. 이 프랑스 실존철학자는 일본 귀족에게 그 저서를 꼭 좀 읽게 해달라고 졸랐다. 곧 사르트르는 큰 결심을 하고 그 독일인의 사상의 암벽을 기어오르기 시작했다. 그러나 그는 (하이데거의 견지에서 볼 때) 여러 번 오류에 빠졌다. 이 오해는 무엇보다도, 사르트르가 『존재와 시간』에 대해 하나의 대답 식의 글을 써서 출간했을 때(이 책은 사르트르의 가장 유명한 대작 『존재와 무』이다) 분명하게 노출되었다. 하이데거 사상을 파악하기 어려운 것은 결코 하이데거가 나쁜 스타일의 글을 쓰기 때문은 아니다. 오히려 이 철학자는 자신의 사상을 기술하는 데에 있어 현존하는 언어가 불충분하다 싶은 영역들까지 파고든다. 그래서 그는 그때까지 사유된 적이 없던 것을 지칭할 수 있기 위해서 새로운 말을 창조해야 했다.

하이데거는 아주 적은 수의 사람들(이 중에는 이웃의 농부들도 속한다)만을 자신의 주위에 허락했다. 그의 유명세 때문에 그를 사귀려는 호기심 많은 사람들은 프라이부르크 뢰터부크베크(Röterbuchweg 47번지)의 그의 집에도, 슈바르츠발트 토트나우-베르크에 있는 그의 산장 초막에도 출입허가를 받을 수 없었다. 하이데거는 자신의 사유작업에만 몰두하느라고 거의 여행도 하지 않고 살았다. 그는 73세가 되어서야 비로소 그리스로 여행을 갔다. 그런데도 그는 그리스 고대 정신세계에 대한 최고의 전문가로 통한다.

하이데거의 삶과 사유의 여정

하이데거는 1889년 9월 26일 바덴 주 인구 4000명의 작은 마을 메스키르히에서 요한나 하이데거와 프리드리히 하이데거 사이에서 세 아이 중 장남으로 태어났다. 차남인 프리츠 하이데거(Fritz Heidegger)는 후에 은행장이 되었고, 누이동생

하이데거 생가

은 일찍 죽었다. 그의 가정은 경제적으로 매우 어려웠다. 하이데거의 아버지는 바로크풍의 성 마르틴 교회에서 봉급이 아주 적은 성당지기로 일했으며, 가계에 보탬이 되기 위해 가끔 술창고를 지키는 일도 해야 했다.

여섯 살에 하이데거는 초등학교에 들어갔고 머지않아 그는 반에서 최우수 학생이 되었다. 공부를 잘 했으므로 아들이 후에 성당지기나 술창고지기보다는 더 나은 사람이 되리라는 소망에서 양친은, 4년 후 하이데거를 메스키르히의 '시민학교'(지금은 그의 이름을 따라 '하이데거 김나지움'이라 불린다)에 보냈다.

하이데거의 부모는 그를 계속 공부시키고 싶어했지만 성당지기의 봉급으로는 도저히 무리임을 알고 안타까워했다. 고맙게도 메스키르히 본당 주임신부(후에 프라이부르크 교구의 주교가 됐다) 콘라드 그뢰버가 장학금을 주선해 주어, 하이

하이데거 김나지움

데거는 콘스탄츠에 있는 김나지움에 갈 수 있게 되었다. 얼마 안 있어 하이데거는 프라이부르크에 있는 김나지움으로 옮겼다. 이렇게 재능이 있는 소년 하이데거가 공부를 계속할 수 있게 된 데에는 교회와의 약속이 있었다. 장학금을 보장해 주어 공부하도록 해주는 대신, 김나지움을 졸업한 뒤 신부(神父)가 되기 위한 수업을 받아야 한다는 조건이었다. 하이데거 자신도 신부가 되기를 원했다.

1903년에서 1909년까지 6년간의 김나지움 과정을 마친 뒤, 하이데거는 약속대로 신부가 되기 위한 수업을 받기 위해 포알베르크의 펠트키르히에 있는 예수회에 수련생으로 입회했다. 그러나 하이데거는 단지 14일간 예수회 수련생이었다. 건강상의 이유로 하이데거는 예수회의 학자신부가 되는 꿈을 포기해야 했다. 그 후 그는 일반신부가 되기 위해 프라이부르크 대학에서 신학공부를 했다. 그러나 그것도 건강 때문

그뢰버 신부 기념상

에 오래 하지 못했다. 2년간의 신학공부를 마치고 1911년 하이데거는 오로지 철학에 전념하기로 마음을 굳혔다.

김나지움 시절에 이미 하이데거는 많은 철학책들을 즐겨 탐독하였다. 이를 안 주임신부 콘라드 그뢰버는 그에게 프란츠 브렌타노(Franz Brentano, 1838~1917)의 박사학위 논문 「아리스토텔레스의 존재자의 다양한 의미에 대하여」를 선물로 주었다. 결과적으로 이 책이 하이데거를 '존재를 둘러싼 거인들의 싸움터'(플라톤)에 초대한 셈이 되었다. 사상적으로 처음 영향을 준 사람은 폭넓은 철학 지식을 겸비한 프라이부르크 대학 교의학 교수인 브라이크(C. Braig)였다. 하이데거는 그의 강의와 저서(『존재에 대하여』 1896, 『사유에 대하여』 1896, 『인식에 대하여』 1897)에 깊이 빠져들었다.

1913년 하이데거는 「심리학주의에 있어서 판단에 대한 이론」이라는 제목의 논문으로 박사학위를 받았다. 이 논문에서 심리학주의라는 개념은, 논리(학)의 원천이 심리 안에 놓여 있는 것이지, 다른 데에서 주장하듯이 심리 밖에 놓여 있는 것이 아니라는 주장이다. 더 분명히 말한다면, 심리학주의자는 2×2=4라는 인식은 심리적 행위에 기인한다고 말하는데, 이에 반해 관념주의 철학자들은 2×2는 비록 어떤 인간도 그것을 풀 수 없다고 하더라도 그 답은 4라는 견해를 대변한다. 이렇게 전자는 논리학과 그의 법칙들을 오로지 인간의 심리에 정립시키는 데 반해, 후자는 논리학을 관념의 영역과 연결하고 있다. 이 후자에 청년 하이데거도 속하니, 그도 그의 박사학위 논문에서 심리학주의에 대해 비판하고 있다.

1914년에 전쟁이 시작되자 그는 군에 입대했다. 그러나 그의 연약한 체구(160cm가량의 단신)는 고된 훈련을 견디지 못하고 심장발작의 증세를 보여, 군에 필요 없는 존재로 판명받았다.

그는 프라이부르크로 돌아와서 중세철학자이며 프란치스코 수도회 수사인 요한네스 둔스 스코투스(Johannes Duns Scotus, 1266~1308)에 대한 교수임용 자격논문을 끝맺었다. 전대미문의 날카로운 안목을 가진 이 스코틀랜드의 철학자는 하이데거의 길잡이가 되었다. 그의 확신은, 앎의 목표는 존재의 인식이라는 것이다.

그렇지만 하이데거는 더 강력하게 살아 있는 사상가에게 매료되었다. 그는 세기의 전환점에 『논리연구』를 출간한 에드문트 후설(Edmund Husserl, 1859~1938)이다. 이와 관련해서 하이데거는 다음과 같이 말했다. "나는 후설의 작품에 완전히 압도당해 몇 해 동안을 거듭, 무엇이 나를 붙들어 매고 있는지도 제대로 알지 못하면서, 그 작품을 읽었다. 이 작품에서 흘러나오는 마술은 인쇄된 글씨체와 겉장의 외부적인 것까지 뻗어 나갔다." 『논리연구』 제2권의 부제에 하이데거 사상에서 핵심적인 역할을 하게 될 한 개념이 등장하는데, 바로 '현상학'이란 개념이다. 그는 처음에는 그 개념이 "내게는 낯선 이름"이라 느꼈고 그에 대해 "나의 이해는 희미하며 종잡을 수 없었다"고 말했다. 대중적으로 표현해서 현상학이란, 우리로 하여금 지각하고 기억하고 판단하고 또는 어떤 것을 기대하게끔 하는 우리의 의식이 어떻게 작용하는지를 기술하는 이론(학설)이다. 다시 말해, 의식이 어떻게 사물들의 현상을 인식하고 정리해내는지 기술하는 학설이다. 예를 들어 내가 거대한 나무의 둘레를 한 바퀴 돌아볼 때 나는 나무를 여러 관점에서 지각하며 나의 의식이 이 관점들을 서로서로 연결시킨다. 따라서 나의 의식은, 내가 나무의 새로운 면을 볼 때마다 그것이 마치 하나의 다른 나무를 보고 있는 듯한 오류에 빠지는 것을 막고 있는 것이다. 또는 반대로, 의식은 내가 모든 현상 속에서 항상 오직 그 하나의 나무를 지각할 수 있도록 해준다. 그러한 의식의 과정들이 드러나는 것을 현상학은 설명한다.

1915년 하이데거는 민방위군으로 소집된다. 그는 우편물 감시소에 배치되어 병졸들의 편지들을 읽어야 했다. 이 이상야릇한 직무에서 하이데거가 해야 할 일은, 고향에 덮쳐든 기근의 사실을 고향 주민들이 전쟁터의 군인들에게

편지로 알려 군인들의 사기를 떨어뜨리지 못하도록 막는 일이었다.

이 노동이 오전 7시부터 오후 5시까지 계속되었으므로 하이데거는 자신의 강의를 저녁으로 옮겨야 했다. 그의 청강생들 중에는 아름다운 여인 엘프리데 페트리(Elfriede Petri)도 끼어 있었다. 하이데거는 그녀에 반해 사랑에 빠졌고 얼마 안 가서 둘은 결혼하였다. 두 사람의 결혼생활은 하이데거가 죽을 때까지 계속되었으니 59년간 지속된 셈이다. 하이데거 부인은 그의 남편이 방해받지 않고 오로지 연구에만 전념할 수 있도록 배려하였다. 그녀는 그의 일과를 짜임새 있게 만들고, 귀찮은 방문객이 그에게 접근하지 못하도록 하며 건강을 위해 음식관리에 신경을 썼다. 기름기 적은 고기에 충분한 과일을 섭취하도록 했고, 식수는 집 근처의 우물에서 그녀가 직접 길어왔다. 우물물이 수돗물보다 신선하고 깨끗하기 때문이었다.

부인과 함께

1919년과 1920년에 그

녀는 두 아들을 낳았다. 그 중 하나는 엔지니어(기술자)가 되었고 다른 아들은 육군 장교가 되었다.

전쟁 말기에 하이데거는 다시 한 번 징병검사를 받아 '전쟁터에 근무할 수 있음'이라는 판정을 받았다. 하이데거는 수학적인 지식이 많았으므로 '전선의 일기조사'를 위한 훈련을 받기 위해 베를린으로 보내졌고, 그 뒤 프랑스의 베르덩(Verdun)에 있는 부대로 배치되었다. 그곳에서는 그가 가기 한 해 전만 해도 세계사에서 가장 피비린내 나는 살육이 있었다. 전쟁포로가 되지 않고 그는 1918년 12월 프라이부르크로 돌아올 수 있었으며, 얼마 안 되어서 그를 감명시킨 후설의 조교가 되었다.

하이데거는 무엇보다도 책을 많이 읽었는데 특히 아리스토텔레스를 좋아했다. 그렇지만 딜타이(Wilhelm Dilthey, 1833~1911)나 하인리히 리케르트(Heinrich Rickert, 1863~1936) 등과 같은 동시대의 철학자들에게도 많은 시간을 할애하였다. 딜타이가 그의 관심을 끌게 된 것은 그가 자연과학의 인식방법과 인문과학의 인식방법 사이의 구별을 발견했기 때문이다. 그에 의하면, 자연과학의 방법은 '설명하는 것(하나는 다른 것에서부터 귀결되어 나온다)'이고 인문과학의 방법은 '이해하는 것'인데, 그 이유는 이 방법이 의미의 연관들을 다루고 있기 때문이다.

철학자 가다머가 보고하는 바에 의하면, 이 시기에 이미 이 하이데거에게서 거부하기 힘든 매력이 풍겨 나왔고, 이 매력은 많은 학생들에게 마치 '환각제'와 같은 작용을 했다고 한다. 대개의 경우 이른 아침에 열린 그의 강의로 인해 "어떤 사람에게는 눈이 열렸으며, 어떤 사람에게는 전 아리스토텔레스가 그야말로 그의 몸에 착 달라붙다시피 하였고, 칠흑 같은 문장의 구름들이 함께 몰려와서 그 구름 사이로 번개가 번뜩이면 이 번개는 학생들을 반 혼수상태로 만들어 버렸다."

하이데거의 얼굴 생김새는 학자가 아니라 오히려 농부의 모습에 가까웠다. 그는 운동가 타입이었으며 만만찮은 스키 선수였다. 끝이 뾰족한 모자와 등산화를 신고 슈바르츠발트를 두루두루 돌아다녔고, 토트나우베르크의 오두막집 앞에다 불을 지펴놓고 다음과 같은 말을 했다. "밤의 불과 더불어 깨어 있어라." 또는 이렇게 설명했다. "오두막집에 폭풍이 몰아치고 눈이 내리면 철학자의 시간이다."

1923년 34살의 나이로 마르부르크 대학교 철학과의 부교수로 초빙되었을 때, 그는 이미 철학계에서는 대단한 명성을 누리고 있었다. 학생들은 그의 강의에 몰려들었고 하이데거의 동료들(이 중에 그 유명한 존재 사상가 니콜라이 하르트만(N. Hartmann, 1882~1950)도 속한다)은 이것을 부러워하였다.

하이데거는 그가 원하지 않는데도 숭배의 대상이 되어 갔다. 가다머의 보고에 따르면, 그의 제자들 중 많은 사람들이 헛기침하고 침 뱉는 모양과 같은 그만의 독특함을 흉내 내고 다녔다. 그들은 하이데거처럼 입고 다녔다. 하이데거는 화가 오토 우벨로데(Otto Ubbelohde)가 도안한 '실존양복(긴 윗도리에 스포츠용 반바지)'을 입었다. 그럴 때 그는 영락없이 일요 미사에 참례하기 위해 나온 시골 사람의 모습이었다.

무엇보다도 그의 어둡고 독특한 독일어가 유행하였다. '하이데거 풍'의 열기가 퍼져 나갔다. (참된 것을) '드러내 보임', (사람들이) '그들(세인)'과 '잡담'에 '빠져 있음' 또는 (사물들의) '손안에 있음' 등과 같은 낱말들은 그전에는 전혀 들어보지도 못했던 것들인데, 이제 철학개념 히트 목록의 선두를 기록하고 있었다. 그렇지만 베를린의 문교부까지 하이데

오두막집 앞에서

거의 명성이 파고들지는 못했다. 1925년 마르부르크 대학교에 정교수의 자리가 비게 되자 정부는 이 자리를 마안케(Mahnke) 교수에게 주려 했다. 문교부에 있는 사람들에게는 하이데거가 제출한 『존재와 시간』의 원고들이 충분치 못한 것으로 보였다.

문화 관리인들의 이와 같은 몽매함으로, 그 당시 독일에서 가장 영향력 있는 철학자 막스 셸러(Max Scheler, 1874~1928)가 개입하게 되었다. 그는 베를린으로 달려가서 문교부 장관에게 선언하였다. "만일 당신이 영원토록 당신 자신을 망신시키고 싶다면 하이데거의 코앞에 마안케를 세워놔도 괜찮을 것이요." 그런 일이 있은 후 곧 교육관청은 결정을 재빨리 바꾸어 하이데거를 마르부르크 대학교의 제일인자로 임명했다. 그는 강의(중심의) 철학자다. 다시 말해 그의 책들은 대개 그가 학기 중에 행한 강의들이 주종을 이루고 있다.

이런 방식으로 『존재와 시간』도 생겨났으며, 이 책과 더불어 그는 '존재를 둘러싼 거인들의 싸움터'에 뛰어들었다. 그 자신은 또한 군대식으로 "우리가 결코 마음대로 피할 수 없이 끝까지 견뎌내야 하는 공격"이라고 표현하기도 했다. 책의 제목이 이미 하이데거의 근본사상을 암시하고 있다. '존재'는 '시간'과 어떤 연관이 있다. 시간이란 무엇인가? 여러 다른 사물들 중의 한 사물인가? 우리는 시간을 가지고 있는가? 개개인은 모두 각자 자신의 시간을 가지고 있는가? 아니면 시간이 우리를 가지고 있는가? 더 수수께끼 같은 것은 우리가 매일 '있다/이다'로서 사용하고 있는 '존재'라는 낱말과의 관계이다. 그것은 존재하는 개념 중 가장 보편적인 개념이다. '존재'는 대상을 지칭하는 것이 아니며 그것은 정의할 수도 없는데, 사람들이 거기에서부터 유추시켜 낼 더 높은 상위의 개념이 없기 때문이다. (예를 들어, 사과를 나무에서 유추해내듯이 말이다.) 그러기에 헤겔은 이 낱말을 경외심 어린 마음으로 '신의 첫 번째 사유'라고 말했다.

하이데거는 1927년에 『존재와 시간』을 발간했는데, 이 책은 아직 중요한 단원들이 미완성이었다. 그럼에도 하이데거는 더 이상 제2부를 발간하지 못했다. 1930년부터 그의 사유에 일종의 방향전환, 즉 '전향'이 일어났기 때문이다. 그 뒤부터 그가 관심 쏟은 문제들은(특히 50년대와 60년대에) 언어의 본질과 기술의 본질에 대한 물음이다.

하이데거는 Gebirg(산맥)이라는 낱말에서부터 'Ge-stell(작업대, 닦달, 몰아세움)'이라는 표현을 유비적으로 만들어낸다. 'Ge-'라는 전철은 '집약시키다, 모으다'를 뜻한다. 산맥은 산들의 집약이다. '닦달(몰아세움, Ge-stell)'은 하이데거에게 '기술의 본질'을 뜻하며 닦달의 성(盛)함은 인간이 그 자신을 제어할 수 없는 어떤 힘에 의해 닦아세워지고 주문 요청되고 도발되고 있음을 말한다. (파울 클레[Paul Klee]의 「육교의 혁명」이라는 그림이 보여주고 있듯이 말이다.) 이 힘은 워낙 압도적이어서 인간은 세계를 그저 기술적으로만 파악할 수 있을 뿐이다.

여기에서 하이데거는 그 유명한 통찰, 즉 "과학은 사유하지 않는다"를 얻게 된다. 과학은 존재의 의미를 묻는 철학의 차원에서 움직이지 않는다. 그렇지만 과학은 그 자신은 모르고 있지만 철학에 의존하고 있다. 하이데거는 이것을 한 예를 들어 설명한다. "물리학적인 방법을 가지고 무엇이 물리학인

클레의 「육교의 혁명」

지 말할 수 없다. 무엇이 물리학인지는 오직 철학적인 물음의 방식으로서만 사유될 수 있다. '과학은 사유하지 않는다'라는 문장은 비난이 아니고 오히려 과학이 가지고 있는 내적 구조의 확인일 뿐이다."(『마르틴 하이데거와의 대담』.)

1928년 이래 세계적으로 유명해진 그는 프라이부르크 대학교에서 스승인 후설의 정교수직을 인계받는다. 수도 베를린도 수도의 정신적 평판을 올려 세우기 위해 그를 자기의 성으로 끌어오려고 했다. 문교부의 고위 관리는 하이데거를 손수 방문하여 두 배의 봉급과 상 수시 공원의 오랑제리에 있는 가옥과 운전기사가 달린 업무용 승용차를 제공하겠다고 제안했다.

그러나 하이데거는 이 초빙을 거절했다. 1934년 두 번째의 초빙도 거절했다. 이 결정에는 친구로 지내고 있는 한 농부가 고개를 좌우로 저었던 것이 결정적인 영향을 끼쳤다고 한다. 이 고향 사람은 말없는 몸짓으로 하이데거에게 그가 어디에 속하고 있음을 얘기해 준 것이다.

하이데거에게 독일은 시인과 사상가의 나라이다. 그는 말하기를, 그 이전에 그가 애호하는 시인 휠덜린이 그랬듯이, 독일 민족은 고대에 그리스인들이 가졌던 그 비슷한 소명을 띠고 있으며, 독일철학의 주도 아래 유럽의 정신적 쇄신이 이루어져야 한다고 했다. 1933년 아돌프 히틀러(Adolf Hitler)

프라이부르크 대학

가 정권을 장악하였을 때, 하이데거는 히틀러만이 능력이 있는 유일한 정치가로서 정치적으로 갈기갈기 찢어지고 무지막지한 실업난에 허덕이고 있는 독일 민족에게 질서를 잡아 줄 수 있다고 확고하게 믿었다. 정권을 장악하던 해 사회민주당의 대학총장인 폰 묄렌도르프(Von Möllendorf)가 나치에 의해 쫓겨나게 되자, 폰 묄렌도르프는 하이데거에게 총장직을 맡을 것을 촉구했다. 행정에 대해서는 전혀 아는 것이 없는 하이데거는 어렵지만 '대학교의 발전을 위하여' 전임자의 권고를 따르기로 결정하였다.

「독일 대학의 자기주장」이라는 총장취임 강연에서 하이데거는 '지식의 임무'를 '노동의 임무'와 '방어의 임무'의 단일성에서부터 파악할 것을 호소했다. 그리고 오직 지식의 임무만이 한 민족의 역사적 현존재에 '날카로움'을 줄 수 있다고 주장했다.

그 밖의 공적인 강연에서 하이데거는 다소 국가사회주의적으로 들리는 입장들을 대변한다. 그러나 그는 히틀러 나치당의 극단적인 국가주의나 민족주의를 지지하지는 않았다.

'토착 민족'을 외치고 독일인 고유의 특성과 노동자들의 핵심적인 역할을 부르짖는 국가사회주의적 운동에서, 아마도 하이데거는 그가 희망해온 새로운 시작을 추정한 듯싶다. 대다수의 많은 다른 대학교수들처럼 하이데거도 정치·경제적 상황분석에 대한 시각을 결여하고 있었다는 점이 큰 역할을 하였을 것이다. 어쨌거나 하이데거는 당 정책에 대한 이견과 바덴 주 문화성과의 불화로 취임 일 년 뒤인 1934년 2월 총장직에서 스스로 물러났다.

전쟁이 끝날 때까지 하이데거는 거의 책을 출간하지 않았다. 몇 개의 소책자만 발간할 뿐이었다. 그 중 하나는 『플라톤의 진리에 대한 학설』이고 다른 하나는 『진리의 본질에 관하여』이다. 그 외에도 횔덜린의 시에 대한 해설을 발표하였다. 프랑스 연합점령군은 1945년 하이데거에게 강의를 금지했다. 프랑스에 있는 많은 학자들의 탄원으로 1951년 강의금지가 해제되긴 했지만, 하이데거는 한 학기 강의를 한 다음 은퇴했다. 그 후에 하이데거는 몇 권의 책을 출간했다.

그 중 몇몇은 30년대의 강의록들이고 몇몇은 논문과 강연집이다.

하이데거는 몇 번의 여행(이 여행마저도 대부분 강연 때문이다)을 제외한다면 마지막 25년 동안을 프라이부르크에 있는 집이나 토트나우베르크의 산채에서 살았다. 그는 엄격하고 단조로운 생활을 꾸려 나가고 있었다. 6시 30분에 일어나서 부인과 함께 아침식사를 하고, 8시 30분부터 12시까지 서재에 틀어박혀 사유하며 저술했다. 이 시간에는 그의 부인마저도 그를 방해해서는 안 되었다. 부인은 12시경에 우편물을 그에게 전달해 주고 오후 1시에 점심식탁으로 그를 불렀다. 점심식사 후 짧은 수면을 취한 뒤 오후 3시부터 5시까지 다시 연구하고, 그 뒤에는 이 고독한 위대한 사상가를 찾아 순례 온 사람들 중 엄선된 방문자들을 영접한다. 6시부터 7시

하이데거
산책길

까지는 매일 산보하는 시간이었다.

저녁식사는 8시에 있었다. 나머지 시간에 두 부부는 음악을 감상(바흐와 모차르트)하고 서로 강독을 해주며 보냈다. 그는 즐겨 휠덜린을 인용하고 부인은 그녀의 애호 시인들인 괴테와 슈티프터(Stifter)를 낭송해 준다. 10시경이 되면 이들 부부는 보통의 경우 잠자리에 든다.

그는 아주 드물게 신문을 읽을 뿐이었고 텔레비전은 가지고 있지 않았다. 그러나 흥미 있는 축구경기가 있을 때에는 그의 재단사를 찾아가서 함께 텔레비전을 보았다. 80살이 되던 생일날 그 자신이 텔레비전에 등장했다. 그러나 이때에도 그는 개인적인 것에 대해서는 아무 얘기도 하지 않았다. 그 대신 그는 칼 마르크스의 핵심사상을 비판하였다.

그는 "철학자들이 세계를 항상 그저 서로 다르게만 해석하여 왔는데, 이제 중요한 것은 세계를 변화시키는 일이다"라는 말은 "근거가 제시되지 않은 문장"이라고 했다. 그 까닭은 세계의 변화는 하나의 세계에 대한 생각을 전제하고 있고, 따라서 세계에 대한 하나의 해석을 전제하고 있는 것이다. 이렇게 마르크스는 문장의 두 번째 부분에서 무의식적으로 첫 번째에서 없애버리려고 하는 것을 요구하고 있다.

하이데거는 그의 삶의 마지막 3년 동안을 주로 자신의 원고들을 정리하며 보냈다. 이 원고들은 지금까지 아주 적

하이데거 묘비

은 부분만이 발간되었을 뿐이다. 그는 '손수 엮은 전집'을 출판하기 원했고, 이 전집(하이데거 전집은 100권 이상으로 기획되어 추진되고 있으며, 지금까지 80여 권 가량 출간되었다)은 아마도 그 마지막 권이 앞으로 20년 후에나 출간될 것으로 보인다. 전집에는 다음과 같은 봉정이 쓰여 있다. "나의 처 엘프리데에게 바친다. 긴 여정동안 언제나 옆에 있어 준 것, 그것이 바로 내가 필요로 했던 도움이었다."

1976년 5월 26일, 그는 부인이 부엌에서 아침을 준비하는 중에 심장마비로 세상을 떠났다. 장례식은 그의 유언대로 그의 고향인 메스키르히에서 동향친구이며 제자인 벨테(B. Welte)신부의 주관 아래 가톨릭식으로 조촐하게 치러졌다. 그는 출생지인 메스키르히 양친 무덤 옆에 묻혔다.

2부

『존재와 시간』 : 존재를 둘러싼
거인들의 싸움

"오늘날 우리는 '존재하는[있는]'이라는 낱말이 본디 무엇을 의미하는지에 대한 물음에 대답할 수 있는가? 결코 그렇지 못하다. 그렇다면 존재의 의미에 대한 물음을 새롭게 제기해야 할 필요가 있다. 그렇다면 오늘날 우리는 '존재'라는 표현을 이해하지 못해 당혹스러움에라도 빠져 있는가? 결코 그렇지 않다. 우선 무엇보다도 이 물음의 의미에 대한 이해를 다시금 일깨워야 할 필요가 있다. '존재'의 의미에 대한 물음을 구체적으로 정리해내는 일이 이 책 『존재와 시간』이 의도하고 있는 것이다."

1장

존재의 의미와 존재물음의 필요성

오늘날 존재물음의 필요성

하이데거는 『존재와 시간』을 다음과 같은 플라톤의 말을 인용하는 것으로 시작한다. "당신들은 분명히 이미 오래 전부터, 당신들이 '존재하는[있는]'이라는 표현을 사용할 때 그 표현이 본디 무엇을 의미하는지 잘 알고 있다. 우리도 전에는 그것을 이해하는 것으로 믿었는데 지금은 당혹스러움에 빠져 있다."(플라톤, 『소피스트』)

플라톤 시대에도 '존재하다[있다]'라는 표현이 문제가 되고 있었음을 보여주는 대목이다. 누구나 매일같이 사용하는 표현이기에 그 의미를 잘 알고 있는 것으로 알았는데, 조금 깊이 들여다보니 제대로 이해하고 있지 않다는 것이 드러나서 매우 당혹스럽다고 말하고 있다. 하이데거는 그것이 2500년

전 플라톤 시대에나 해당되는 이야기인지, 아니면 학문과 과학, 기술이 극도로 발달된 현대를 사는 우리에게도 적용되는 것인지 묻는다.

"오늘날 우리는 '존재하는[있는]'이라는 낱말이 본디 무엇을 의미하는지에 대한 물음에 대답할 수 있는가? 결코 그렇지 못하다. 그렇다면 존재의 의미에 대한 물음을 새롭게 제기해야 할 필요가 있다. 그렇다면 오늘날 우리는 '존재'라는 표현을 이해하지 못해 당혹스러움에라도 빠져 있는가? 결코 그렇지 않다. 우선 무엇보다도 이 물음의 의미에 대한 이해를 다시금 일깨워야 할 필요가 있다. '존재'의 의미에 대한 물음을 구체적으로 정리해내는 일이 이 책『존재와 시간』이 의도하고 있는 것이다. 시간을 모든 개개 존재이해 일반의 가능한 지평으로 해석해내는 것이 이 책의 잠정적인 목표이다."[2]

오늘날 우리는 '존재하는[있는]'이라는 낱말의 의미를 제대로 알고 있는가? 그 본래의 의미를 잘 알고 있지는 못하지만 존재하는 것들을 다루며 사는 데에는 아무런 지장을 느끼지 못한다. 그러므로 플라톤처럼 그 의미를 모른다고 해서 당혹스러움을 느낄 리가 없다. 하이데거는 이것이 정상적인 것처럼 보이지만 결코 정상적인 것이 아니라고 경종을 울린다. 우리가 오늘날 자연을 에너지 저장창고처럼 생각하여 경쟁적으로 마구 파헤치는 것이나 인간의 장기를 마치 상품처럼 마구 팔고 사는 행태를 보이는 것도, 바로 이러한 존재이해에 대한 무지와 무관심에서 비롯된다고 하이데거는 말한다.

그러므로 그는 무엇보다도 먼저 존재에 대한 물음, 아니 존재의 의미에 대한 물음을 던져야 한다고 주장한다. 이렇게 『존재와 시간』은 '존재의 의미에 대한 물음의 설명'이라는 서론으로 그 첫 장을 연다. 따라서 『존재와 시간』을 제대로 이해하고 하이데거의 사상을 올바로 이해하기 위해서 우리는 먼저 하이데거가 말하고 있는 '존재[있음]'의 대략적인 특징과 구조, 쓰임새와 의미를 알아야 한다. 하이데거는 전통 형이상학 전체에 대해 그것이 일찍부터 존재를 망각하고, 존재를 존재자와 구별하지 못하고 마구 뒤섞어 쓰는 바람에 오늘날과 같은 혼돈에 이르렀다고 비판한다. 이런 점을 염두에 두고 '존재[있음]'의 의미를 추적해보자.

통상적인 '존재'의 의미

'존재'라는 말은 무엇인가 가리키는 것, 뜻하는 것이 있는 것 같으면서도 우리가 막상 머리를 굴려 잡으려 들면 허공을 잡듯이 아무것도 잡히는 것이 없다. '존재'라는 말과 존재에 대한 이해가 없으면 말 자체가 불가능하고 사유나 인식, 의사소통과 행위도 불가능하다고 하지만, 막상 그것이 무엇인지 생각하면 그야말로 막연한 '있음' 외에는 떠올릴 수 있는 것이 전혀 없다.

먼저 '존재'에 대한 이러한 막연한 생각들을 정리해보자. 우리는 누구나 자신이 '있는 것[존재하는 것]'에 둘러싸여 있다는 것을 조금도 의심하지 않는다. 그리고 또한 우리 자신도 그러한 '있는 것' 중의 하나라는 사실도 말이다. 먹고 마시고

즐겁게 무언가에 대해 이야기하고, 좋아하는 일을 하고, 건강을 위해 운동도 하고 의미 있는 생활을 위해 다양한 취미와 여행도 즐기고, 영화도 구경하고 등산도 하는 등 우리가 살면서 행하는 일들은 아주 많다. 이러한 모든 일들과 행동들 역시 일어나고 있는 것으로서 '있는 것'에 속하는 것임에 틀림없다. 우리가 행하면서도 실제로는 있는 것이 아니라면 그것은 꿈이지 실재[있음]가 아닐 것이다. 그러나 꿈도 있어야 꿈이지 없다면 그냥 '없음[무(無)]'일 뿐이다. 그래서 일찍이 어떤 철학자는 이런 엉뚱한 물음을 던졌다. "왜 무가 아니고 존재인가?"

어쨌거나 우리가 '있음'을 전제로 생각하고 말하고 행동한다는 것은 틀림없다. 우리의 모든 생각과 말과 행위의 전제가 되고 있는 이 '있음'이 꿈이라면 우리의 모든 것도 꿈에 불과할 뿐이다. 우리가 전제하고 있는 그 바탕이 튼튼하고 확실해야 그 위에서 일어나고 있는 우리의 삶도 평안하고 안전할 것이다. 우리의 삶과 세계를 반성하고 더 나은 삶을 이루어 나가기 위해 철학하는 사람들이 여기에서 철학함의 실마리를 본 것은 어찌 보면 당연한 것이다. 철학은 '있음' 위에서, 있음을 전제로 시작될 수밖에 없으니까.

우리는 '있음'의 한가운데, 그야말로 '있음'의 소용돌이 속에서 살고 있다. 주변을 둘러보고 우리 자신을 살펴보고 사랑하는 사람들을 바라보며, 이것들 모두가 있다는 것을 확인하고 우리는 안도의 숨을 내쉰다. 있음을 전제하고 있음 위에서만 우리의 존재가 가능하다는 것을 알면서도 이 우리의 있음이라는 것이 보장되어 있는 것이 아니기 때문에, 우리는(대개는 고의적으로 잊고 지내려고 하지만) 불현듯 '당연한' 우리의 있음을 확인하지 않을 수 없다. 우리는 우리의 있음이 '지나가 버리는' 있음이라는 것을 안다. 그러면서 생각의 나래를 펼친다. 비록 우리의 있음이 언젠가는 없음 속으로 사라져버릴 것이긴 하지만, 만일 모든 있음이 그렇게 확실한 보장 없이 없음[무]에 내맡겨져 있다면, 이 있음 전체가 항상 소멸의 위험 속에 노출되어 있을 것이고, 따라서 있음의 지속을 기대할 수는 없을 것이라고.

그런데 우리에게는 있음의 지속이 기대될 때에만, 아니 있음의 지속이 보장되었기 때문에, 세상은 지금까지 존재해온 것이고 앞으로도 계속 존재할 것이다. 비록 우리가 우리 주변에서 보고 대하는 그 모든 있음들이 모두가 다 한결같이 잠시 있음 속에 머물다가 없음 속으로 빨려 들어가는 우연적인 있음들이긴 하지만, 모든 있음이 다 그럴 수는 없는 것이다. 아니 있음의 '본질'이 있다가 사라져버리는 '일시적인 있음'에 있을 수 없고 그래서도 안 될 것이다. 우리의 눈에 보이는 있음들이 다 우발적이고 일시적인 것처럼 보이지만, 분명 그러한 현상 밑바탕에는 변하지 않는 어떤 것이 있어 모든 것이 변화 속에서 없음으로 함몰되어 가지 않도록 막고 있을 것이다. 비록 모든 있는 것들이 변화의 와중에 놓여 있다고 해도 분명 '있음의 본질'은 변화하는 어떤 것 안에 있는 것이 아니라 변화의 밑바탕에 놓여 있어 변화 속에서도 변하지 않고 버티는 어떤 것, 즉 '기체(基體)' 또는 '실체(Substantia)'에 있을 것이다.

이렇게 있음은 두 가지 차원으로 나뉘게 된다. 우리의 삶이 벌어지고 있는 변화의 소용돌이인 현실적 '있음'의 세계와, 이 세계의 밑바탕에서 변화의 소용돌이를 견뎌내며 계속 있게끔 하고 있는 '본질' 또는 '실체'의 세계가 그것이다. 있음의 본래적 의미도 우리가 눈으로 보고 확인하는 생성, 소멸, 변화, 운동이 아니라 아무런 변화도 허용하지 않고 어떤 다른 것의 도움도 필요로 하지 않는 고요하고 지속적인 있음, 있음 그 자체, 또는 본질 그 자체, 실체 그 자체이다. 우리는 이러한 '참된 있음'을 육신의 눈이 아닌 정신의 눈으로 직관할 수 있으며, 그것은 현실적인 세계에서는 찾을 수 없고 이념의 세계, 이데아의 세계에서나 대할 수 있다. 이리하여 '존재'하면 존재의 본질[본모습]로 실체를 떠올리고 이념과 이데아를 생각하게 되었으며, 그 의미는 "지속적으로 변화하지 않고 그대로 그 자리에 있음"을 뜻하게 되었다. 최고의 있음

[존재], 최고의 본질, 최고의 실체로서 '신'을 생각하고 있는 것은 당연한 귀결이다.

'존재(存在)'는 '존재하는', '존재하는 것'과 같은 표현 속에 자주 나타나는데, 이 경우 그것은 우리의 일상용어인 '있는', '있는 것'과 같은 의미로 사용된다. '존재'는 '존재함', '있음'이 실사화(實辭化)된 경우이다. 그래서 오래 전에는 '존재'라는 개념 대신에 '유(有)'라는 개념이 철학용어로 사용되기도 했지만, 그것이 다양한 변형에 적당치 않아 '존재'라는 개념에 자리를 내주고 망각 속으로 사라져버렸다.

따라서 어떤 형태로건 '존재하는', 즉 '있는' 것은 모두 '존재'라는 포괄적인 개념 속으로 합류해 들어올 수 있고, 이러한 '존재'의 범주를 벗어날 수 있는 것은 그야말로 '존재하지 않는 것'이다. 그러므로 이 개념은 가장 포괄적인 개념이며 존재하는 모든 것에 적용이 되는 가장 초월적인 범주인 셈이다. 존재하지 않는 것으로 규정되는 '무(無)'도 우리가 이렇게 글로 쓰고 그에 대해 말을 하고 있는 한 이미 '존재하지 않는 것'이 아니라 어떤 의미에서는 '존재하는 것'으로 우리가 경험하고 있다고 할 수 있다.

이렇게 우리에게 아주 친숙한 '있음'의 의미 외에도 '존재'는 아주 중요한 다른 의미를 간직하고 있는데, 그것은 곧 '이다'의 의미이다. 흔히 '인간은 이성적 동물이다'라고 정의한다. 이 경우 우리는 인간에 대해 그가 이성적임을 말하고 있는 것이다. 우리는 어떤 사람이 인간으로서의 예의를 지키지 않고 멋대로 행동할 때, '그 사람은 야만적이다'라고 말하면서 야만적 존재로서 그 사람의 못된 측면들을 자세하게 열거할 수 있다. 이렇듯 우리말의 일상적 사용에서도 어떤 것의 어떠함 또는 무엇임을 서술하기 위해 사용되는 '~이다'를 '무슨무슨 존재'라는 용어로 바꾸어서 사용하기도 한다. 이 용법이 우리말에서는 자세하게 드러나지 않는 서술적 용법으로서의 '존재'의 의미이며, 영어, 독일어, 불어 등의 서구 언어권에서는 이러한 '연계사'로서의 '존재'는 필연적으로 '존재'의 의미 속에 포함되어 있다.

'존재'는 이와 같이 '있음'과 '~임' 두 가지를 다 포함하고 있는 가장 포괄적인 개념이다. 따라서 일상적인 언어사용, 학문적인 논의와 주제탐구 등에서 이러한 두 가지 의미의 '존재' 개념을 벗어날 수 있는 것이란 아무것도 없다. 앞으로의 설명에서도 우리는 이 점을 꼭 염두에 두어야 한다. 다시 말해 '존재'라는 개념에는 '있음'과 '~임' 두 가지 의미가 동시에 함축되어 있으며, 반대로 우리가 '있음'과 '~임'을 이야기할 때에도 그 배경에는 '존재'에 대한 논의가 깔려 있음을 이해해야 한다. 이것이 일반적으로 우리가 이해하고 있는 존재의 의미이다.

'존재'의 다양한 의미

이제 하이데거의 존재에 대한 설명을 들어보자.

"존재는 존재자[존재하는 것]를 존재자로서 규정하는 것, 존재자(이것이 어떻게 논의되건 상관없이)가 각기 이미 그것으로 이해되어 있는 것이다. 존재자의 존재는 또 하나의 존재자가 아니다. …… 존재는 …… 존재자의 발견과는 본질적으로 구별되는 나름의 고유한 제시 양식을 요구한다. …… 존재는 있다는 사실과 그리 있음, 실재, 눈앞에 있음, 존립, 타당함, 현존재, '주어져 있음'에 놓여 있다."

우선 위에서 인용한 하이데거의 말을 제대로 이해하는 것이 중요하다. "존재는 존재자를 존재자로서 규정하는 것"이라는 말은 무엇을 의미하는가? 여기서 '규정한다'는 말은 무엇을 뜻하는가? 규정한다는 것은 서술한다는 것이다. 서술한다는 것은 주어에 술어를 연결한다는 것이다. 예컨대 "개나리꽃은 노랗다"는, 주어인 '개나리꽃'과 술어인 '노랗다'가 연결된 문장이다. 이 문장은 개나리꽃이 노랗다는 것을 말하고 있다. 이때 '개나리꽃'은 '노란 것'으로서 규정되어 있는 것이다.

개나리꽃이 노란 것으로서 규정될 수 있다는 것은 그것이 노란 것에서 이해될 수 있다는 것을 뜻한다. 어떤 것이 ……에서 이해될 때 이 '……'를 어떤 것의 이해 지평이라 한다. 존재는 개나리꽃이나 노란 것 등의 '존재하는 것'들이 이해될 수 있는 지평이다.

존재는 존재자를 규정하거나 이해하기 위한 지평이다. 지평은 어떤 것이 자신을 내보이거나 드러낼 수 있는 '열린 공간'이다. '존재하는 것'은 다양한 의미의 '존재'에서만 자신을 나타낼 수 있다. 지평과 그 속에서 나타나는 것이 동일한 것이 아니듯 존재와 존재자는 서로 다른 것이다. 즉 존재[있음]와 존재하는 것[있는 것] 사이에는 존재론적 차이가 있다. 존재는 존재자가 아니고, 존재자는 존재가 아니다.

존재는 존재자와는 달리 눈에 보이지도 귀에 들리지도 손으로 만져지지도 않는 것이다. 그럼에도 우리는 '존재'라는 낱말을 자명하게 사용하고 있다. 아니 존재를 학문적으로 탐구하기까지 한다. 존재에 관한 탐구를 '존재론(Ontologie)'이라 한다. 존재론은 존재하는 것[존재자]의 존재를 드러내어, 존재의 구조를 해명하는 과제를 갖는다. 이를 위해서 우리는 어떻게든 존재를 '발견하고' 이해하고 있어야만 한다.

우리는 존재를 '있다는 사실'과 '그리 있음' 그리고 '실재성', '눈앞에 있음', '존립', '타당함', '현존재', '주어져 있음' 등에서 발견할 수 있다. 이러한 것을 우리는 '존재의 방식'이라 할 수 있다. '있다는 사실'은 어떤 것의 있음을 사실로 받아들이는 것을 말한다. '그리 있음'이란 어떤 것의 그렇게 있음, 즉 어떠어떠한 모습 또는 속성으로 있음을 말한다. '실재성'은 우리가 감각적으로 경험할 수 있는 사물들의 '존재 성격', 즉 한 사물이 실제적으로 있음을 뜻한다. '눈앞에 있음'은, 하이데거 자신이 말하는 '존재 성격'으로서, 사물이 관찰 대상으로서 우리들의 눈앞에 있다는 것을 뜻한다. '존립'은 어떤 것이 지속적으로 있음을 일컫는다. '타당함'은 어떤 것이 다른 어떤 것에 맞아떨어져 그 둘이 일치를 이루고 있음[진리]을 말한다. '현존재'는 일반적으로 눈앞에 나타나 있음을 뜻하지만, 하이데거 철학에서는 존재 일반을 이해할 수 있는 존재자의 존재, 즉 인간의 있음을 말한다. '주어져 있음(es gibt)'은 어떤 것이 우리들의 감각에 주어져 있다는 것을 표현하는 말이다. 물론 그 밖에도 '존재'를 뜻하는 많은 말들이 있다. 예컨대 이데아, 우시아, 에네르게이아, 본질, 실존 등이다.

다양한 '존재자'의 형태들

그러면 '존재자(das Seiende, 존재하는 것, 있는 것)'는 어떻게 이해해야 하는가? 하이데거는 이렇게 말한다.

"우리는 많은 것을 아주 다양한 의미로 '존재한다'고 명명하고 있다. 우리가 그것에 대해서 이야기하고 있는 것, 우리가 의미하고 있는 것, 그것과 우리가 이렇게 또는 저렇게 관계 맺고 있는 것 등 그 모든 것이 '존재하는 것'이며, 우리 자신이 무엇이며 어떻게 존재하는 것도 또한 '존재하는 것'이다."

독일어 'das Seiende'는 'seiend(존재하는)'라는 분사를 명사화시킨 것이다. 이를 우리말로는 '존재하는 것'과 '있는 것'이라고 옮길 수 있다. 철학에서는 '있는 것'보다는 '존재하는 것'이 습관적으로 선호되고 있는 듯하다. 아마도 그 이유는 '존재하는 것'이란 표현이 '존재자'라 약칭해서 쓰일 수 있고, 그 활용에서도 '있는 것'이란 표현보다 어색하지 않기 때문일 것이다. 그런 이유 때문에 일단 여기서도 '존재자' 내지 '존재하는 것'이란 단어를 주로 사용할 것이다. 그러나 설명을 위해 필요한 경우 '있는 것'이란 낱말도 함께 사용할 것이다.

하이데거가 '존재하는 것' 혹은 존재자의 범위에 들 수 있는 것들로 꼽은 것은 지나치게 형식적이다. 아래에서는 하이데거가 '존재하는 것'들로 꼽은 순서대로 그 내용을 살펴보기로 한다. 우선 하이데거는 존재자를 "우리가 '그것'(여기서의 '그것'이 무엇이든 간에)에 관해 이야기하는 그 모든 것"이라 말한다. 그것은 무엇을 말하는 것인가? 그것은 우리들의 이야기 속에서 이야깃거리가 될 수 있는 모든 것, 다시 말해 문장의 주어 자리에 놓일 수 있는 모든 것이다. 우리는 자유자재로 이야기할 수 있다. 모든 이야기 속에는, 그것이 어떠한 종류의 이야기든 간에, 이야기되는 것이 있어야 한다. 그러나 이때 이야기되고 '있는 것'이 실제로 존재하는 것인지 아닌지는 아무 문제도 되지 않는다. 왜냐하면 '존재하는 것'에서 존재는 결코 실제적 존재만을 뜻하는 것이 아니라 매우 다양한 것을 의미하기 때문이다.

다음에 하이데거는 존재자를 '우리가 의미하는 것'이라고 말한다. 우리가 의미하는 것은 '의미된 것'을 뜻한다. 그러나 '의미된 것'은 우리들의 머릿속에 있는 표상을 뜻하는 것이 아니라 구체적 존재자를 뜻한다. 만일 내가 "거기 문 옆에 세워 둔 우산 좀 가져다 주시겠습니까?"라고 말했다면, 여기에서 말하고 있는 '문', '우산' 등의 낱말은 문의 표상이나 우산의 표상을 의미하는 것이 아니라 우리들이 손잡이를 돌려 열고 닫을 수 있는 존재자로서의 문과 비를 막아주는 존재자로서의 우산인 것이다. 그리고 설령 내가 착각을 일으켰다 할지라도, 즉 거기에 우산이 없는 경우라도, 그때 내가 가져다 달라고 요청한 것은 역시 존재자로서의 우산이지 우산의 표상은 아니다.

그는 존재자를 "우리가 그것과 이렇게 또는 저렇게 관계 맺는 모든 것"으로서 말하기도 한다. 그것은 우리들이 행동할 때 만나게 되는 모든 것을 말한다. 아침에 일어나는 것, 밥 먹고 일하는 것 등 우리의 모든 활동이 다 우리 인간의 행동관계들이다. 우리들의 행동관계는 수많은 도구들과 자연물들을 염두에 두고 있다. 우리들의 행동관계 가운데 만나는 모든 것이 다 '존재하는 것'이다. 따라서 우리가 어떠한 행동관계를 하느냐에 따라 우리들이 만나는 존재자도 다양해진다. 즉 학문적 행동관계를 하는 사람은 '학문적으로 존재하는 것'을 만날 수 있는 반면, 예술가는 '예술적으로 존재하는 것'을 만나게 된다.

그는 존재자를 "우리 자신이 무엇이며 어떻게 존재하는 것"이라고 말한다. 우리들 자신은 무엇인가? 우리들은 존재하는 자들이다. 우리들은 어떻게 존재하는가? 우리들은 존재를 이해하면서 또 우리 자신의 가능성을 염려하면서 존재한다. 우리는 우리 자신의 존재 가능성 때문에 우리들 자신과는 물론 우리와 다른 것들과도 관계한다. 이러한 관계맺음의 방식 또한 존재하는 것이다.

'있다'나 '존재한다'는 동사를 사용할 줄 아는 사람이면 누구나 어떤 것이 '있는 것' 또는 '존재하는 것'이며, 또 어떤 것이 그렇지 않은 것인지를 잘 알고 있다. '존재하는 것'들은 무수히 많고, 그 종류도 헤아리기 어렵다. 이러한 어려움에도 불구하고 사실상 우리는 '존재하는 것'을 '시간'이라는 기준에 의해 아래와 같이 분류할 수 있다.

나무, 참새, 집, 그림, 하늘 또는 삼국통일, 살수대첩, 동학혁명 등은 '존재하는 것'들이다. 그것들은 우리들이 감관을 통해 알 수 있는 자연물 또는 인공물들이거나, 아니면 우리들이 배워 알고 있는 역사적 사건들이다. 이러한 모든 것은 '시간적인 것들', 즉 '시간 속에 있는 것들'이다. 직선, 평면, 입체 등의 공간적 관계들과 수의 체계와 관련된 수적 관계들도

'존재하는 것'들인데, 이러한 것들은 '비시간적인 것들', 즉 '시간에 의해 규정되지 않은 것들'이다. 명제의 의미, 명제의 진리, 타당함 등 역시 '존재하는 것'이다. 이것들은 무시간적인 것들, 즉, '시간을 갖지 않은 것들'이다. 반면 명제를 발언한다는 것은 '존재하는 것'으로서 '시간적 흐름' 속에 내맡겨져 있다. 신 역시 '존재하는 것'이다. 그러나 신은 영원한 것으로서 '초시간적인 것', 즉 '시간을 넘어서 있는 것'이다.

'존재하는 것'은 그것의 '존재'에서 '시간'이라는 기준에 따라 이와 같이 분류될 수 있다. 물론 다른 기준에 의해 분류될 수도 있을 것이다. 존재자가 그것의 존재에서 분류되어 파악된 것 전체를 우리는 '의미'라 부른다. 따라서 '존재하는 것'의 '존재'의 의미는 '시간'이다. 『존재와 시간』은, 우리가 존재의 다양한 의미를 이해할 분류 파악할 수 있는 지평으로서 시간을 제시하는 것을 그 목표로 하고 있다. 따라서 『존재와 시간』을 이해하는 데는 '존재하는 것'의 개념을 이해하는 것도 매우 중요하다.

존재론적 차이

'존재론적 차이'라는 용어는 하이데거가 만들어서 유행시킨 말이라고 할 수 있다. 하이데거는 전통 형이상학이 존재와 존재자 사이의 차이를 제대로 이해하지 못하고 그 둘을 마구 섞어 써서 존재의 망각에 빠지고 존재를 마치 최고의 강력한 존재자인 것처럼 여기게 되었다고 비판한다. 하이데거의 이러한 비판을 제대로 이해하기 위해서는 '존재론적 차이'가 무엇을 뜻하는지 이해하는 것이 중요하다. 하이데거 철학에서 가장 중요하고 어려운 개념을 여기서 상세하게 다 다룰 수는 없기에 중요한 요점만 정리해 보도록 한다.

존재론적 차이는 한마디로 "존재는 존재자가 아니다"를 말한다. 존재와 존재자 사이에 놓여 있는 그 둘의 근본적이고 본질적인 차이점을 존재론적 차이라고 말한다. 바로 앞에서 우리는 존재를 어떻게 이해해야 하는지, 존재자가 무엇을 뜻하는지 살펴보았다. 여기서는 그 둘의 관계 안에서 드러나는 그 둘의 차이점에 유의하면서 그 둘을 연관지어 고찰해 보도록 하자.

통상적인 철학 논의에서 '존재자의 존재'는 존재자를 존재자이게끔 규정하고 있는 보편적이고 일반적인 특징을 가리키는 것으로 설명된다. 마치 책상의 책상존재[책상임]에서처럼, 네모난 책상, 세모난 책상, 둥근 책상, 컴퓨터 책상, 마호가니 책상, 철제 책상, 빨간 책상, 갈색 책상 등 수많은 책상들이 있는데, 그 모든 책상들을 책상이게끔 하는 공통적인 특징으로서의 책상존재[책상임]가 있기에, 우리는 그 모든 책상들을 다양한 외양과 재질에도 불구하고 '책상'이라고 부른다. 그렇다면 '존재자의 존재'의 경우 그 모든 존재자들을 존재자들이게끔 하는 '존재'는 무엇인가? 그것은 모든 존재자들에게서 발견될 수 있는 공통성으로서의 '존재성' 또는 '존재자성' 아니겠는가? 이렇게 보편적이고 일반적인 특성으로서 이해된 존재자의 존재성 또는 존재자성으로 '존재'를 파악할 수도 있다. 하이데거는 형이상학에서 보통 이렇게 존재를 이해하는데 이것이 가장 잘못된 존재의 이해 가운데 하나이다.

그 다음 '존재'는 그 안에서 존재자가(그것이 어떻게 논의되든) 언제나 이미 이해되어 있는 지평이다. 지평으로서의 존재는 그 지평으로 인해 이해되는 개별 존재자와는 구별된다.

또한 '존재'는 존재자에서 그것이 없는 것이 아니고 있는 것이라는 '있음[실재]'의 사실을 지칭한다. 이렇게 이해할 때 존재자의 존재는 어떤 개별 존재자가 있다는 사실에 초점을 맞춘 기술이다. 또한 존재자의 '존재'는 '그것으로 있음', 즉 그 존재자의 '무엇임'을 뜻하기도 한다. 존재자의 '본질'이라는 의미로 이해된 존재자의 존재의 경우인 것이다. 어쨌거나 '있음[실재]'으로 이해되거나 '본질' 또는 '무엇임'으로 파악되거나 이 경우의 존재도 존재자는 아니다.

본질의 의미가 강화되고 심화되어 존재하는 것을 존재하게끔 하고 있는 어떤 내적 본질로서 존재자의 '존재'가 이해되기도 한다. 존재자를 가능케 하는 근거로서의 내적 본질인 존재는 당연히 그렇게 해서 가능케 된 존재자와는 구별된다.

그 다음 마지막으로 하이데거는 지금까지 열거된 이러한 다양한 경우들에서 언급되고 논의된 그 모든 다양한 '존재들'에서 그것들 모두에 공통으로 해당되는 존재의 일반적 의미가 있는지 묻는다.

하이데거의 텍스트를 읽을 때 이해의 혼선을 불러일으키는 것 가운데 하나가 바로 이러한 다양한 존재에 대한 동일한

'존재'라는 용어 사용이다. 하이데거는 구체적으로 일일이 구별하지 않고 우리의 일상용어에서 사용되는 존재의 다양한 사용을 그대로 놔둔 채 그 사용의 맥락이 중요하다고 보고 그 맥락을 추적한다. 그래서 독자는 하이데거의 의도를 잘 따르면서 그 텍스트에서 사용되는 '존재'의 의미가 어떤 것인지 위의 다양한 용례를 염두에 두고 살펴보아야 텍스트를 제대로 이해할 수 있을 것이다.

존재물음을 던지는 인간의 거기-있음[현존재]

 인간도 여러 다른 존재하는 것[존재자] 가운데 하나이다. 그렇지만 인간의 존재[있음] 또는 존재방식은 다른 존재자들과는 본질적으로 다르다. 인간은 존재를 이해하며 존재에 대해 물음을 던질 수 있는 독특한 존재자이다. 인간을 인간으로서 만드는 가장 독특한 본질적 차원은 바로 이 점이다. 그런데, 지금까지 전통 철학에서는 인간을 '이성적 동물'이라고 규정해 왔다. 거기에는 보이지 않는 선입견이 깔려 있는데 다름 아닌 생물학적 전제이다. 인간을 생물의 한 부류, 동물의 한 종으로 보아야 한다는 시각이 그것이다. 전제 없이 출발해야 한다는 철학이 왜 생물학의 인간에 대한 정의를 불변의 진리인 것처럼 전제하고 들어가는가? 이 점에 대해 한번이라도 의문을 가진 적이 있는가? 이제라도 우리는 인간의 독특한 본질적 차원과 구조를 다른 어떤 것이 아닌 인간 그 자체에서부터 찾아보아야 한다. 그러기 위해서는 먼저 인간의 있음[존재]과 있음의 방식들을 잘 살펴보아야 한다. 이러한 아무런 전제 없는, 있는 그대로의 인간을 지칭하기 위한 실험용어로 하이데거는 '현존재(Dasein, 거기-있음)'[3]를 제안했다. 그리고 하이데거는 이 현존재를 존재와의 관계에서 이해할 것을 주문하고 있다. 그럴 때에만 인간의 가장 뛰어난 독특함이 드러날 것이라고.

하이데거의 '현존재'에 대한 설명을 들어보자.

> (1) "우리들 자신이 각기 그것이며, 여러 다른 것 중 물음이라는 존재가능성을 가지고 있는 존재자를 우리는 현존재(Dasein, 거기-있음)라는 용어로 파악하기로 하자."
>
> (2) "현존재의 본질은, 그 존재자가 각기 자신의 존재를 자기의 것으로 존재해야 하는 거기에 있기에, 현존재(Dasein)라는 칭호는 순전히 이 존재자를 지칭하기 위한 순수한 존재 표현으로서 선택된 것이다."

(1)에 대하여 : 현존재는 존재물음을 물을 수 있는 존재자이다. 존재물음을 물을 수 있기 위해서는 존재를 이미 이해하

고 있어야만 한다. 즉 현존재는 존재이해를 자신의 존재구성틀로 갖는 존재자이다. 존재물음을 묻기 위해서는 무엇보다도 먼저 그 물음을 어디에다 물어 보아야 할지가 결정되어야 한다. 존재물음을 물어볼 데는 존재자이다. 우리는 그 존재자에게 그의 존재를 캐묻는 셈이다. 그러나 우리가 그 존재자의 존재와 그 성격을 밝혀내려면 우리는 우선 있는 그대로의 존재자 자체로 접근할 수 있어야 한다. 우리는 어떤 존재자를 그러한 존재자로서 선택해야 하는가?

존재에 대해 묻는다는 것은 우리가 우리들의 시선을 존재로 향할 수 있다는 것, 즉 존재에 대한 관점을 가질 수 있다는 것을 말하고, 또 존재를 물어볼 수 있는 존재자로 접근할 수 있다는 것을 뜻하며, 그 존재자에게서 존재의 의미와 그 성격들을 개념적으로 파악할 수 있다는 것을 뜻한다. 그런데 이해하거나, 관점을 갖거나, 의미를 파악하거나, 접근하거나, 선택하는 것 등은 물음을 구성하는 행동관계들이다. 이러한 방식으로 행동할 수 있는 존재자는 우리들 자신인 존재자, 즉 현존재밖에는 없다.

(2)에 대하여 : 현존재는 그의 존재에서 이 존재 자체가 문제가 되는 존재자이다. 그런 점에서 현존재는 어떻게든 존재와 일종의 존재관계를 가지며, 어떻게든 자신의 존재를 이해

하고 있다. 우리는 현존재의 이러한 측면, 즉 "현존재에게는 그의 존재에서 바로 그 존재가 문제된다"는 점을 현존재의 '존재구성틀'이라 할 수 있다. 존재자로서의 현존재는 이러한 존재구성틀로 인해 다른 존재자들에 비해 다음의 삼중적 우위를 갖는다.

첫째, 존재적 우위. 현존재는 실존에 의해 규정되어 있는 존재자이다. 즉 현존재의 존재적 우위는, 현존재가 어떠한 방식으로든 또는 그 명시성의 정도가 어떠하든지 간에 언제나 존재 자체와 관계를 맺고 있는 존재자라는 데 있다.

둘째, 존재론적 우위. 현존재는 그가 실존하는 한, 존재를 이해하면서 있는 존재자이다. 현존재의 존재론적 우위는, 현존재가 그의 실존에 의해, 다시 말해 그의 존재 관계에 의해 '존재론적으로' 존재한다는 데 있다. 그러나 여기서의 '존재론적으로'라는 표현은 "존재자의 존재 의미를 명시적이고 이론적인 방식으로 탐구한다"는 의미에서의 존재론을 뜻하는 것이 아니라, "현존재는 자신의 존재와 더불어 언제나 존재를 이해하고 있다"는 것을 뜻한다. 따라서 우리는 그 표현을 '존재론 이전에'라는 것으로 바꾸어 말해도 무방할 것이다.

셋째, 모든 존재론의 존재적-존재론적 가능조건이라는 점에서의 우위. 현존재는, 모든 존재론이 존재자로서의 현존재의 존재방식들 가운데 하나인 한, 존재론의 존재적 가능조건이고, 또 현존재는, 모든 존재론이 존재를 이해하는 현존재가 실존할 때만 가능한 한, 존재론의 가능조건이기도 하다. 현존재가 다른 존재자들에 대해 가지는 세 번째 우위는, 현존재가 모든 존재론의 존재적-존재론적 가능조건이 된다는 점에 있다.

이러한 현존재에게 고유한 점은, 그의 존재가 자신의 존재와 더불어 그 자신에게 열어 밝혀져 있다는 점이다. 현존재는 실존에 의해 규정된 존재자이다. 실존은 현존재가 관계맺을 수 있고 또 언제나 어떻게든 관계맺고 있는 존재를 말한다. 현존재는 언제나 자기 자신을 실존에서부터, 즉 자기 자신의 존재를 문제 삼아 그 자신으로서 존재하거나 아니면 그 자신이 아닌 것으로서 존재할 수 있는 가능성에서부터 이해한다. 그러나 우리가 어떤 현존재에 대해 그가 '무엇'이냐고 묻는다면, 예컨대 "당신은 무엇입니까?"라고 묻는다면, 이때의 물음이 비록 "당신은 무엇을 하는 분입니까?"라는 직업을 묻는 뜻이라고 할지라도 그러한 물음을 받는 상대방은 상당히 불쾌할 것이다. 왜냐하면 사람에 대해 그가 '무엇'인지를 묻는다는 것은 그를 사물화하고 있다는 것을 뜻하기 때문이다. 그런데 서양 전통 철학은 이 '무엇'을 본질이라는 말로 표현해 왔다. 따라서 하이데거는 다음과 같이 말했다.

즉 현존재의 "본질은 그의 존재해야 함에 있다." 이 말은 현존재가 무엇인지, 즉 그의 직업이 무엇인지는 현존재가 자신의 존재를 문제시할 수 있고, 자신이 될 수 있는 '무엇'들을 이미 이해할 수 있고, 그 중 하나의 '무엇'을 자신의 것으로 선택할 수 있다는 데 달려 있다는 것이다. 현존재의 '무엇' 또는 '본질'은 현존재의 존재가능성, 즉 그가 존재할 수 있다는 데 달려 있는 것이다. 현존재에게서는 존재가 실존보다 우위이다.

현존재의 '본질'은 그의 '존재' 혹은 '존재가능성'에서부터 이해되고 개념적으로 파악될 수 있다. 하이데거는 이러한 현존재의 존재를 표현하기 위해 '실존'이란 용어를 선택하고 있다. 그렇다면 현존재의 '본질'은 그의 '실존'에 있는 셈이다. 그리고 '현존재'라는 칭호는, 인간이 '무엇'인가 하는 인간의 '본질'을 표현하는 것이 아니라 실존하는 존재재[현존재]의 존재를 표현하는 것이다.

이러한 실존하는 현존재에게는 자신이 존재하고 있다는 것이 문제가 된다. '문제가 된다'는 것은, 현존재는 자신에게 문제를 일으키고 있는 '존재'를 어떻게든 '해결'해야만 한다는 것을 뜻한다. 자신의 '존재 문제'를 해결한다는 것은 각기 그 자신에게 주어진 자신의 존재 가능성들을 각기 자신의 것으로 만든다는 것이다. 따라서 현존재에게 문제를 일으키는

'존재'는 각각의 현존재에게 그 자신의 '존재'이다. 현존재는 언제나 나의 현존재이다. 물론 이때의 '나'는 저마다에게서의 '나'이다. 현존재는 '각자성', 즉 "문제가 되는 존재는 각기 나의 존재이다"라는 성격에 의해 규정되어 있다. 현존재는 각자의 '나'에게 떠맡겨진 '존재'이다.

반면 여기 내 눈앞에 있는 하나의 연필에게는 그것의 '존재'가 문제를 일으킬 수 없다. 이러한 사실에서 알 수 있는 것처럼 한 인간이 존재한다는 것은 하나의 연필이 존재한다는 것과는 다르다. 인간은 자신이 존재할 수 있는 미래, 즉 자신의 가능성들을 문제 삼고 있다. 그는 자신이 되고자 하는 바를 이루기 위해 마음을 졸인다. 인간의 '존재'는 연필의 '존재'처럼 이미 고정되어 버린 것이 아니다. 인간은 무수히 많은 가능성들을 갖고 있다. 인간은 자신이 꿈꾸고 희망하는 가능성이 전혀 이루어질 수 없다고 생각할 때 존재하기를 스스로 그칠 수조차 있다.

현존재가 자기 자신을 이해하는 것은 자신의 존재가능성에서부터이다. 그러므로 현존재는 자신이 되고자 하는 그 '무엇' 때문에, 더 정확히 말해 자신이 존재할 수 있는 자신의 모든 가능성들 때문에 자신의 현재의 '존재'를 문제시할 수 있는 것이다. 현존재는 자신이 존재할 수 있는 다양한 존재 방식들을 이미 이해하고 있으며, 그 방식들 가운데 특정한 방식들을 이미 선택해 왔다. 그런데 현존재의 존재가능성들은 연필과 같은 종류의 사물들이 갖는 다양한 '속성들'과는 다르다. 그러한 속성들은 어떤 눈앞의 사물들에 '각인된 것'들로서 그 가능성들이 이미 다 '실현된' 것들이거나 적어도 고정되어 버린 것들이다. 그러나 실존하는 현존재의 존재가능성은 각자의 존재가능성으로서 현존재가 그때마다 자신의 존재가능성으로서 떠맡거나 아니면 자신의 가능성에서 제외시켜 버릴 수 있는 그러한 가능성이다. 즉 현존재는 각기 그의 가능성이다.

이때 우리는 현존재가 자신의 존재가능성을 스스로 떠맡거나 선택하는 것을 '본래성'이라 하고, 자신의 가능성을 스스로 선택하지 않고 사람들이 살아가듯이 그렇게 휩쓸려 사는 것을 '비본래성'이라 한다. 다시 말해 '본래성'은 현존재가 그의 존재에서 '자기 자신'을 선택하여 획득하는 것을 말하고, '비본래성'은 자기 자신을 상실하는 것을 뜻한다. 사람들은, 그들이 매우 바쁜 일에 몰두해 있을 때, 자신을 잃어버리기 쉽다. 심지어 자신의 존재를 망각하기 위해 사람들은 향락이나 마약에 빠져들기도 한다. 현존재의 이러한 비본래적 '존재 양태'는, '자기 자신'의 망각이란 것이 어떤 결여적인 것, 즉 망각은 이미 '어떤 것'(여기서는 '자기 자신')을 전제해야 하는 한, 그의 본래적 존재 양태를 바탕으로 해서만 가능하다.

그러나 본래성과 비본래성은 다시 현존재가 '각자성'에 의해 규정되어 있기 때문에만 가능하다.

2장 존재의 의미를 묻는 방법

존재와 시간

하이데거의 철학적 화두는 두말할 것 없이 '존재'와 '시간'이다. 아래에서 우리는 이 두 화두를 중심으로 하이데거 사상의 핵심을 살펴보기로 한다.

시대와 민족에 따라 각기 다르게 주어지고 있는 존재시각을 하이데거는 '존재사건'이라고 했다. 이렇게 시간 속에서 그때마다 인간에게 주어지는 존재사건을 다루는 것이 하이데거의 『존재와 시간』이다. 하이데거는 이 책에서 공시적인 고찰, 즉 모든 시간에 공통적으로 통용되는 고찰에서 인간이 존재자를 이해하고 있는 양식과 방식, 그리고 그 구조적인 특징을 밝혀냈다. 더욱이 여태까지 인간을 이성적 동물이라고 규정한 서양철학은 이러한 인간만의 독특한 존재이해의 특징을 간과할 수밖에 없었음을 지적했다. 인간만이 있음과 없음을 구별할 수 있다. 인간은 이러한 있음과 없음을 구별할 수 있는 '자리'이다. 다시 말해 인간은 존재사건이 일어나고 있는 현장이다. 이 점을 부각시키기 위해 하이데거는 인간을 현존재[거기-있음], 독일어로는 Dasein이라 하는데, 그것은 '존재의 거기에'라는, 즉 '존재가 나타나는 바로 그 자리'라는 말이다. 이제부터 우리는 인간을 존재의 부름에 응답하는 '존재의 목동'으로 보아야 한다는 것이다. 하이데거는 인간의 독특함이 이제까지 잘못 이해되고 있었음을 지적한다. 즉 이성적 동물, 하느님의 모상이라는 생물학적 전제와 신학적인 전제로 인간을 이해했다는 것이다.

그러나 인간을 왜 생물학적 관점이나 신학적 관점에서 보아야 하는가에 대해서는 아무런 해명이 없었음을 하이데거는 알았다. 하이데거는 그러한 전제 없이 인간의 있는 그대로를 보고자 한 것이며, 따라서 있는 그대로의 인간, 인간의 '거기-있음'을 다루게 된 것이다. 하이데거는 인간이라는 말을 쓰지 않는데, 즉 이제까지 철학에서 사용하였던 주체, 의식, 정신, 영혼이라는 용어를 전혀 쓰지 않고 있다. 하이데거는 그저 Dasein(현존재, 거기-있음)이라는 용어를 쓴다. 그가 인간이라는 용어를 쓰지 않았던 것은 '인간' 하면 어떤 식으로건 선입견이 생긴다는 것을 알고 있었기 때문이다. 하이데거는 인간의 독특함이란 존재와 무를 식별할 수 있는 안목, 존재가 거기에 나타나는 그 자리라고 하면서 존재와 관련시키고 있다. 이 점에서 보면 하이데거는 인간을 최고의 높이까지 끌어올린 철학자라 할 수 있다. 우리는 이러한 관점에서 『존재와 시간』을 봐야 한다.

시간 속에 주어지는 존재는 대개 시간의 형태로 나타나게 된다. 서양철학에서 존재를 지속적으로 그 자리에 있음, 현존함으로 파악한 것, 변화의 와중에 변화하지 않는 실체로 파악한 것, 절대정신으로 파악한 것, 같은 것의 늘 되돌아옴으로 파악한 것은 결국 시간의 형태로 파악된 존재의 의미인 것이다. 통상 우리는 존재하는 것을 구분할 때 시간적인 것, 무시간적인 것, 비시간적인 것, 초시간적인 것 등으로 나누어 고찰한다. 이렇게 존재 속에 어김없이 시간이 끼어들고 있는데 그 이유는 무엇일까? 존재와 시간은 어떤 사이라서 그렇게 붙어 다니는 것인가? 지금까지의 철학에서 존재는 이념 혹은 이데아로 간주하여 존재란 변화하는 시간적 현실의 변화하지 않는 것 정도로 생각해 왔다. 이렇게 보면 존재와 시간은 사실 어울리지 않는 개념이다. 이제까지는 시간이란 존재와 합치시킬 수 없는 것이었다. 존재는 영원한 것, 이념적인 것, 보편적인 것, 그래서 변화하지 않는 것이었다. 그런데 『존재와 시간』에서 하이데거는 존재는 시대마다 시간 속에 각기 다르게 주어지며 더욱이 존재는 유한하다고 말하고 있다. 한마디로 하이데거는 우리가 자명하다고 알고 있던 존재와 시간의 관계를 새롭게 규명해야 할 필요를 역설하고 있는 것이다. 존재와 시간이 뗄 수 없는 연관 속에 붙어 다니는 까닭은 존재가 나타나는 출현의 현장인 인간 현존재가 시간적인 존재이기 때문이다. 여기에 하이데거의 획기적인 인간이해가 깔려 있다.

현대 철학에서 가장 중요한 개념으로 등장한 것은 '시간'과 '언어'이다. 특히 시간의 문제는 철학의 모든 문제에 대한 재검토와 재정립을 요구한다. 헤겔까지의 철학의 특징은 시간보다는 절대정신과 같은 영원을 강조하는 것이었다. 이러한 사유는, 플라톤의 이데아론에 잘 나타나 있듯이, 존재자의 본질이 불변성(시간과 관련에서 볼 때), 무시간성 내지 영원성에 있다고 보았다. 이러한 사상은 서구의 정신이 강조해 온 것으로서 절대자의 자기 자신에 대한 앎을 의미한다. 우리는 헤겔이 말한 "보편이 진리다"라는 말 속에서 무시간적인 영원을 강조하는 서구사상의 특징을 엿볼 수 있다. 현대 철학은 보편과 무한, 그리고 영원에 반기를 들면서부터 시작되었다. 이런 반기의 선두 주자는 키르케고르(Sören Aabye Kierkegaard, 1813~55)인데, 그의 철학적 기반은 데카르트(Rene Descartes, 1596~1650)의 '사유의 확실성'과 대비되는

'죽음의 확실성'이다. 그에 따르면, 가장 확실한 것은 "나는 죽는다"는 것이므로 우리는 "인간은 죽는다"는 명제보다 "나는 죽는다"는 명제에 더 주의를 기울일 필요가 있다는 것이다.

이러한 사색을 통해 이제 진리의 자리는, 헤겔이 강조한 보편으로부터 주관으로 옮겨졌다.

한편 하이데거는 그의 『종교 현상학 입문』에서 초대 그리스도인들의 삶에 주의를 기울였다. 지금까지 인간은 신의 모상으로서 유한한 것보다는 무한한 것을, 시간적 존재보다는 영원한 존재를 강조함으로써 인간 자신의 나약함을 덮어 버린 채 영원하고 무시간적인 신의 본성만을 강조하면서 육신의 감각, 감정, 느낌 등은 인간이 극복해야 할 과제로 보아 왔다. 이러한 인간의 '신격화'에 대하여 하이데거는 다음과 같은 성서적인 사실을 대비시킨다. 즉 사도 바울은 그가 인간이기 때문에 나약할 수밖에 없으며, 신은 바울의 '살 속에 박힌 가시'를 통하여 그에게 인간의 나약함을 끊임없이 깨닫게 하셨다. 그리고 이 사실을 통해 기존의 전통 사상이 주장해 온 바, 즉 인간의 나약함에서 인간의 본질을 보는 것은 본질의 왜곡이라는 독단을 정면으로 반박한다.

하이데거에 따르면, 인간을 인간답게 하는 것은 다름 아닌 죽음이며, 인간이 죽을 수밖에 없다는 사실은 인간의 본질에 속한다고 말한다. 하이데거가 주시한 초대 그리스도인들의 생활이란 그리스도의 재림을 끊임없이 준비하는 생활, 즉 오늘이 마지막이라는 결단의 순간순간을 사는 생활, 선택을 강요당하는 순간들을 사는 생활이었다. 여기에서 하이데거는 새로운 시간성의 단초를 확립하게 된다. 즉 시간은 결단의 순간들이지 무의미한 '지금'의 연속이 아니며, 그리스도의 재림은 죽음이므로, 이 죽음을 예비하기 위하여 결단하는 지금을 살아가는 인간은 유한한 시간 속에 있다는 것이다.

죽음과 인간은 뗄래야 뗄 수 없는 관계에 있다. 인간의 심리는 자신의 죽음을 자신으로부터 분리시키려 한다. 사람들은 타인의 죽음을 경험할 때조차도, 죽음을 타인의 문제에 불과한 것으로, 즉 자기 자신과는 무관한 것으로 생각하려 한다. 인간은 죽음을 삶 속에서 제거하려 한다. 그러나 인간은 태어나는 순간 이미 죽기에는 충분히 늙어 있는 셈이다. 인간은, 그가 비록 자신의 죽음의 때를 알 수는 없을지라도, 그 자신이 언젠가는 죽을 수밖에 없다는 사실은 잘 알고 있다. 자신의 죽음이 너무나 확실하지만, 가능한 한 그러한 자신의 죽음으로부터 도피하기 위해, 사람들은 나날의 삶 속에서 죽음을 잊어버린 채 살아가는 것이다.

"인간은 죽음을 떠나서 살 수 없다"(키르케고르)는 말이나,

"인간은 죽음을 살고 삶을 죽는다"(헤라클레이토스)는 말에서 볼 수 있듯이, 죽음은 삶의 종말 또는 삶의 끝, 다시 말해 인간에게 부여된 시간과 깊은 관련이 있다.

하이데거에 따르면, 인간에게 시간이 주어져 있는 까닭은 그가 죽을 수밖에 없기 때문이며, 만일 죽지 않는 인간이 있다면, 예를 들어 신과 같은 인간이 있다면, 그는 영원을 사는 것이 될 것이고, 그리고 영원은 무시간적인 어떤 것이기 때문에, 그러한 인간에게는 시간이 주어지지 않을 것이다. 그런데 인간이 실제로는 죽을 수밖에 없기 때문에, 그에게는 시간이 주어져 있고, 그렇게 시간을 가진 인간은 자신에게 주어진 시간을 자신의 것으로 만들어야 한다. 여기서 시간을 자신의 것으로 만든다는 것은, 자신에게 주어진 시간을 자기 자신의 삶을 위해 활용한다는 것을 말한다. 인간은 자신에게 시간이 주어지는 동안에만 존재할 수 있고, 이 시간은 다시금 죽음이 인간에게 애초부터 선고되어 있는 한에서만, 즉 인간이 죽을 수밖에 없을 때에만, 인간에게 주어질 수 있다. 그러므로 인간은 시간적 존재로서 유한할 수밖에 없다.

시간은 종말 또는 끝과 관련된다. 이때 끝이 죽음을 의미한다면, 시간적 존재란 죽을 수밖에 없는 존재를 말한다. 그러므로 시간적 존재로서의 인간은 죽을 수밖에 없는 존재이고, '죽음을 향한 존재'이다. 따라서 인간은, 자신이 죽을 수

밖에 없음을 염려하는 시간적인 존재로서, 다시 말해 자신에게 주어진 시간을 스스로 떠맡아 자신의 있음을 창조해 가는 존재로 파악할 수 있다.

『존재와 시간』에서 문제시 하는 것

『존재와 시간』에서는 시간이 어떻게 존재의 의미에 속해 있는가 하는 물음이 그 밑바탕에 깔려 있다. 『존재와 시간』은 사유되지 않고 남아 있는 것, 종래의 형이상학이 사유한 모든 것이 거기에 근거를 두고 있는 바로 그 잊혀진 근거를 사유로써 다시 찾으려고 시도하고 있는 셈이다.

『존재와 시간』의 첫 페이지에서 하이데거는 다음과 같은 플라톤의 대화편 「소피스트」를 인용하고 있다.

"당신들은 분명 이미 오래 전부터 당신들이 '존재하는' 이라는 표현을 사용할 때 당신들이 본래 의미하고 있는 그것에 대하여 친숙해 있다."

우리도 이전에는 그것을 이해한다고 믿었는데, 지금은 당혹스러움에 빠져 있다는 것을 하이데거는 지적하고 있다. 우리는 '존재하는'이라는 표현이 본래 무엇을 뜻하는가 하는 물음에 대하여 어떤 대답도 가지고 있지 않을 뿐 아니라 또한 그런 물음의 필요성마저도 느끼고 있지 않다고 하이데거는 지적하면서, 존재에 대한 물음의 의미를 일깨워 주고 있다. 그러므로 존재의 의미에 대한 물음은 새롭게 제기되어야 할 뿐만 아니라, 먼저 이 물음의 이해부터 일깨워야 한다는 것이 하이데거의 주장이다.

『존재와 시간』의 서론은 '존재의 의미에 대한 물음의 개진(설명)'이라는 제목을 달고 있으며, 두 부분으로 나뉘어 있다. 첫 번째는 존재물음의 필연성·구조·우월성이고, 두 번째는 존재물음의 두 가지 과제(연구의 방법과 그 내용)이다.

『존재와 시간』의 서론 제1절에서 하이데거는 이렇게 말하고 있다.

"존재의 물음은 플라톤과 아리스토텔레스로 하여금 숨을 죽이고 연구하게끔 하였지만, 그 후로는 (불행히도) 실제 탐구의 주제가 되는 물음으로서는 침묵 속에 빠져버리고 만다."

그뿐만 아니라 그 물음을 제기하지 말아야 한다고 그 물음의 불필요성을 공적으로 선언한다. 하이데거는 이를 철학적인 독단, 철학적인 교조주의라고 말한다. 이러한 철학적인 독단, 철학적 교조주의는 존재의 해석에 대한 그리스적인 단초에서 형성되었다. 이 철학적 독단은, 존재는 가장 보편적이며 내용이 텅 비어서 정의할 수 없는 것, 그러나 자명한 것이라고 주장한다.

제2절에서는 존재물음의 형식적인 구조에 대하여 말하고 있다. 우리가 존재의 의미에 대하여 물음을 제기할 때 어디에서 출발해야 할지를 물으면서, 우리는 언제나 이미 평균적으로 모호한 존재의 이해 속에 머물러 있으므로, 존재의 물음을 통해서 이 모호한 존재의 이해를 개념으로 끌고 와야 한다고 말한다. 이 말은 아우구스티누스의 "시간이 무엇인가"라는 질문이 너무 자명하여 누구나 알고 있는 듯하지만 막상 대답을 하지 못하고 있듯이, 비트겐슈타인이 말한 대로 철학의 문제는 바로 우리가 일상적으로 알고 있는 듯하지만 실제는 모르고 있는 것이 문제임을 의미한다. 하이데거도 이와 비슷하게 "우리는 언제나 이미 존재의 이해 속에 머물러 있기 때문에, 존재에 대하여 자명하게 알고 있는 것처럼 생각하고 있지만, 막상 존재의 의미에 대하여 날카롭게 질문을 받게 되면 아무런 대답도 하지 못하게 된다"고 말한다. 그러므로 존재에 대한 물음은 반복되어야 한다. 그런데도 이 물음은 형이상학적인 사유가 시작된 이래 사유되지 않은 것으로서 계속 남아 있었다. 이제 이 물음이 형이상학적 사유의 근거로서 새롭

게 제기되어야 한다.

우리가 현사실적으로 언제나 이미 이해하고 따르고 있는 그 존재를 개념으로 이끌어 올 수 있느냐 없느냐 하는 것은 차치하더라도, 우리 인간은 존재의 물음을 제기해야 한다. 여기서 하이데거는 존재물음을 세 가지로 구분지어 말하는데, 첫째 물음에서 묻고 있는 것(das Gefragte)은 존재자를 존재자로서 규정하고 있는 존재자의 존재이고, 둘째 물음이 걸려 있는 것(das Befragte)은 물음의 직접적 대상으로서 현존재라는 존재자이며, 셋째 물음이 꾀하고 있는 것(das Erfragte)은 존재물음이 궁극적으로 지향하고 있는 것으로서 존재의 의미이다.

이러한 존재물음은 변증법적 관계 속에서 던져지는데, 물음을 던지는 것은 우리가 모르기 때문에 물음을 던지는 것이며, 그리고 어느 정도 이해를 갖고 있기 때문에 물음을 던질 수 있는 것이다. 이런 물음의 변증법적 관계에서 하이데거의 궁극적인 물음은 존재자의 존재에서 존재의 의미를 묻는 것이었다. 그리고 물음이 직접 향해 있는 물음의 대상은 현존재의 존재이다.

『존재와 시간』의 서론 제3절에서 말하고 있는 것은 존재물음의 존재적 학문에 대한 존재론적 학문의 우월성에 대한 것인데, 여기에서 존재론이란 존재자의 존재를 취급하는 이론을 말한다. 존재적 학문이란 개별과학을 의미하고 존재론적 학문은 철학을 의미한다.

하이데거는 그의 탄생 80회 기념 텔레비전 인터뷰에서 이렇게 말했다.

"반세기 전의 『존재와 시간』은 아직도 이해되고 있지 않다. 존재 망각의 뿌리가 얼마나 깊은지는 내가 반세기 전에 던진 존재물음이 아직도 이해되지 않음을 볼 때에도 알 수 있다."

대부분의 유명한 철학자들, 즉 칸트나 헤겔 같은 사람에게도 그와 같은 일이 일어나거니와 그것은 그 철학자를 수용하는 사람들의 시대와 자세에 따라, 또는 사람들이 필요에 따라 필요한 부분만을 소화 흡수하기 때문에 발생한다. 하이데거의 경우 1927년 『존재와 시간』이 나옴과 동시에 '실존 철학'이라는 칭호가 붙게 되었다. 그러나 하이데거는 이때에 이미 자신은 실존철학자가 아니라고 말하고 있다.

이 시기에 실존철학과 비슷한 철학적 입장을 지닌 철학이 있었는데, 그것은 '철학적 인간학'으로서 인간에 대해 철학적 물음을 던진다. 그런 흐름으로는 막스 셸러의 『우주에서의 인간의 위치』, 플레스너(Helmuth Plessner, 1892~1985)의 『유기체의 단계와 인간』 등을 들 수 있다. 실존철학과 철학적 인간학 사이의 연관성은 그들이 모두 인간의 존재와 본질에 대하여 철학적 물음을 던진다는 점이다.

한편 하이데거의 『존재와 시간』으로부터 깊은 영향을 받은 프랑스의 철학자 사르트르는 그의 대작 『존재와 무』를 발표한다. 그러나 사르트르는 본질을 중요한 개념으로 취급해 온 (비록 방향은 다르지만) 철학적 전통의 테두리 안에서 하이데거를 수용하려 하였다. 사르트르의 이런 면은 그의 유명한 말 "실존이 본질을 앞선다"라는 데서 찾아볼 수 있다. 이전에는 존재자(신, 동물, 인간 등)를 essentia와 existentia로 구별하였는데, essentia는 본질(무엇)로서 가능적인 측면이며 필연적인 것이고, existentia는 가능이 구현된 실재이고 우연적인 것을 말한다. 전통에서는 주로 essentia를 강조해 왔는데, 사르트르는 existentia를 강조한다. 이런 구별에서 볼 때 사르트르도 전통 철학의 틀에서 벗어나지 못하고 있는 셈이다. 그러나 하이데거는 존재자를 이렇게 구분하지 않고 오히려 존재자의 존재 그 자체를 탐구함으로써 전통 형이상학을 극복하려 했다.

『존재와 시간』의 서론 제4절의 내용은 존재물음의 존재적 우월성에 대한 것으로서, 여기에서 하이데거는 "존재물음이 제기되면 존재적인 것 혹은 존재자 가운데서 특정한 한 존재자가 우위를 점한다"고 지적하고 있다. 또한 하이데거는 "존재의 물음에서 형이상학적으로 전제 없이 출발해야 한다면, 존재의 물음을 던지는 바로 그 존재자, 즉 현존재에서부터 출발해야 한다"고 했다. 하이데거는 바로 존재에 대한 물음을 던지는 현존재를 문제시했으며, 존재에 대한 물음이란 존재자의 존재에 관한 물음을 말한다. 여기서 존재자란 모든 개개의 존재자를 지칭하며, 이 속에서 하나의 모델이 될 수 있는 특정한 존재자가 우월성을 갖고 있는가 하고 반문하면서, 먼저 존재물음을 던지는 존재자인 현존재의 존재를 고찰하는 것이 존재 일반의 의미를 물어 나가는 방법적인 길임을 제시한다.

존재의 의미에 대한 물음과 기초 존재론

　그의 주저 『존재와 시간』에서 하이데거는, 누구나 자명하게 알고 있다고 여기고 있고, 철학자들도 너무나 자명해서 물음의 여지마저 없는 것으로 간주하는 바로 그 '존재(있음)'의 의미에 대해서 물음을 던진다. 하이데거가 보기에 지금까지의 서양철학의 역사는 '지속적으로 눈앞에 현재'하고 있는 것만이 참된 의미의 존재로 지칭될 수 있다는 주장에 의해 지배되어 왔다. 이렇듯 (본래의) '존재의 의미'는 언제나 지속적 현재라는 이념의 지평 안에서 파악되어 왔다. 그런데 '현재'는 시간의 한 양태가 아닌가? 존재의 해석에 끼어든 이 시간은 도대체 어떻게 이해되어야 하는가? '존재'와 '시간'의 관련은 무엇인가?

하이데거는 이 문제를 풀 수 있는 해결의 실마리를 다양한 존재자와의 관계 속에서 이미 나름대로 '존재를 이해'하고 있으며, '죽음을 향한 존재'로서 철두철미 '시간적인' 존재인 인간 현존재(현존재는 존재를 이해하며 존재하는 한에서의 인간을 지칭하는 하이데거의 독특한 표현이다.)에서 찾는다. 이렇게 존재의 의미를 묻는 존재물음에 존재를 이해하며 실존적으로 존재하는 인간 현존재가 문제를 푸는 열쇠로서 등장한다.

학문도 인간 현존재가 존재자와 맺는 관계맺음의 한 양상이다. 존재자에 대한 이론적·개념적 관계양상이 곧 학문인 것이다. 개개의 학문은 자기가 다루는 존재자와 존재영역을 바르게 인식하여 그 존재자에 대한 정확한 개념의 이론 정립에 이르려고 노력한다. 이러한 식의 학문적 관계맺음 이전에 이미 인간 현존재는 학문에서 다루고 있는 존재자와 이런저런 관계를 가져왔다. 학문 이전의 일상생활에서 인간은 이미 이렇게 존재자와 일정한 존재연관 속에 있으며, 그 안에서 그는 이미 항상 그가 관련을 맺고 있는 그 존재자를 이해하고 있다. 모든 학문은 결국 인간의 일상적 존재 관련 속에서 일어나고 있는 이러한 '존재이해'에 근거를 두고 있는 것이다.

모든 학문은 그 학문에서 다뤄지고 있는 존재자가 이미 드러나 있음(개방돼 있음), 이해돼 있음을 전제하며, 그렇게 이미 주어져 있는 존재자(positum)를 그 사실연관에서 개념적으로 규정하고 설명한다. 이렇게 주어져 있는 존재자를 다루는 학문이 곧 실증과학이며, 그것은 필연적으로 개별과학일 수밖에 없다. 개별과학은 자기가 다루는 존재자의 존재양식, 존재내용에 대해서는 아무런 지식을 제공하지 못한다. 이를 위해서는 학문 이전의 그 존재자와의 왕래 양상을 살펴보아야 할 것이다. 인간 현존재의 존재자와의 관련에서부터, 거기에서 일어나고 있는 '개념 이전의 존재이해'에서부터 우리는 존재자의 존재 양식과 존재 내용을 탐구해내야 한다.

존재자의 존재를 이론적·개념적으로 규정하려고 시도하는 모든 노력을 넓은 의미로 '존재론'이라 할 때, 이 존재론의 근거를 제시하고 정초하려는 노력은 '기초 존재론'이라 할 수 있을 것이다. 따라서 이 기초 존재론에서는 존재론의 가능 근거를 구명하고 있다. 존재론이 인간 현존재의 존재이해에 그 가능 근거를 갖고 있다면, 기초 존재론에서 제일 먼저 문제시 해야 하는 것은 바로 이 '개념 이전의 존재이해'일 것이다. 이 존재이해를 바르게 이해하기 위해 우리는 먼저 존재를 이해하고 있는 인간 현존재의 존재를 해명해야 한다. 이를 위해서 하이데거는 『존재와 시간』 제1부에서 현존재에 대한 현상학적·실존론적 분석을 전개한다.

현존재[거기-있음] 분석론과 존재물음

하이데거는 과연 현존재가 존재적인 우위를 점하고 있는지 살펴본다. 인간 현존재라는 특정한 존재자가 우위를 점하고 있다는 사실은 "현존재가 단순히 여러 다른 존재자 가운데 하나로서 놓여 있는 것이 아니다"라는 데에 있다. 세계 내에 있는 여타의 모든 존재자의 '있음'에 대하여 문제를 삼고 있는 것은 오직 인간뿐이며, 인간의 '있음'은 의자나 책상의 '있음'과 성질이 전혀 다르다. 즉, 존재자 가운데 인간의 '있음'은 무차별한 '있음'이 아니라 그 존재자의 '있음' 자체가 문제가 되는 그러한 '있음'이라는 점에서 다른 모든 존재자와는 다르다. 이런 독특한 '있음'을 키르케고르는 '관계'라고 표현하고 있는데, 우리는 인간의 '있음'을 끊임없이 '관계를 맺고 있음'으로 이해할 수 있다. 오직 인간 현존재만이 존재자의 존재와 관계를 맺는다. 그러므로 자기 자신의 존재와 관련을 맺고 있는 인간 현존재는 존재 자체를 문제삼는 그러한 존재자이다. 또한 우리와 존재의 관계맺음은 다른 존재자와의 관계맺음에도 영향을 미친다. 이런 존재관계의 밑바탕에 놓여 있는 것을 하이데거는 '존재이해'라고 부르고 있다. 다시 말하면, 존재 관계에서 문제가 되는 것, 존재자와의 그 모든 관계에 앞서 우리가 언제나 이미 알고 있는 것을 존재이해라고 하는 것이다.

여기서 하이데거는 인간 존재를 두 가지로 구별한다. 첫째, 단순히 '있다'는 존재적인 차원에서 다른 모든 존재자와 구별되는 인간이라는 존재자로서의 현존재이다. 둘째, 존재와 관계를 맺으면서 존재를 이해하는 측면인데, 이때 비록 개념으로서 분명하게 알고 있는 것은 아니지만 그 나름대로 존재를 이해하고 있다는 것이다. 이러한 존재이해는 존재론적인 차원이다. '존재론적'이란 인간의 있음은 무차별한 있음이 아니라 존재를 이해하며 있는 '있음'임을 말한다. 이 존재론적 이해는 제대로 정리 작업된 이론적 개념적 이해가 아니라, 아직 전개되지 않은 존재론 이전의 존재이해이다. 이렇게 존재 관계를 갖는다는 것이 하이데거에 의하면 인간의 독특함이며, 이 독특함을 개념으로 표현한 것이 '실존'이다.

실존에서 염두에 두어야 할 것은 자기 자신의 존재와 존재 관계를 맺는다는 것, 즉 자신의 존재를 이해하고 있다는 사실이다.

실존철학자들의 실존에 대한 개념적인 공통점은 '존재 이행'과 '각자성'에 있다. 이 말은 인간 현존재만이 자신의 존재를 문제시하고 있다는 것인데, 인간의 있음은 인간이 전개해 나가야 할 과제로 주어진 그 어떤 것이고, 인간의 존재는 스스로 문제 삼아서 존재해야 하는 것이다.

이것은 존재의 이행에서 고려되어야 한다. 이 점을 야스퍼스는 상호교통이라고 표현하고 있는데, 그것이 하이데거의 존재 관계에서 이해될 수 있다. 즉 존재 관계(상호교통)란 자기 자신, 타인, 사물과 관련을 맺는 것을 말하며, 이러한 관계 맺음은 현존재에게만 가능한 것이다. 인간이 세계 안의 사물과 관계를 맺는 방식은 일상성 속에서 남들이 하듯이 살고 있기 때문에, 관계를 맺고 있는 것은 엄밀히 말해 자기 자신의 관계가 아닌 그들 자신의 관계이다. 그러므로 이 세계는 나의 세계가 아닌 무차별한 존재자들의 세계이고, 타인도 인격적인 만남의 관계가 아니라 단지 '그들'로서 스쳐 지나가는 만남으로 이루어지는 관계 속에 있다.

이제 실존이란 내가 살고 있는 세계에서 나를 찾는 것이다. 카뮈(Albert Camus, 1913~60)는 이런 식으로 나의 삶을 떠받쳐주던 무대장치가 갑자기 무너져 버릴 때 '왜'라는 의문이 일어나게 되고, 이것이 잃었던 나를 찾게 되는 계기가 된다고 말했다. 그리고 불안 속에서 존재의 물음이 고개를 들며, 이때 문제가 되는 것이 바로 나 자신이며 우리는 이것을 놓치지 말아야 한다. 불안과 더불어 또 하나의 문제는 양심인데, 양심은 나로 하여금 나 자신을 선택하도록 침묵 중에 불러 세운다. 양심이란 일상적인 삶으로부터 방향을 돌려 잊고 있었던 나 자신을 다시 선택하여, 나 자신의 존재를 문제 삼으라고 말한다.

인간은 인간 이외의 다른 모든 존재자와 분명히 다르기 때문에, 인간의 본질을 다른 존재자들에게 통용되는 개념으로 다루어서는 안 된다. 다른 모든 존재자들에게는 '범주'가 통용되지만, 이 범주가 인간에게는 적용될 수 없다. 인간에게는 인간에게 적합한 '실존 범주'가 있는데, 이 실존 범주란 인간의 실존을 문제 삼는 독특한 개념틀로서 실존 구조들(실존 이행, 각자성, 현사실성, 이해, 말, 빠져 있음 등)을 문제 삼는 것을 말한다. 이전까지는 인간 현존재를 현존재적이 아닌 것을 가지고 파악하려 들었기에 인간 존재에 대한 왜곡과 인간의 자기소외가 불가피했다.

이제는 현존재에 대한 실존론적인 분석을 통해 새로운 차원을 찾아야 한다. 여기에서 하이데거는 존재적 차원과 존재론적 차원을 구분하는데, '존재적 차원'이란 단순한 '있음'의 차원에서도 현존재가 다른 존재자와 다르다는 것을 말한다. 그리고 '존재론적 차원'은 존재를 이해하고 있는 것을 말한다. 하이데거는 인간 실존의 문제에서도 똑같이 얘기하는데, 인간 실존에도 단순히 인간 현존재의 '있음', 즉 자기 자신의 존재를 때에 따라 염려하고, 불안과 공포를 갖는 '실존적인 차원'이 있으며, 또한 인간의 존재를 이해하며 그 존재를 인간에게 독특한 실존 범주를 갖고 파헤치려 하는 '실존론적인 차원'이 있다. 인간은 자기 자신의 존재를 이해하고 있으며, 타인과 사물과 존재 관계를 맺고 있는데, 이때 인간은 불안해하고 양심의 소리를 듣고 공포를 느끼고 자기의 존재를 걱정하면서 자신의 존재를 이해하지만 이 존재를 구체적인 개념으로 끌어 오지는 못하는데, 바로 이것이 실존적 차원이다.

야스퍼스는 말하기를 "실존철학에서 문제가 되는 것은 각자가 자신의 존재를 존재하는 실존함이며, 이러한 실존함에 본질이 따로 있는 것이 아니다"라고 했는데, 이것이 바로 실존적 차원인 것이다. 바로 '존재함에서 무엇이 문제가 되는가'라는 것을 고찰하려면 범주가 아닌 실존 범주를 가지고 얘기해야 한다. 여기에서 야스퍼스의 입장은 인간 실존에 대하여 실존 범주를 얘기할 수 없다는 것인데, 그것은 실존에 관한 한, 학문이 가능할 수 없음을 주장하는 것이다. 즉 거기에는 보편적으로나 직접적으로 얘기할 수 있는 것이 없다는 것이다. 이 점이 바로 하이데거와 야스퍼스를 결별시킨 가장 중요한 차이점이다.

하이데거는 "현존재는 존재물음을 제기하는 존재자이며, 그러므로 존재의 물음이 성취되어야 한다면 현존재가 그의 존재에서 투명하게 드러나야 한다"고 말한다. 존재물음을 던지는 존재자는 현존재뿐이며, 그러므로 이 현존재는 다른 존재자들에 대하여 우월성을 가지고 있는데, 그 우월성은 삼중의 우위이다.

첫째 우위는, 현존재가 갖는 '존재적 우위'이다. 인간 현존재만이 일종의 독특한 존재 관계를 갖는데, 이 존재 관계란 자신의 존재, 타인의 존재, 그리고 다른 존재자와 갖는 관계 맺음을 말하며, 이 존재 관계가 '실존'이라는 개념으로 규정된다. 이렇게 존재적 차원에서 인간 현존재는 '실존'으로 표현된다. 실존적 차원과 존재적 차원이 구분되는데, '존재적'이라는 말은 모든 존재자에게 존재자로서 통용되는 것을 말하고, '실존적'이라는 말은 인간 현존재의 실존에만 해당되는 것을 말한다. 따라서 인간 현존재는 '존재적' 차원에서도 다른 모든 존재자와 구별된다. 이렇게 구별됨으로써 인간 현존재는 독특한 우위를 갖는다.

둘째 우위는 인간 현존재는 실존을 통해 규정되기 때문에 현존재는 그 자체에서 존재론적이며, '존재론적'이란 '존재를 이해하며 존재하고 있음'을 말하고, 이러한 실존적 존재방식에는 존재를 이해하는 존재 이해의 우월성이 있다는 것이다. '존재론(Ontologie)'이란 존재에 대한 학문을 말하는데, 이런 학문으로서의 존재론과 구별짓기 위하여 하이데거는 인간 현존재가 존재적 차원에서 가지고 있는 존재론적 우월성을 존재론 이전의 존재이해라고 말한다. 따라서 여기서 말하는 '존재론적 우위'는 존재론 이전의 존재이해를 말하는 것이다.

셋째, 현존재는 존재론 이전의 존재이해에 근거하여 그 자신의 존재와 현존재적이 아닌 존재자의 존재를 이해하며, 그래서 현존재가 모든 존재론의 가능 조건이라 할 수 있고, 따라서 현존재가 '존재적-존재론적 우위'를 점한다고 할 수 있다. 여기서 존재이해는 자기가 관계맺고 있는 존재자를 그 존재에 대해 이해하는 것을 말하며, 그러한 존재이해의 관계는 자기 자신, 타인, 사물(세계)과의 관계 속에서 이루어진다.

바로 이 존재이해에 근거하여 현존재가 '모든 존재론의 가능조건'을 자신 안에 가지고 있으니, 이것이 존재적-존재론적 우위이다. 다시 말하면, 현존재는 자신이 관계를 맺고 있는 그 존재자의 존재를 이해하기 때문에, 현존재는 모든 존재자의 존재적-존재론적 가능조건이라는 것이다. 하이데거는 이렇게 모든 존재적-존재론적 가능조건을 파헤치는 학문을 '기초 존재론'이라 칭한다. 하이데거는 『존재와 시간』에서 말하기를, "따라서 거기에서부터 다른 모든 존재론이 비로소 발원해 나올 수 있는 기초 존재론은 현존재의 실존론적 분석론에서 찾아야 한다"고 말한다.

하이데거에서 현존재의 실존론적 분석론은 실존 범주가 무엇인가 알 때에만 이행될 수 있다. 실존 범주란 일반 존재에 관한 범주와 구별되어 인간 현존재의 존재 구조에 대한 것을 의미한다. 실존론적 분석을 하기 위해서는 실존의 존재 구성틀(Seinsverfassung)을 이해해야만 하며, 나름대로 존재에 대한 하나의 이념을 가지고 있어야 한다.

이와 관련하여 하이데거는 말하기를, "이렇듯 현존재 분석의 가능성 역시 존재 일반의 의미에 대한 물음을 먼저 작업해내는 것에 달려 있다. 실존의 분석은 그 안에서 도대체 존재가 존재로 이해되고 있는 그 지평을 열어봐야 가능하다"고 말한다. 하이데거는 이러한 지평을 밝혀내기 위해서는 세 가지가 논해져야 한다고 말한다.

첫째, "현존재는 세계-내-존재다"에서 출발하여야 한다. '세계-내-존재', 즉 하나의 의미 안에 연관되어 있는 것이 현존재의 기초 구조로서 그 일상성과 평균성 내에서 제시되어야 한다. 하나의 의미 안에서의 연관성이 일차적으로 일상성과 평균성 안에서 탐구되어야 하며, 여기에서는 삶의 기초 구조로서 현사실성이 문제가 되고 있다.

둘째는 이러한 세계-내-존재가 본질적으로 시간적이며 역사적이라는 사실이 보여져야 한다. 이는 "현사실적 삶은 역사적이다"라는 말에 근거를 두고 있다.

셋째는 현존재의 시간성에서부터 시간이 이해되어야 하며, 존재가 존재로서 이해되는 지평이 시간이라는 것이 드러나야 한다. 다시 말하면, 시간이 어떻게 존재의 의미에 속하며, 그래서 시간이 그 안에서 존재가 존재로서 이해되는 그 지평을 규정하고 있는가 하는 점이 이해되어야 한다.

존재물음의 망각

헤겔의 절대관념론 이후 형이상학에 대한 불신이 높아지면서 과학과 기술의 발달로 실증주의가 학문계 논의의 모든 주도권을 장악하게 되었다. 철학은 자구책을 찾아 나서면서 철학의 고유한 주제와 대상이 무엇이어야 하는지 논쟁을 벌이기 시작했다. 과학의 선발대 혹은 후발대로 만족해야 한다는 시대적인 분위기를 반영하기라도 하듯이, 곧 언어분석이라는 철학적 흐름이 전면에 부각되며 이것을 '언어학적 전회'라고 명명하여 칸트의 '코페르니쿠스적 전회'에 못지않은 철학사적 혁명임을 부각시킨다. 그러나 일부에서는 여전히 철학이 사태에 대한 논의를 떠날 수는 없다고 주장하며, 사태에 대한 이해와 연구에서 과학이 유일하게 진리의 칼자루를

쥐고 있지 않다는 것을 입증하려고 노력한다. 20세기 말경이 되어서는 이제 오히려 '실재론적 전환'을 이야기할 정도로 과거의 형이상학적 주제라고 하여 배척받던 테마들이 철학적 논의의 주무대에 등장하게 되었다.

이렇듯 형이상학의 부활을 이야기하며 그것이 마치 우리 시대의 공적인 것처럼 자랑하고는 있지만, 존재에 대한 물음은 여전히 망각 속에 빠져 있다는 것이 하이데거의 주장이다. 하이데거에 의하면, '존재를 둘러싼 거인들의 싸움'은 플라톤과 아리스토텔레스에 의해 불이 붙고 그들로 하여금 숨가쁘게 존재에 대한 물음을 제기하며 탐구하도록 몰아붙였는데, 그토록 중요한 '제일철학'의 물음이 이상하게도 그 후로는 망각과 침묵 속에 가라앉고 말았다. 그 이후 수많은 기라성 같은 형이상학자 혹은 존재론자가 없었던 것은 아니지만, 그들은 고작 이 위대한 두 철학자가 이룩해 놓은 것을 이리저리 뜯어 고쳐 체계를 만들어 제시했을 뿐이지 이들이 짜놓은 큰 틀을 벗어나지 못하고 있다. 플라톤과 아리스토텔레스가 사태에서 출발하여 현상에 기초해서 존재에 대한 논의를 전개했다면, 그 이후의 철학자들은 현상에 대한 탐구 없이 이들의 탐구결과를 확정된 것으로 수용하여 그들의 이론을 탐구의 주제로 삼았을 뿐이다.

존재물음을 망각 속으로 몰아낸 것은 이것뿐만이 아니다.

존재에 대한 특정한 해석(그리스적 존재물음에 기반을 둔 해석)이 지배적인 흐름을 형성하고, 그것이 독단적인 이론으로 자리를 굳히면서 다른 해석들을 용인하지 않았을 뿐 아니라 더 나아가 존재물음을 불필요한 것으로 간주하도록 만들었다. "'존재'는 가장 보편적이고 내용이 텅 빈 개념이다"라고 철학자들은 통상적으로 이야기한다. 이런 가장 보편적인 개념은 어떠한 개념 정의도 용납하지 않는데, 이러한 분위기에 덧붙여서 개념 정의가 필요하지 않다는 생각들이 만연한다. 우리 모두가 그 개념을 일상생활과 학문적 탐구에서 항상 사용하고 있으며, 그때마다 무엇을 의미하고 있는지 모두 이해하고 있으니 새삼스럽게 개념 정의를 해야 할 필요가 없다는 것이다. 이렇게 철학의 시작에 위대한 두 철학자를 놀라움과 동요 속으로 몰아넣었던 '존재물음'은 가장 자명한 것이며, 이러한 자명한 것에 대해 물음을 던지는 사람은 방법적인 오류를 저지르는 것으로 문책되기에 이르렀다.

이렇게 그런 물음 자체가 불필요하다고 내세우면서 존재에 대한 물음을 재개하는 것을 막는 선입견에는 세 가지가 있다. 이것은 모두 고대 그리스 존재론에 그 뿌리를 두고 있다. 이러한 선입견이 존재물음을 재개하는 것을 막기는커녕 자세히 들여다보면 오히려 존재물음을 던질 것을 촉구하고 있음을 살펴보기로 한다.

1) 첫 번째 선입견 : "존재는 가장 보편적인 개념이다." 아리스토텔레스는 "존재는 모든 것 중에서 가장 보편적이다"라고 말하며, 토마스 아퀴나스는 "존재에 대한 이해는 사람이 존재자에서 파악하고 있는 그 모든 것 속에 이미 함께 포함되어 있다"고 설명한다. 그런데 이러한 존재의 '보편성'이 존재자를 분류하여 정리하는 유(類)적 보편성은 아니다. 인간은 이성적 동물, 동물은 감각을 갖고 있는 생물체, 생물은 생명이 있는 물체, 물체는 공간을 차지하고 있는 존재자 하는 방법으로 사물을 유와 종에 따라 개념적으로 분류 정리하여 나갈 때 도달하게 되는 최고의 윗단계를 차지하는 영역을 지칭하는 것으로서 존재의 '보편성'을 이해할 수는 없다.

존재는 단적으로 이러한 모든 유적 형태의 보편성을 넘어서 있다. 아리스토텔레스는 존재가 함축하고 있는 이러한 초월적 '보편'의 단일성을 사태 내용을 함축하고 있는 최고의 유개념이 가지는 다양성과 구별지어 유비의 단일성으로 생각했다. 즉, 철수가 건강한 것, 혈색이 건강한 것, 논리가 건강한 것, 식품이 건강한 것 등의 말에서 우리는 '건강하다'라는 표현을 사용하고 있지만, 여기서 사용된 표현을 똑같은 일의적인 의미로 이해해서는 안 되며 그렇다고 전혀 아무 상관없는 다의적인 의미로 (마치 '성'이라는 낱말이 '성(城)'이나 '성(性)'을 의미하듯이) 이해해서도 안 된다. 여기서 '건강하다'는 어떤 식으로건 연관되어 있는 것으로 사용되고 있는데, 이때 그것을 유비적인 의미라고 한다.

존재하는 모든 것에 통용되는 다양한 의미의 존재를 묶고 있는 '존재'의 '보편성'도 이러한 유비적 의미에서 통용되는 보편성으로 이해해야 한다는 것이 아리스토텔레스의 생각이다. 따라서 "존재가 가장 보편적인 개념이다"라고 말할 때, 존재의 개념이 아주 명확한 개념이며 더 이상의 논의도 필요로 하지 않는 자명한 개념이라는 것을 말하는 것은 아니다. 오히려 그 '보편성'을 어떻게 이해해야 하는지가 문제로 제기되어야 한다. 그 모든 다양한 존재자에 보편적으로 통용되어 사용되는 존재의 '단일성'을 어떻게 이해해야 하는지가 풀어야 할 과제로 부각된다.

2) 두 번째 선입견 : "'존재'라는 개념은 정의될 수 없다."
사람들은 첫 번째 선입견인 존재 개념의 보편성에서부터 그 개념은 정의될 수 없다는 귀결을 끄집어낸다. 이때 그들은 개념의 정의는 최근류(最近類)와 종차(種差)에 의해 얻어지는 것으로 굳게 믿고 있다. '존재'는 분명 자연 사물처럼 그렇게 정의되거나 개념으로 파악될 수 없다. 또한 존재는 거기에 온갖 존재자를 서술하는 식으로 규정될 수도 없다. 이렇듯 존재는 상위의 개념들에서부터 도출될 수도 없고 하위의 개념들에 의해 서술될 수도 없다. 그렇다고 해서 여기에서 곧바로

'존재'가 아무 문제가 없는 자명한 것이라는 사실이 귀결되어 나오는가? 결코 아니다. 거기에서 귀결될 수 있는 것은 단지, '존재'는 존재자와 같은 그런 것이 아니라는 사실뿐이다. 존재가 정의 불가능하다고 해서 존재에 대해 물음을 던지지 않아도 되는 것이 아니라 그렇기 때문에 더욱더 절실하게 그 물음을 제기해야 한다.

3) 세 번째 선입견 : "존재는 자명한 개념이다." 우리의 모든 일상적 삶의 방식 속에, 우리의 일거수일투족에 명시적으로건 묵시적으로건 '존재'는 사용되고 있으며 우리는 아무 문제없이 그 표현을 이해하고 있다. 우리는 "내가 있다", "우리 집이 있다", "나는 학생이다", "겨울 날씨는 춥다" 등을 아무런 어려움 없이 이해한다. 그렇지만 이러한 평균적인 이해가능성이 올바른 이해의 기준이 될 수는 없는 것이다. 그것은 오히려 몰이해성을 입증하고 있는 셈이다. 그러한 존재 이해는 자명하기는커녕 자세히 들여다볼 때 우리들의 그 모든 존재자에 대한 행동관계를 선험적으로 규정하고 있는 것으로서, 수수께끼 중에서도 가장 신비스러운 수수께끼라 하지 않을 수 없다. 우리가 존재이해 속에 살고 있는데도 그 존재 의미가 어두움 속에 싸여 있다는 사실은 우리로 하여금 '존재'의 의미에 대한 물음을 던질 것을 촉구하고 있다.

더욱이 철학에서 '자명성'을 끌어들여 철학적 논의에서

벗어나려고 하는 시도는 철학 본연의 임무를 저버리는 태도이다. 왜냐하면 '자명한 것', 그리고 이것만이 철학자들의 분석 주제이고 주제여야 하기 때문이다.

3장

인간에 대한 새로운 규정

인간에 대한 관심과 '인간'이란 낱말의 해체의 필요성

하이데거는 모든 것을 '존재[있음]'의 관점과 지평에서 새롭게 볼 것을 주장했다. 그렇게 볼 때 철학[형이상학]도 최종 근거와 제일 원칙에 대한 학문이거나, 지혜에 대한 사랑이거나 세계관이 아니라 '존재자 전체로의 침입사건'이다. 존재하는 것 전체를 이성 또는 개념으로 장악하려는 인간의 시도가 곧 철학이다. 인류의 역사에서 전개된 문화사와 사상사는 다른 것이 아니고 바로 '존재[있음]를 둘러싼 거인들의 싸움'이다. '존재[있음]'를 어떻게 파악했는가에 따라 신관, 세계관, 인간관이 달라질 수밖에 없고 그에 따라 세상을 보는 눈, 세상을 살아가는 방식, 다른 사람과 관계하는 행동양태, 사물을 다루는 방법 등도 변할 수밖에 없다.

이렇게 '존재[있음]' 중심으로 모든 것을 새롭게 바라보면 무엇보다도 인간에 대한 규정이 달라진다. 우리가 잘 알고 있는 전통적인 인간에 대한 규정은 '이성적 동물'이다. 그것은 그리스어 조온 로곤 에콘(ζωον λογον εχ ον)에서 유래한 것으로 본래의 의미는 '언어 능력이 있는 생명체'라는 뜻이다. 이것은 그리스 시대의 존재 시각을 밑바탕에 깔고 있다. 다시 말해 존재는 생명이라는 시각이다. 그 당시는 우주 전체를 살아 있는 생명체로 보았다. 살아 있는 모든 것을 생명의 혼이 들어 있는 것으로 생각했고, 그래서 우주에는 우주 혼이 있다고 여겼다. 식물에게는 생혼이 있고 동물에게는 각혼이 있고 인간에게는 영혼이 있다고 생각했다. 이러한 생명의 질서 속에서 인간은 말할 수 있는 언어의 능력을 갖춘 영혼[정신]존재로 간주되었다. 이것이 라틴어 문화권으로 들어오면서 '이성적 동물(animal rationale)'로 번역되었고, 동물은 동물인데 이성의 능력을 갖춘 동물이라는 생물학적 규정으로 바뀐다.

하이데거는 아무런 선입견 없이 있는 그대로 존재[있음]의 관점에서 인간을 바라보고 거기에 바탕해서 인간을 규정하자고 제안한다. 그럴 경우 인간이해의 새로운 지평이 열리고 또한 새로운 세계관, 신관, 학문론, 예술론, 기술론 등이 파생되어 나올 것으로 믿는다.

어쨌거나 '인간이란 무엇인가?'라는 물음은 19세기 말 이후 철학계뿐 아니라 전 학술계를 뜨겁게 달구었던 주제이다. 현대와 같은 식으로 인간이란 무엇인가 하는 물음을 던진 사람은 칸트이다. 칸트는 자기 자신의 철학체계를 정리하면서 다음과 같이 네 가지 물음을 던졌다. 인식론적 물음인 "우리는 무엇을 알 수 있는가?", 도덕적·실천적 물음으로 "우리는 무엇을 행해야만 하는가", 그리고 종교적 물음으로 "우리는 무엇을 희망해도 좋은가?", 마지막으로 "인간은 무엇인가?" 하는 물음이다. 위의 세 가지 물음은 모두 "인간이란 무엇인가?"라는 네 번째 물음에 포함되는 것이다. 이렇듯 근대 후반부터 인간에 대한 관심은 계속 있어 왔다. 현대에 이르러 인간에 대한 다양한 정보들이 문화인류학, 심리학, 의학, 사회학, 정치학, 문학 등에 넘쳐나고 있다. 모든 학문들은 결국 인간으로 귀결된다. 따라서 우리들은 인간에 대해 과거 어느 때보다 잘 알고 있다고 생각할 수도 있겠지만 사실은 그렇지 않다.

하이데거는 "현대만큼 우리들이 인간에 대해서 많이 알았던 때도 없다"고 말한다. 이것은 인간에 대한 지식이 현대만큼 넘쳐났던 때는 없었다는 말이다. 그런데도 현대만큼 인간이 수수께끼처럼 베일에 싸인 적도 없다고 말한다. 인간은 알면 알수록 점점 더 알 수 없는 모순적 존재라고 할 수 있다. 철학적인 논의에서는 '철학적 인간학'이라는 학문이 20세기

들어 등장하게 되었다. 철학적 인간학은 인간에 대한 철학적 탐구이며 인간을 전체적으로 탐구하는 학문이라 할 수 있다. 철학적 인간학이라는 학문이 대두되는 시기는 하이데거가 『존재와 시간』을 저술하고 발표했던 1920~30년대와 일치한다. 그래서 하이데거의 『존재와 시간』도 그러한 저술의 하나로 해석하려는 경향이 있다. 흔히 하이데거의 철학을 실존철학이라 분류하면서 그의 『존재와 시간』을 '실존적 인간학'으로 간주하기도 한다. 분명한 것은 하이데거가 『존재와 시간』에서 그 전까지와는 아주 다르게 인간을 규정하기 시작했다는 사실이다.

하이데거는 이제까지의 서양의 철학 또는 학문[과학]으로서의 인간학에는 특정한 전제가 깔려 있다는 것을 지적했다. 『존재와 시간』에서 하이데거는 인간이라는 표현을 쓰지 않았다. 그 대신 '거기-있음(Dasein, 현존재)'이라는 표현을 사용한다. '현존재'는 독일어의 'Dasein'의 번역어인데, 용어상의 의미는 '거기에 있음'이다. 일상적 용어로 'Da'는 '거기에'를 뜻한다. 'Da-sein(거기에-있음)'이라는 용어가 일본 사람들에 의해 번역되면서 '현존재(現存在)'라는 이름을 얻게 된 것이다. 우리에게는 이 용어를 다시 원래의 의미로 바꾸든가 아니면 그 용어가 놓치고 있는 의미를 다시 부여하든가 해야 하는 과제가 남아 있다. 즉, 그 용어를 계속 쓰려면 그 용어가 함축하지 못하는 의미를 해석해내어 보충해야 한다. 어쨌건 하이데거는 이전까지 쓰이고 있었던 '인간'이라는 용어가 회피할 수 없는 선입견을 밑바탕에 깔고 있기에 새로운 용어를 만들었다. 『존재와 시간』이 많은 물의와 관심을 불러일으켰던 이유 가운데 하나는, 『존재와 시간』 안에서 많은 새로운 용어들이 철학적으로 '새롭게 만들어졌다'는 데에 있다. 바로 이것이 하이데거를 '언어의 마술사'라고 부른 이유이다. 하이데거는 우리가 일상에서 흔히 사용하고 있는 일상 용어들을 자기의 철학적 용어들로 만들고 있다.

우리는 어떤 개념, 어떤 낱말을 대할 때 그것과 연관지어 그 즉시 떠올리는 것이 있다. 우리는 어떤 것을 보는 순간 그것을 '……인 것으로서' 본다. 이 '……로서'라는 구조는 추리와 해석을 통해서 얻어지는 것이 아니다. 우리는 어떤 것을 보는 순간 즉각 그것을 어떤 것 '으로서' 받아들인다. 이 '……로서'가 우리에게 제공하는 것은 다름 아닌 언어이다. 우리는 어떤 사물을 보는 순간 그것에 해당되는 언어, 낱말을 떠올리게 된다. 해당되는 낱말을 알지 못한다면, 우리는 그것을 제대로 이해했다고 말할 수 없다. 해당되는 낱말을 알아내지 못하는 한, 우리는 그것을 우리 자신에게 명료하게 할 수도 없고 남에게 전해줄 수도, 내가 본 것에 관해 남을 설득할 수도 없다. 이러한 사실을 독일의 슈테판 게오르게(Stefan

George)라는 시인은 "낱말이 비는 곳에 사물은 존재하지 않으리라"라고 묘사했다. 이는 낱말이 없으면 사물은 존재하지 않는다는 것이고, 따라서 낱말이 바로 사물을 사물로서 존재하게 만든다는 의미이다. 이렇게 하이데거는 언어의 중요성을 부각시키며 '언어는 어떤 것을 어떤 것으로서 존재하게' 하는 것, 즉 참다운 말은 하나의 사물을 바로 그 사물로서 존재하게 하는 것이라고 말한다.

세상은 우리가 가지고 있는 의미체계로 얽혀져 있는 복잡한 의미의 그물망이다. 우리는 일상적으로 통용되는 의미체계를 가지고 어떤 것을 설명한다. 그것이 한 사회에 통용되는 해석의 틀이다. 한 시대에는 이처럼 모두에게 통용되는 공통의 해석의 틀이 있다. 토마스 쿤(Thomas Kuhn)은 그것을 '패러다임'이라고 했고, 푸코(Michel Foucault, 1926~84)는 '에피스테메', 곧 인식론적 틀이라고 지칭했다. '인간'이라는 낱말에도 그 낱말이 가지고 있는 앞선 의미가 전제되어 있기 때문에, 사람들은 그 낱말을 가지고 이야기할 때 흔히 통용되고 있는 전제를 바탕으로 인간에 대해 이야기한다. 하이데거는 지금까지 논의되어 왔던 인간에 대한 이야기와는 전혀 다른 이야기를 하려 하기에 '인간'이라는 말(표현)을 사용하기를 거부했다.

하이데거가 보기에 '인간'이라는 낱말 속에는 떨쳐낼 수 없는 선입견이 두 가지 있는데, 그것은 다음과 같은 것이다. 그 중 하나는 생물학적인 전제인데, 그것은 곧 '이성적 동물'이라는 전제이다. 고대 그리스어로 조온 로곤 에콘이라고 표현되었던 것이 라틴어로 번역되는 과정에서 animal rationale(이성적 동물)라고 변형되어 버린 것이다. 본래 그 그리스 말의 의미는 '언어의 능력이(말할 수) 있는 생명체'이다. 그리스의 생활세계가 라틴어의 생활세계로 넘어오는 가운데 삶의 문법이 달라지면서 말도 바뀌게 된 것이다. 그리고 이러한 인간에 대한 개념(낱말)이 그 후 서구의 2500년 역사를 지배하게 되었다.

우리는 이제라도 "왜 철학이 생물학에서 사용하고 있는 인간에 대한 정의를 아무런 철학적 성찰 없이 계속 빌려 써야 하는가?"라는 물음을 제기해 봐야 한다. 다시 말해 이제라도 철학은 "인간이란 무엇인가?"라는 물음을 제대로 던져야 한다. 종래의 '인간'이라는 낱말에는 무기물, 유기물, 식물, 동물, 그리고 동물 중에 이성을 가지고 있는 동물이라는 식의 생물학적 위계질서가 전제되어 있고, 철학은 그것을 아무 물음 없이 그대로 받아들인 것이다. 거기에서는 생명에 관한 논의 한번 제대로 하지 않고 인간을 그저 '이성적' 동물로 규정한다. 인간에게 중요한 것은 이성뿐이라고 확정함으로써 그 이후의 서양철학사에서 이성만을 중시하게 만든다.

다른 하나의 전제는 '하느님의 모상'이라는 신학적인 전제이다. 즉 인간을 하느님의 모습을 본떠 만든 존재로 규정하는 것이다. 이렇게 서양에서는 인간을 이성적인 동물이며 하느님의 모상에 따라 만들어진 존재라 규정한다. 그리고 이성에 뭔가 하느님과 통하는 것이 있을 것이라고 봄으로써 정신, 영혼, 주체, 의지, 인격 등 이성과 관련된 모든 것을 하느님과 연관지어서 파악하게 되었다. 이 모든 것들은 인간이 이성적이라는 것을 보여주고 있는 특징들이다. 2500년 동안 서양철학은 이러한 방식으로 인간을 규정해 왔다.

현대에 와서 이러한 이성 중심적인 인간관이 잘못되었다는 반성이 서양에서부터 일어나고 있고, 하이데거는 한걸음 더 나아가 인간에 대한 그러한 선입견을 해체할 것을 주장한다. 이 땅에서도 한동안 유행했던 '해체주의'는 하이데거에게서 시작된 것이라 볼 수 있다. 데리다(Jacques Derrida)가 말하는 해체주의는 Deconstructionism의 번역이다. 하이데거는 『존재와 시간』에서 자신의 철학적 방법은 현상학적 방법이라 말하고 현상학적 방법에는 세 단계가 있다고 한다. 그 첫 단계는 현상학적 환원, 분석, 기술이다. 둘째 단계는 현상학적 해체인데, 이를 하이데거의 용어로 말하면, Destruktion이다. 그러나 현상학적 방법은 해체해 버리는 것으로 끝나는 것이 아니라, 그것을 다시 존재론적으로 재구성해야 하는 과제를 갖는데, 그는 이 구성을 현상학적 구성, 즉 Konstruktion이라고 하며 이것이 셋째 단계라고 말한다. 이와 같이 하이데거는 『존재와 시간』에서 자신이 택하고 있는 방식을 환원-해체-구성이라고 말한다. 데리다는 여기에서 Destruktion과 Konstruktion을 취해 그것들을 합쳐서 Deconstruction이라는 새로운 용어를 만들어냈다. 이는 엄격하게 말하면 '해체'라고 번역될 수 없다. 데리다가 의도하는 것은 전통적인 것에서 잘못된 것을 해체하여 새로운 것으로 재구성하는 것이기 때문에 그를 해체, 분해를 일삼는 파괴주의자로만 보려는 것은 잘못된 견해이다.

인간의 '있음'은 '거기-있음', 세계-안에-있음

하이데거는 우리가 인간에 관해 가지고 있었던 잘못된 선입견을 해체시켜서 이제라도 새롭게 인간을 보는 법을 제시해 주고자 한다. 인간을 새롭게 보기 위해서 우리는 무엇보다도 먼저 이제까지 가지고 있었던 잘못된 개념의 틀에서 벗어나야 한다. 더구나 우리의 모든 개념의 틀을 지배하고 있던 것이 과학주의적 시각, 그것도 실증주의적 시각이라면 더 말할 것이 없다. 이제 이렇게 잘못 고정되었던 시각을 해체해야 하며, 그 다음 우리에게 요청되는 과제는 인간을 '있는 그대로' 보는 것이다. 그것이 바로 '현상을 있는 그대로' 보는 현상학적 방법이다. 즉 인간에서도 '인간의 있는 그대로'를, 인간의 '거기-있음'을 보아야 한다는 것이다. 인간의 '거기-있음'에는 어떤 독특함이 있는가를 '있는' 그대로 보라는 것이 바로 하이데거가 제안하는 것이다. 이렇게 인간의 '거기-있음'을 있는 그대로 기술하는 것이 바로 '현상학적 기술'이다.

이제까지의 철학은 이상하게도 '있음'을 문제 삼지 않았다. 지금까지는 오로지 '본질'만이 강조되었을 뿐이다. 이제까지의 철학에서 철학자들은 존재하는 것, 곧 '있는 것'을 두 가지 차원에서 구별할 수 있다고 보았다. 다시 말해 우리는 모든 존재하는 것에 대해 그것이 무엇인가 하는 '무엇'을 물어볼 수 있고, 그것이 과연 '있는가? 혹은 없는가?' 하며 그것의 '있음'을 물어볼 수 있다. 이 '무엇임'이 흔히 본질이라고 하는 그것이며, 이 '있음'이 바로 실재이다. 이 '무엇임' 곧 본질이 라틴어로는 essentia이고 '있음'은 existentia이다. essentia가 독일어로 번역되면 Essenz로, existentia는 Exsistenz로 된다. 이것은 엄격하게 말하면 라틴어가 독일어화한 것이다. 독일어로 옮기면 essentia, 즉 본질은 Wassein(무엇-임[존재]) 혹은 추상명법을 써서 Washeit(무엇임)가 된다. 그리고 existentia는 Daβ sein(있음의 사실) 혹은 Dasein(거기-있음)이 된다.

전통철학에서는 '있음'이란 모든 존재자에게 다 똑같이 적용된다고 말한다. 즉 하나의 분필이 있음이나 하나의 책상의 있음이나 우리들의 있음이나 다 같다는 것이다. 거기에서

'있음'은 우연적인 것이다. 그것들은 필연적으로 꼭 있어야만 하는 것들이 아니다. 따라서 전통 철학에 따르면, '있음'은 시간 속에 우연적으로 있다가 없어지는 것으로 다 똑같은 것이며, 우연적이지 않은 유일한 것은 하느님, 곧 신뿐이다. 신의 '있음'은 순수한 있음이며 동시에 본질이다. 신에게서는 '있음'과 본질이 구별되지 않는다. 피조물은 '있음'과 '무엇임(본질)'이 합성된 것이다. 다시 말해 이데아 속에만 있을 때는 무엇임(본질)의 상태에 있는 것이다. 그 '무엇임'이 바깥으로 튀어나가 시간 속에 있게 되면 그것은 우연적인 '있음'을 부여받는다. existentia는 그 어원적 의미를 보면, 바깥에-나가-서-있음이다. 하느님의 이데아가 밖으로 나가 실재적으로 그리고 구체적으로 서 있게 되는 것이다. 전통 철학적으로 이야기한다면, 하느님의 '있음'만이 유일한 본래적인 있음이고, 나머지 '있음'은 다 창조된 있음이며 그런 있음은 우연적인 '있음'이다. 그래서 전통철학은 '있음'을 철학적 논의의 대상에서 제외시켜버리고 오직 '무엇임(본질)'만을 논의하게 되었던 것이다.

인간의 경우도 마찬가지다. '있음'은 모든 피조물에게 다 똑같은 것이니까 철학적 관심의 대상은 당연히 '무엇'으로 쏠리게 된다. 그래서 인간의 '무엇임'이 다르고 동물의 '무엇임'이 다르고 천사의 '무엇임'이 다른가 하는 식으로 '무엇임'의 차이에만 주의를 기울이는 '본질의 형이상학'이 이제까지의 형이상학을 주도했던 것이다.

그런데 실존철학이 등장하게 되면서 이러한 본질 형이상학에 대해 의문을 제기하기에 이르렀다. 본질 형이상학의 끝에는 헤겔이 있으며, 이후 니체에 이르러서는 본질보다는 생성이 강조되었고, 생성 그 자체가 중요하다는 논의가 나타났다. 키르케고르에 이르면, 인간의 '있음'이 하나의 책상이 '있음'과는 근본적으로 다르다는 것이 논의된다. 그는 인간의 '있음'을 관계맺음이라고 말한다. 어떤 하나의 존재자를 가정해보자. 그리고 그 존재자의 본질적인 특성을 그것의 시간 속에 '있음'이라는 바로 이 '있음'에 있다고 상정해보자. 그러한 존재자가 전통 형이상학의 틀 속으로 들어가게 되면, 전혀 그 본질적 특성이 파악될 수 없다. 왜냐하면 '있음'이라는 것을 모두 같다고 보면서 논의의 대상으로 삼기를 아예 거부한 태도가 전통 형이상학의 태도였기 때문이다.

이제까지의 철학은 그 '있음'을 괄호 안에 넣어버리고 다루어서는 안 되는 것으로 간주함으로써 본질로서의 인간만을 다루어 온 셈이다. 그런데 이제 하이데거는 인간이라는 존재자의 본질은 바로 그 시간적인 '있음'에 있다고 말한다. 하이데거는, 인간에게는 바로 그 '있음'이 문제되는 것인데, 이제까지의 철학에서는 그런 사실을 외면하고 오직 인간의 '무엇임'만을 강조하여 이성, 사유, 정신, 영혼, 주체라는 것으로 인간을 설명하려 했었다고 지적한다.

이제 20세기 철학에 와서 문제되는 것은 바로 '있음'이다. 더 나아가서 이제는 인간의 '있음'만이 중요한 것이 아니라 다른 모든 존재자에서도 본질이 아니라 그것의 구체적인 있음이 중요하다는 논의가 대두되면서, 존재자가 어떻게 지금 시간 속에 '있는가', 구체적인 시간 속에서 어떻게 본질이 구현되고 있는가 하는 것이 중요한 문제로 부각되기도 한다. 거기까지 나아가게 되면 이제 철학은 사건학(event theory, Ereignisontologie[존재사건학])이 된다고 할 수 있다. 존재자가 구체적으로 어떻게 시간 속에 존재하는가 또는 사건으로 제기되는가 하는 문제가 중요한 것이지, 그것이 본질인가 아닌가는 중요한 것이 아니라는 것이다. 다시 말해 본질이 구체적으로 현실화되고 있는 그것만이 중요한 것이지, 현실화되지 않는 본질은 아무런 의미가 없다는 말이다.

하이데거는 인간에게만 독특한 그러한 '있음'을 표현하기 위해서 Dasein(거기-있음)이라는 용어를 사용하며, 이 Dasein이라는 존재양식의 특징은 Existenz, 곧 실존이라고 규정한다. 이렇게 인간을 규정하기 위한 용어로 지금까지 실재라는 의미로 사용되던 Existenz가 선택되면서 인간의 고유한 있음을 특징짓기 위해 우리말도 '실존'이라는 번역어를

택하게 되었다. 따라서 이제 Existenz와 실존은 인간의 '있음[실재]'만을 지칭하기 위한 단어이다. 인간만이 Exsstenz, 곧 실존하는 존재이다. 이렇게 하이데거는 인간의 독특함을 규정하기 위해서 새로운 시각을 가지라고 제안한다. 인간의 '있음'의 독특함을 보라는 것이 하이데거가 제기하는 강한 메시지이다.

하이데거는 인간의 '있음'이란 '거기-있음'이고 그 '거기'라는 것은 바로 '세계'라고 말한다. 따라서 인간의 '거기-있음'이란 곧 '세계-안에-있음'이다. 인간과 세계는 서로 떼어 낼 수 없다. 인간이 있다면 거기에는 반드시 세계가 있다. 인간이 있다면 인간과 더불어 하나의 세계가 있다. 인간과 동물과 다른 점은 바로 이것이다. 예를 들어 타잔과 로빈슨 크루소가 다른 것은 타잔은 세계를 전수받지 못했으므로 그에게 세계는 없지만, 로빈슨 크루소는 그와 더불어 그의 세계가 함께 있다. 그는 비록 아무도 없는 무인도에 떨어져 혼자 살지만 자신의 세계를 바탕으로 삼아 그 무인도를 자기의 세계로 만들어 나간다. 세계를 만들어 갈 수 있다는 것이 바로 인간이 갖는 독특함이다.

인간의 독특한 '있음'의 양식 : '실존'

　인간이 아닌 다른 것들의 있음은 그냥 그대로 놓여 있음이며, 그것은 바로 그런 존재자로 확정되어 있다. 예를 들어, 여기 하나의 마이크의 있음은 여기 이대로 마이크로 놓여 있음이고, 그것은 마이크로 확정되어 있음이다. 그래서 이 마이크가 마이크로서 기능을 못한다면 그것은 고치든가 다른 것으로 대체되어야 한다. 그렇게 고침으로써 마이크의 원래 기능으로, 원래의 '있음'으로 되돌려 놓아야 하며 그럴 수 없을 때 마이크는 폐기처분될 수밖에 없다.

　그러나 인간들의 '있음'은 단순히 그냥 그 자리에 놓여 있음이 아니다. 인간의 '있음'은 관계 맺으면서 있음이다. 인간은 끊임없이 무엇과 관계 맺으며 있다. 그뿐 아니라 인간은 여기에 있지만 과거에 가 있기도 하고 다가올 미래에 가 있기도 한다. 다시 말해 인간은 자기 자신의 지나온 과거사, 또는 앞으로 닥칠 일과도 관계 맺는다. 인간의 '있음'이란 타인과 관계맺음이고 자기 자신과 관계맺음이다. 인간은 사물들과도 끊임없이 관계를 맺는다. 이러한 인간의 '있음'이 사물의 '있음'과 같을 수 없다. 그리고 그것은 동물의 '있음'과도 다르다. 그 '다름'을 과거식으로 본질에서 찾는가 아니면 '있음'에서 찾는가 하는 것이 하이데거가 이제까지의 철학자와 다른 점이다. 하이데거는 이 '있음'이 다름을 보았던 것이고 그 '있음'을 실존이라 명명했던 것이다. 이로부터 '실존'이라는 개념이 1920~30년대 이후 유행어가 되었으며, '실존철학'이 대두하게 되었다.

『존재와 시간』에 실존에 대한 풀이가 나온다. 여기에서 하이데거는 인간의 거기-있음에 대해서 다음과 같이 묘사한다. "분석의 과제로 주어진 존재자는 각기 우리들 자신이다. 이러한 존재자의 존재는 각기 나의 존재이다. 이러한 존재자의 존재에서 이 존재자는 자기의 존재와 관계를 맺고 있다. 이러한 존재의 존재자로서의 그 존재자에게는 그의 고유한 존재가 떠맡겨져 있다. 이러한 존재자에게 그때마다 각기 문제가 되고 있는 것은 존재이다. 거기-있음[현존재]의 이러한 특징 부여에서 두 가지가 귀결되어 나온다. 첫째는 이 존재자의

'본질'은 그의 존재해야 함에 있다. 이 존재자의 무엇임(본질, essentia)은 그것에 대해서 이야기될 수 있는 한 그의 존재(실재, existentia)에서부터 개념이 파악되어야 한다. 두 번째, 이 존재자에게 그의 존재함에서 문제가 되고 있는 그 존재는 각기 나의 존재이다."

인간이라는 존재자는 그의 '있음'에서 바로 이 '있음'이 문제가 되는 그런 존재자라는 것이 하이데거가 말하려 하는 인간의 거기-있음[현존재]이다. 각자로서 어떻게 있어야[존재해야] 하는 것이 거기-있음[현존재]에게 문제로 제기된다. 인간에게는 바로 그의 '있음[존재]'이 끊임없이 문제가 된다. 하나의 책상의 '있음'은 완성된 있음으로 확정되어 있는 것인데 반해 인간의 '있음'은 완성되지 않은 것이다. 그래서 인간은 끊임없이 자신의 '있음'을 걱정해야 한다. 이 완성되지 않은 인간의 '있음'을 '가능존재'라고 할 수 있다. 사물은 그것이 '무엇'인 바 그것이다(동일률, A=A, '자체 동일성'). 그러나 인간은 그가 '무엇'인 바 그것이 아니다. 인간의 '있음'은 지금 여기에 있음으로 고정시킬 수 없다. 여기에서 우리는 어느 한 사람의 '본질'이 과연 어느 단 한 가지로 말해질 수 있는가 하는 물음을 던져볼 수 있다.

예를 들어 사르트르는, 우리가 "저 사람은 갑돌이라는 점원이다"라고 서술할 수 있지만, 과연 갑돌이의 본질이 점원이라는 것으로 끝나는가를 묻는다. 갑돌이의 그 당시 직업이 점원이긴 하지만 점원이라는 직업만으로 갑돌이를 정의할 수 없다고 한다. 왜냐하면 갑돌이는 점원직을 집어치우고 운동선수가 될 수 있는 가능성도, 돈을 벌어 빵가게 주인이 될 수 있는 가능성도 가지고 있기 때문이다. 이와 같이 인간의 있음은 가능 존재로서 자체 동일한 것이 아니다. 사르트르는 인간의 독특한 있음을 사물의 자체 동일성과 구별지어 '자기 동일성'이라고 말했다. 인간에게서 자체는 '자기'인데, 이 '자기'는 완성된 것이 아니라 찾아야 하는 것이고 만들어야 하는 것이다. 따라서 인간은 관계맺음의 중심축으로서, 그리고 내가 되어야 할 그것으로서의 '자기'이다. 그것이 바로 '존재해야 함'이다.

인간은 그 '있음'이 완성되어 있는 것이 아니라 문제가 되는 것이다. 인간은 자신의 '있음'을 존재해 나가야 한다. 그는 그 '있음'을 떠맡아서 어떻게 존재할지를 결단내려야 한다. 사르트르의 유명한 말 "인간은 자유로 단죄받았다"는, 인간은 어떤 형태로건 자신의 존재를 떠맡아야 하고 선택해야 함을 의미한다. 즉 나 자신으로 존재하는가 아니면 나 자신이 아닌 '그들(사람들)'의 암시대로 존재하는가를 선택해야 한다. 이때 선택을 안했다 해서 자유를 행사하지 않은 것으로 생각하면 큰 오해이다. 선택하지 않은 것도 자유행사의 한 가지 방법이며 거기에 대해서 인간은 책임을 져야 한다. 어떠한 형태로건 인간은 상황 속에 던져져 있고 그 상황 속에서 어떤 것을 떠맡아야 한다. 여기에서 아무 것도 떠맡지 않으려 하는 것도, 인간이 구체적인 '내던져져 있음'에 놓여 있다는 것을 생각하면 일종의 떠맡음이다. 따라서 인간의 '있음'은 그저 따라가는 '있음'이 아니다. 그 '있음'은 '존재해야 함'이고 자기가 어떤 형태로건 선택하고 결단을 내리는 '존재'이다.

이것을 하이데거는 '존재이행(存在履行, Seinsvollzug)'이라고 말했다. 즉 인간의 '있음'은 존재를 존재해 나가는 것이고, 존재를 문제로 받아들여 자기의 존재로 이행해 나가는 것이다. 자신의 존재를 염려하고 자신의 존재와 끊임없이 관계 맺으면서 자기의 존재를 떠맡는 것이 인간의 독특한 '있음'의 방식이다. 각자의 '달라짐'은 각자 서로 자신의 '있음'과 서로 다르게 관계 맺을 수 있고 서로의 떠맡음의 방식과 강도가 상이하므로 가능하다. 이와 같이 인간의 '있음'은 무차별한 그냥 여기에 있음이 아니라, 무언가 능동적으로 '행위함'이다.

하이데거는 그것을 '가능 존재'라고 했다. 가능 존재는 내가 나의 미래로 나를 던지면서 나를 실현해내는 것을 의미한다. 그래서 하이데거는 "인간은 그가 되려고 마음먹은 바로 그것이다"라고 했다. 결국 중요한 것은 우리들 스스로가 자신의 존재 가능성을 무엇으로 보고 그 가능성을 어떻게 미래로 던지며 그 가능성과 어떻게 관계 맺으면서 현재의 나를 바꾸어 나가는가 하는 데 있다.

인간 실존의 두 번째 독특함은, 인간의 '있음'이 각기 나의 존재라는 점이다. 인간의 '있음'의 독특함은 바로 그 개별성에 있다. 이를 달리 '각자성', '각자임'이라고 할 수 있다. 다시 말해 실존이란 각자 자기의 존재를 존재함을 말한다. "나는 누구인가?"라는 물음은 바로 이러한 존재가능과 각자성에 관련된 물음이라 할 수 있다. 이것이 20세기 실존철학이 인간에게 끼친 영향이다.

현대에 이르러 이러한 실존적인 결단과 대비되는 것은 획일성이다. 실존적인 결단과 관련된 것 중 하나는 '탓이 있음'을 아는 것이다. '탓이 있음'을 떠맡는다는 것은 어떤 것에 대해 '내'가 책임질 수 있다는 의미를 포함하는 것이다. 그러나 현대에는 책임지려는 사람들은 보기 어렵고 대부분의 사람들이 자신의 탓은 인정하지 않고 모든 잘못된 것은 '남의 탓'이나 구조 탓, 상황 탓으로 돌린다. 이러한 무책임이 현대가 안고 있는 문제이다.

「카산드라 크로싱」이라는 영화가 우리에게 주는 메시지는 "유니폼, 곧 획일화는 악마이다"라는 것이다. 유니폼 중에 인간에게 가장 큰 신뢰감을 주는 것은 흰색으로 만든 간호사와 의사의 유니폼이다. 예로부터 흰색은 인간의 생명을 구해주는 구원의 색으로 인식되어 왔다. 그러나 이 영화에서는 흰색도 악마가 될 수 있음을 보여준다. 이 영화는 세균에 감염된 사람들과 그 사람들을 태우고 가는 기차에 관한 이야기이다. 사람들을 감염시킨 세균에 대한 백신이 발견되지 않았기에 그 기차는 어느 역에서도 서지 못하고, 기차가 지나가면 붕괴될 수밖에 없는 카산드라라는 다리로 달려가도록 명령을 받는다.

즉, 그 기차 안의 모든 승객들은 세균에 감염이 되었건 안 되었건 카산드라라는 죽음의 다리로 가서 몰살되도록 계획되어 있는 것이다. 그 기차에 의사들과 군인들이 승객들을 구제한다는 명목으로 흰 옷을 입고 타게 되는데, 이들은 기차가 달리고 있는 동안 세균에 감염된 개로부터 백신을 추출해낸다. 백신이 개발됨으로써 세균에 감염되었던 사람들은 회복되고, 따라서 더 이상 죽음의 카산드라로 가지 않아도 되기에 이른다. 그러나 명령받은 군인들은 카산드라로 가라는 것이 명령이기 때문에 카산드라로 가야만 한다고 고집한다. 거기에는 자기 스스로 결단을 내리지 못하고 명령이라는 이미 짜여진 틀에 따라야만 한다는 획일성이 있으며, 거기에 바로 악이라는 메시지가 깃들어 있다. 다시 말해 가능성을 포기하고 이미 강제되고 있는 틀에만 따르려 하는 것, 그것이 악이라는 것이다. 인간의 상황은 끊임없이 변화하는 것이다. 인간은 그 변화하는 상황 속에서 자신과 그리고 자기 주변과 관계 맺으면서 자기 나름대로의 존재를 존재해 나가야 한다.

하이데거가 '실존'이라는 주제 아래 이야기하려는 것은, 자기 자신으로 존재하는가, 그렇지 않으면 '그들' 혹은 '사람들'이 하는 대로 따라 하면서 자기 자신이기를 포기하는가 하는 것이다. 대개 인간은 '그들'이 하라는 대로 따라 하며 살고 있다. 스스로 결단내리지 않는 것, 그것이 인간에게는 편하기 때문이다. 그러나 하이데거는 이를 '비본래적'이라고 말한다. 따라서 본래적인가, 비본래적인가 하는 것이 하이데거의 실존개념에서 나오는 두 가지 존재함의 양태이다. 이 둘의 양태는 끊임없이 맞물려 있다. 즉 인간들은 '그들' 속에 있다가 다시 자기 자신에게로 가고, 다시 '그들' 속으로 가는 긴장감 속에서 살고 있다. 그러나 인간들은 우선 대개 '그들[사람들]' 속에서 자기 자신을 망각하고 '그들[사람들]' 속에 매몰되어 살고 있다고 하이데거는 지적한다.

인간의 '있음'의 방식

하이데거는 인간의 '있음'은 실존이고 이 '있음'의 방식이 사물의 '있음'과는 다르다고 이야기한다. 그는 다음의 세 가지의 방식이 어우러져서 인간의 '있음'을 구성하는 것으로 보았다. 처해 있음, 존재할 수 있음[이해], 그리고 빠져 있음[말]이 그것이다.

우선 '내던져져 있음', 그리고 이것과 관련되는 '처해 있음(기분, 분위기 잡혀 있음)'이 있다. 인간의 '있음'의 시작은 그가 원해서 있게 된 것이 아니다. 우리가 이 세계 안에 있게 된 것은 우리의 의지에 의한 것이 아니다. 인간은 자기의 유래, 그 '있음'을 선택할 수 없으며 오히려 세계 안에 '내던져져 있는' 존재이다. 이 내던져져 있음은 하나의 책상이 여기에 있음과는 다른 것이다. 인간의 내던져져 있음과 관련지어 인간의 인간다움을 하이데거는 '떠맡음'이라고 한다. 인간은 '내던져져 있음'에서 자기의 존재를 떠맡을 수 있는, 아니 떠맡아야 하는 존재이다. 이 '내던져져 있음', '떠맡음'이라는 것을 철학적인 용어로 말하면 '현사실성'이다. 흔히 '사실'이라 하면 일어나 버린 사건으로서 어떻게 더 이상 손을 써볼 수 없는 확정된 것을 말한다. 그러나 '현사실'의 의미는 그것이 이미 끝나버린 과거사가 아니라 그것을 떠맡음으로써 바꾸어 나간다는 것이다. 다시 말해 인간의 '내던져져 있음'에는 어떤 사건이 끝나버려 마무리된 상태가 아니라, 이 '내던져져 있음'을 '떠맡음'으로써 그 '내던져져 있음'을 바꾸어 나간다는 의미가 간직되어 있다. 그리고 이를 '현사실성'이라 칭한다.

인간의 위대함은 바로 이 '떠맡음'에 있다. 즉 인간은 그가 얼마만큼 그의 '내던져져 있음'을 '떠맡는가'에 따라 그의 위대함이 측정될 수 있다. '내던져져 있음'을 바꿀 수 없는 사실로 인정하고 그 운명에 굴복하는 사람은 그저 운명이 이끄는 대로 살고 만다. 역사적으로 위대한 사람을 위대한 사람으로 만든 것은 이 '떠맡음'의 사건이 그 사람에게 얼마만큼 처절하게 일어났었는가에 달린 것이다. 하이데거는 이 '떠맡음'에는 '불안'에 대한 용기가 필요하다고 말한다. '떠맡음'을 실천하는 철학자 키르케고르는 자기의 삶을 '떠맡았기' 때문에 위대한 사람이고, 그래서 지금 실존 철학자의 아버지로 자리매김하고 있다. '떠맡음'의 사건을 자기가 살아가야 할 존재의 과제로 삼는 사람은 위대한 사람이라 할 수 있다. 그러나 그 '떠맡음'의 무게를 무거워하는, 존재의 부담을 무거워하는 사람은 그 무게를 내버리려 할 것이다. 이것이 하이데거가 말하는 인간의 '있음'의 첫 번째 방식이다.

'있음'의 두 번째 방식은 '존재할 수 있음'이다. 인간은 인간인 한 끊임없이 '존재할 수 있음'이다. 이것을 하이데거는 '이해'와 연결시키는데, 이해는 인간의 미래와 관련된다. 이것을 하이데거는 '기획투사'라고 한다. 우리는 우리가 잘 '이해'하고 있는 것을 잘 할 수 있다. 이렇게 '이해'에는 '잘 할 수 있음'이라는 가능성의 의미가 내포돼 있다. 인간은 자기 존재를 잘 이해하고 있다. 이는 내가 어떻게 존재할 수 있는가 하는 바로 그 '할 수 있음'을 이해하는 것이다. 잘 이해함에는 거기로부터 무언가를 만들어낼 '수 있음'이 있다. 곧 나의 '있음'에서부터 무언가 가능성을 만들어낼 수 있는 것은 내가 나의 존재를 제대로 이해했을 때 가능하다. 그리고 하이데거는 그것이 바로 '기획투사'라고 한다. 기획이라는 것에는 미래적 차원이 있다. 투사는 앞으로 던지는 것이다. 따라서 기획투사라고 하는 것은 무언가 가능성을 만들어서 그 가능성을 앞으로 던짐을 말한다. '투사'를 강조하는 것은 인간의 가능성에 어떤 제한이 있음을 암시한다. 즉 인간이 갖는 가능성은 무한한 가능성이 아니라 내던져져 있는 존재 가능이므로 그 내던져져 있음에 의해 제한되는 가능성이라 할 수 있다. 그리고 제한적 가능성의 측면은 우리가 여러 가능성 가운데 하나만을 선택하고 나머지는 버려야 하는 데에서 볼 수 있다. 인간은 많건 적건 앞에 놓여 있는 가능성 중에서 하나만을 선택할 수 있을 뿐이다.

사르트르의 『자유의 길』이라는 책을 보면, 제1권이 '철들 나이(사춘기)'이다. 사르트르는 다음과 같이 말한다. "우리는 독일군 점령 당시에 가장 자유로웠다." 왜냐하면 그 당시에는 나치에 동조하는가 아니면 저항하는가에 대해 끊임없이 결단을 내려야 하는 삶을 살아야 했고, 이것이 곧 자유를 의식하는 삶이라 할 수 있기 때문이다. 따라서 사르트르는 바로 그때 가장 자유로웠다고 표현한다. 하이데거가 말하는 기획투사는 수백 개의 가능성 가운데 하나를 선택하는 유한한 가능성이다. 이것이 미래와 관련되는 것이다. 우리는 끊임없이 미래로 앞서 달려가서 우리의 현재를 결정짓는다.

세 번째 방식으로 하이데거는 '빠져 있음'을 든다. '처해 있음'이 과거와 관련된 것이고 '존재할 수 있음'이 미래와 관련된 것이라면, '빠져 있음'은 현재와 관련된 것이다. 하이데거는 물론 과거라는 표현을 싫어한다. 왜냐하면 '과거'라는 낱말에는 이미 흘러가 버렸다는 의미가 부각되고 있기 때문이다. 독일어의 Vergangenheit(과거)는 이미 사라져버린 것을 의미한다. 하이데거는 이미 흘러가 버렸다는 그 과거가 끊임없이 지금의 나를 규정하고 있음을 지적한다. 그 과거(유래) 없이 지금의 나는 있을 수 없다. 따라서 지금은 없는 그 과거가 지금 나의 족쇄가 되고, 지금은 없는 미래가 지금의 나에게 삶의 활력을 주는 것이다. 그렇기 때문에 인간은 끊임없이 과거, 미래와 관련을 맺는 것이다. 인간은 과거로부터 자기의 정체성을 찾아오고 미래에서 자기의 가능성을 찾아낸다. 이 정체성과 가능성이 바로 인간의 인간다움을 형성한다. 인간은 인간이 찾아야 할 자기 동일성을 과거에서 찾아내어 그것을 미래로 던지면서 현재의 나를 끊임없이 만들어 가는 존재이다.

하이데거는 이러한 과거를 더 이상 과거라 하지 않는다. 우리말로 번역하면 '기재'라고 할 수는 있지만 이것은 한자어이므로 '존재해 옴(Gewesen)'이라 하기로 하자. 또는 '있어 옴'이라 할 수 있는데, 이것은 단절되지 않고 계속 이어져 옴을 의미한다. 미래도 하이데거는 도래 또는 '다가옴(Zukunft)'이라고 하는데, 이것은 나의 존재 가능성을 앞으로 던져서 그 앞으로 던진 것이 나에게로 다가오는 것을 의미한다. 시간은 단선적인 것이 아니라, 끊임없이 뱅글뱅글 돌아서 다시 뻗어 나가는 것이다. 현재라는 그 순간에 미래, 과거, 현재가 다 같이 있다. 하이데거는 바로 이 현재의 독특한 양태를 '빠져 있음'이라고 칭한다. 이 '빠져 있음'은 존재자들인 사물들에게 빠져 있음을 의미한다. 여기에는 스스로 선택하지 않고 '그들', 즉 '사람들'이 하는 대로 살아감이 있다. 다시 말해 과거도 떠맡지 않고 자기 자신의 본래적인 존재가능을 미래로 던지지도 않으면서 '그들'이 살듯이 그저 그렇게 일상의 삶의 문법을 따르면서 거기에서 통용되는 인식의 틀을 가지고 사는 것이다. 그것이 일반적으로 살아가고 있는 사람들의 모습이다.

처해 있음과 이해

 인간의 거기-있음[현존재]에서의 "Da[거기]"는 '존재의 거기'라는 뜻이고, 존재가 자기 자신을 드러내는 현장이라는 뜻이다. 그래서 그것은 다른 말로 '밝혀져 있음'이고, 이 '밝혀져 있음' 안에서 인간이 대하는 사물(존재자)이 발견된다.

 '밝혀져 있음'은 거기-있음[현존재]의 존재방식이기 때문에 자연 사물이 놓여 있는 것과는 다르게 접근해야 한다. 이 것은 거기-있음[현존재]의 실존론적인 구조로 파악되어야 한다. 이러한 구조에는 '처해 있음', '이해', 그리고 '말'이 속한다. 이 세 가지는 동시 근원적 또는 동일 근원적인데, 이 말들은 뿌리가 같아서 어떤 것이 어떤 것의 나중이나 먼저가 아니고 그 근원에서 볼 때 하나의 존재 방식이라는 뜻이다.

첫째로 '밝혀져 있음'의 방식으로서 '처해 있음'은 일상적으로 찾아볼 수 있는 존재적 현상에서 볼 때 '분위기(기분)'를 말한다. 이것이 우리가 일상적으로 얘기하는 존재적 또는 실존적 심리 현상이다. 이렇게 '처해 있음'과 관련지어 볼 때 인간의 거기-있음[현존재]은 존재적으로 항상 분위기에 빠져 있다. 인간은 항상 어떤 분위기에 빠져 있으며, 그 분위기가 그 사람이 어떻게 존재하게 될지를 드러낸다. 이와 관련하여 하이데거는 "우리가 존재론적으로 '처해 있음'이란 단어로 나타내려는 것은 존재적으로는 가장 잘 알려져 있고, 그리고 일상적인 '분위기'와 '분위기에 젖어 있음'이다"라고 말한다. 현존재의 이러한 '처해 있음' 안에서 분위기에 젖어 있음이 인간의 거기-있음[현존재]의 있음[존재]을, 또는 인간이 만나는 사물들의 존재를 '거기'로 끌고 온다. 이 말은, 분위기에 젖어 있으면서 항상 거기-있음[현존재]은 분위기에 따라 거기-있음[현존재]을 그 존재함에서 과업으로 떠맡아야 하는 '실존함'으로서, 즉 그 존재로서 존재해야 하는 존재자로서 밝혀짐을 의미한다. 그러므로 거기-있음[현존재]의 존재가 이 분위기에 맞춰져서 밝혀져 있다.

일상성 속에서는 거기-있음[현존재]의 존재가 거기에 존재하고 있는, 존재해야만 하는 그 점이 가려져 있다. 거기-있음[현존재]은 이런저런 분위기 속에 처해 있으며 그의 존재 성격상 항상 그 나름대로 자신의 존재 방식 속에 처해 있다. 하이데거는 "심리적인 현상으로서의 분위기가 거기-있음[현존재] 안에서 발견되는 속성인가? 성향인가? 아니면 거기-있음[현존재]의 능력인가?"라고 질문한다. 여기서 하이데거는 분위기를 그렇게 판명하는 상태로 이해해서는 안 된다고 한다. 그것은 하나의 '거기-있음[현존재]'의 존재 방식으로 이해해야 한다고 한다. 그러므로 분위기는 세계-내-존재로서의 거기-있음[현존재]의 구성 요소로서 존재 방식이다. 하이데거는 『존재와 시간』에서 말하기를 "처해 있음은 거기-있음[현존재]이 자신의 존재 안에서 존재하면서 자신의 '거기-있음[현존재]'을 이해하는 상태, 그리고 이 '거기에'를 어떻게 이해하는지를 드러낸다"고 말한다.

하이데거는 이렇게 분위기에서 드러나는 '처해 있음'에 대한 존재론적인 해석을 '내던져져 있음'이라고 했다. 인간의 거기-있음[현존재]이 '거기에 있다'는 것은 현사실성을 의미한다. 이것은 존재론적으로 세계-내-존재가 '거기에 내던져져 있다'는 의미이다. 구체적 의미로는 '거기에 있다'는 현사실과 더불어 존재이해가, 즉 존재자로의 침투가 일어난다.

인간은 '내던져져 있음'을 떠맡아야 한다. 인간의 '내던져져 있음'은 '떠맡음'의 현사실성이다. 거기-있음[현존재]이 존재를 이해하면서 존재한다는 사실과 그렇게 존재해야만 한다는 사실이 바로 이 떠맡음의 현사실성에 포함되어 있다. 이것은 다른 말로 인간이 존재자의 한가운데에 내던져져 있음을 의미한다. 이 말은 인간은 존재하는 사물들에 의존하고 있음을 말한다. 인간의 존재이해는 그가 관계 맺고 있는 존재자에 의존하고 있음을 벗어날 수 없다. 존재이해에서 존재는 언제나 존재자의 존재이다. 거기-있음[현존재]이 존재를 이해한다는 거기에는 이미 존재자가 함께 속한다. 존재자는 무엇을 말하는가?

칸트가 말하는 '사물'은 인식의 대상을 말한다. 이러한 대상이란 인간에게 마주해 있는 것을 말한다. 인식하는 인간에게 사물은 대상으로 이해된다. 우리가 대상을 인식한다는 것은 결코 그 대상을 창조하거나 생성하는 것을 뜻하지 않는다. 이러한 일은 신에게서나 가능하다. 대상은 '게겐-슈탄트(Gegen-stand)'의 번역어이다. 그 뜻은 '마주해 서 있는 것'이다. 반면 신이 무엇인가를 인식한다면, 그것은 그 즉시 생성된다. 생성을 뜻하는 독일어 '엔트-슈탄트(Ent-stand)'는 신의 인식 행위에 의해 '무로부터 일으켜 세워진 것'을 의미한다. 이렇게 인간의 유한한 인식능력(인간의 존재이해)은 이미 존재하는 존재자에 의존하는데, '내던져져 있음'이란 용어는 바로 이러한 의존성을 나타내는 말이다.

"거기-있음[현존재]은, 그의 존재 방식에 따르면, 단순히 사실적으로 눈앞에 있는 것이 아니라 존재자 전체의 한가운데서 자기 자신이나 사람들 자신으로서 실존한다. 처해 있음과 더불어서 거기-있음[현존재]에게는 그의 거기에 있음을 이렇게 또는 저렇게 이해할 수 있는 가능성이 주어져 있다. 분위기에 처해 있음은 제각기 나름대로의 방식에 따라 존재자를 그 전체에서 드러내는 것일 뿐만 아니라, 이러한 드러냄으로써 거기-있음[현존재]은 비로소 거기-있음[현존재]으로서 일어나는 것이다."

인간의 거기-있음[현존재]은 자기가 만나는 존재자들을 이해해 나갈 수 있다. 이때 이해한다는 것은 '할 수 있음' 또는 '숙련', '능숙함'과 관련이 있다. 이 '할 수 있음'은 가능적 요소를 포함하고 있는데, 이때의 가능이란 존재 가능을 말한다. 이 존재 가능과 관련하여 하이데거는 '기획투사'를 언급한다. 이 기획투사는 '처해 있음'과 마찬가지로 실존구조에 속한다. 즉 존재할 수 있음 또는 존재 가능에 대한 '이해'는 오직 실존하는 존재자만이 가진 능력이다.

'처해 있음'은 분위기(기분)이고, 내던져져 있음의 현사실성이며, 과거적이다. 반면 '이해'는 할 수 있음(숙련, 능숙)이고, 존재 가능의 기획투사로서 미래와 관련을 맺는다. 즉 자기 존재를 미래를 향해 던지는 것을 의미한다. 그러나 '처해 있음'과 '이해'는 동일근원적인 것들로서 모두 실존함의 방식들이다. 현존재는 비록 그의 내던져져 있음과 현사실성 때문에 이렇게 또는 저렇게 특정한 방식으로 그의 존재와 존재자 전체에 관계하고 있지만, 그는 또한 관계 방식을 나름대로 다르게 변경시킬 수 있다. 즉 자기의 존재 가능을 이렇게 또는 저렇게 기획투사할 수 있다.

그런데 거기-있음[현존재]이 이해하는 것은 무엇인가? 거기-있음[현존재]이 이해하는 것은 다름 아닌 실존함으로서의 존재함, 즉 자기의 존재를 존재할 줄 아는 것이다. 하이데거는 "이해할 수 있음이 가능성으로서 이해되어야 하고, 이 가능성은 현실과 상반된 의미의 가능성이 아니라 현사실적 거기-있음[현존재] 속으로 내던져진 가능성이며, 사실적 존재 가능성이다"고 말한다. 이것은 거기-있음[현존재]으로서의 인간은 자기 자신을 나름대로 이미 기획투사했고, 존재하고 있는 한 기획투사하면서 존재함을 의미한다.

그러나 "이해는 언제나 분위기에 젖어 있는 이해이고, 처해 있음은 나름대로 이미 언제나 자기 이해를 가지고 있는 처해 있음이다." 이 둘은 뗄래야 뗄 수 없는 관계에 있다. 거기-있음[현존재]은 그가 존재하고 있는 한 항상 자기 자신을 가능성에서 이해하고 있다. 인간은 죽어 가는 순간까지도 자기 자신을 가능성으로서 이해하며, 죽음 자체까지도 가능성으로 만든다. 하이데거는 이렇게 기획투사라는 용어로써 가능성과의 관계를 이야기하고 있다.

말과 '로서'의 구조

 거기-있음[현존재]이 자신의 '거기'를 존재하는 세 번째 실존 범주 형태는 '말(언어)'이다. 이것은 '처해 있음'과 '이해'와 동일 근원적이다. 처해 있음은 항상 일정한 이해 안에 머물러 있고, 이해는 언제나 처해 있는 이해이다. 처해 있는 이해는 이미 특정한 방식으로 구체적으로 밝혀질 수 있으며, 어떤 의미의 틀 안에서 개념적으로 파악될 수 있다.

 하이데거는 '말'의 요소를 네 가지로 구분한다. 첫째, 관련 대상(Worüber, 말걸이), 이것은 말의 대상이 되는 것이다. 둘째, 말해진 것(Wovon), 이것은 언어 분석의 관심이 되는 것, 즉 밖으로 말해진 말을 의미한다. 셋째, 사실에 대해서 다른 사람에게 무엇을 전하는 전달, 즉 이해 전달이다. 넷째, 말하는 말하미[화자]의 의사 표현, 자기 고시, 자기표명이다.

하이데거에게서 말은 밖으로 말해진 말이 아니다. 말이 말해지지 않더라도 우리는 이미 침묵 속에 우리의 세계 안에 들어오고 있는 모든 사물을 이해하고 있다. 그러므로 사물이란 이미 어떤 것으로서 나름대로 이해되고 파악되어 있다. 그리하여 인간에게 새로운 것은 아무 것도 없다. 심지어 인간은 자기를 창조한 신까지도 얌전하게 내버려두지 않는다. '이해'는 존재 가능과 관련지어 만나고 있는 모든 것을 자기의 존재 가능에서부터 받아들이고 기획 투사하고 해석하고 의미를 부여한다.

처해 있는 이해는 이해된 것을 말하는데, 이렇게 이해된 것을 두드러지게 드러내는 것이 해석(풀이)이다. 이 말에 해당되는 독일어 '아우스레궁(Auslegung)'은 이해된 것을 밖으로 드러내 놓음을 뜻한다. '아우스레궁(Auslegung)'이란 해석학 이전의 해석을 말한다. 이것을 글로 표현한 것이 '헤르메노이틱(Hermeneutik)'이다. 헤르메노이틱은 해석학에서의 해석을 뜻한다. 한편 밖으로 드러내 놓은 것을 말이나 글로 표현하는 것을 '발언'이라고 하는데, 이 발언은 말과 관련을 맺는다. 말은 '어떤 것에 대한 말'로서 어떤 사태의 연관에 대해 말해진 것이다. 이러한 발언을 좁은 의미의 언어라고 한다.

이해와 말은 다른 것이 아니다. 우리는 이해된 것을 말한다. 이해와 의미와의 관련에서 이해된 것이 어떻게 의미부여되는지 알 수 있다. 이때의 '의미'란 총체적인 뜻을 지닌 의미이고 인간의 존재가능과 관련이 있다. 의미를 존재자와의 관련 속에서 보면, 의미는 그 나름대로 존재자의 의미도 된다. 우리는 만나는 존재자를 의미 지평에서부터 이해한다. 존재자는 서로 연관이 있는 총체적이고 포괄적인 의미 지평에서 이해된 것이고, 이것은 존재자를 의미 지평으로 기획 투사하는 것이고, 의미 지평에서 그 말의 뜻을 이해하는 것이다.

총체적 의미의 그물망에서 구체적으로 만나게 되는 사물이나 물건은 '……로서', 즉 강아지나 책상으로서 이해되고 파악된 상태에서 만난다. 그리고 이렇게 개념이 파악된 것이 바로 언어의 차원이다. 개념 파악에서는 구체적인 뜻이 파악된다. 이렇듯 이해와 말은 상호 연관이 있다. 그래서 하이데거는 발언이 가지고 있는 '……로서 구조'는 해석학적 구조로서, 삶의 차원에서 받아들여지는 것과 서술적 구조로서 언어로 얘기되는 것으로 구별될 수 있다고 한다. 해석학적 구조란 이해의 드러냄(Auslegung)에서 이해되는 '……로서'이며, 서술적 구조란 발언, 즉 밖으로 말한 문장에서 다루어지는 '……로서'이다.

인간의 거기-있음[현존재]은 언제나 그때마다의 기분이나 상황 속에 처해 있으면서 동시에 자신의 존재가능성을 이해하면서, 이미 이러한 이해를 자기 나름대로 특정한 의미 체계 안에서 분류 파악하고 있다. 처해 있는 이해 가능성을 개념적으로 분류 파악하는 것이 곧 '말'이다. 개념적 분류 파악은 '아티쿨라치온(Artikulation)'이라 표현하는데, 이것은 사물들을 의미의 틀에서부터 구체적으로 무엇으로서 분류하여 파악하는 것을 말한다. 따라서 '말'은 세계-내-존재의 이해 가능성을 의미에 따라 분류 파악하는 것이다. 즉 말은 이해된 것을 자기 것으로 만드는 방식, 그리고 이해에서 기획 투사된 가능성들을 구체적으로 만들어내는 것이다. 말은 어떠한 의미가 전체적으로 분류 파악되는 식으로 일어난다.

하이데거에 의하면, 말하는 개념파악에서 분류되고 있는 것은 그 나름대로 의미의 전체를 형성한다. 이 의미 전체가 해석에서 '구체적인 무엇을 위해', '어떤 것을 가지고 어디에'의 구조로 떨어져 나오며, 이렇게 떨어져 나온 것이 '어떤 것을 어떤 것으로서'의 구조를 이루게 된다. 이것이 문장의 형태로 구체화된 것이 발언이다. 이 말을 예를 들어 설명하면, 망치를 망치로서 취하는 것, 즉 망치를 '어떤 것으로서' 취해야 하는지는 망치가 사용될 수 있는 의미 전체로부터 지시되어 나온다는 것이다. 하이데거는 이렇게 해석과 발언(명제)의 근거에 놓여 있는 이해 가능성을 개념 파악 혹은 분류 파악하는 것을 '말'이라 한다. 말은 세계-내-존재의 처해 있는 이해 가능성을 의미에 따라 분류하는 것이며, 그런 점에서 말은 처해 있음과 이해와 동일 근원적이다.

인간의 거기-있음[현존재]은 일상적으로 자기 자신을 망각한 채 자기 자신이 신경 쏟고 있는 어떤 구체적 일이나 사물에 얽매어 살아간다. 세계-내-존재의 일상적 존재 양상은 '나'가 아닌 '그들[사람들]'로서 존재하는 것이다. 하이데거는 이러한 존재 양식을 '빠져 있음(Verfallen)'이라 부른다. 이 말은 거기-있음[현존재]이 일상적으로는 '그들[사람들]'의 여론(공공성)에 따라 자신의 존재해야 할 양태를 결정한다는 것을 뜻한다. 거기-있음[현존재]은 사람들이 살아가는 일상적 모습에 빠져 그 모습을 좇아 살아갈 뿐이다. 그러나 이러한 모습 또한 거기-있음[현존재]이 자기 자신의 존재 가능성을 떠맡는 방식의 하나인 셈이다.

우리는 사람들이 보듯이 사물을 보며, 그들이 이해하듯이 사물을 이해하며, 그들이 취하듯이 사물을 취한다. 일상적 세계-내-존재에서도 현존재의 존재 가능성이 열려 있긴 하지만, 이때 열리는 것은 사람들이 선택하는 존재 가능성이지, 그 자신이 선택한 존재 가능성이 아니다. 이렇게 자기 자신의 존재 가능성을 자기 자신에게 속한 가능성으로 선택하지 않고, 일상의 사람들에게 속한 가능성들로 선택하는 것을 비본래적 존재 양식이라 한다. 하이데거는 이러한 일상적 존재 양식을 '빠져 있음'이라 부른다. 이것은 우리가 자기 자신으로 될 수 있는 가능성으로부터 등을 돌린 채 일상의 세계(존재자) 속으로 빠져든다는 뜻이다. 이렇게 세계(존재자) 속으로 떨어져 버림으로써 현존재는 사람들의 여론에 자신을 맡겨 버리기 때문에 본래의 자기 자신을 잃어버리게 된다. 그 자신이 되어야 하는 존재 양태와 관련지어 생각해 볼 때, 자기 자신으로 존재하는 존재 양태를 '본래성'으로 특징짓는다면, 사람들의 관심에 따라 존재하는, 다시 말해 '빠져 있음'에 의해 규정되는 존재 양상은 '비본래성'이라 특징지을 수 있다.

비본래적 거기-있음[현존재]은 자기 자신의 실존을 스스로 떠맡으려 하지 않는다. 자기 자신의 삶을 스스로 책임지려 하지 않으며, 자기 자신의 존재 가능을 위한 선택을 사람들에게 넘겨주며, 사람들이 선택해 놓은 가능성들을 그저 무비판적으로 수용하고 만다. 이렇게 '사람들'로서 살아가는 사람들은 서로서로 각자에게서 책임감을 경감시켜 주고, 서로에게 위안이 되어 주며, 자신만의 고유한 존재 가능성을 빼앗아 버린다. 그러나 그렇다고 '빠져 있음'에 의해 거기-있음[현존재]이 자기 자신을 완전히 상실해버리는 것은 아니다. 오히려 세계 또는 신경 써야 할 일에 몰두해 있는 현존재는 비본래적 자기 자신을 선택하는 것이다.

그러나 거기-있음[현존재]이 본래성과 비본래성에 의해 규정될 수 있으려면, 그 있음의 존재구성틀[존재얼개, 존재구조] 속에 이미 세계가 속해 있어야 한다. 거기-있음[현존재]의 존재구성틀로서의 '세계-내-존재'는 거기-있음[현존재]의 모든 존재 방식들이나 존재 성격들의 뼈대가 되어야 한다. 즉, 구성틀은 구성 요소를 모두 떠받칠 수 있어야 한다. 다시 말해, 거기-있음[현존재]의 존재구성틀은 현존재가 누구이고, 또 그가 어떻게 존재하고, 그의 존재 구조가 어떠한 것인가 등을 통틀어 대답해 줄 수 있는 것이어야 한다.

세계-내-존재로서의 거기-있음[현존재]은 실존한다. 실존은 인간의 거기-있음[현존재]이 다른 사물들의 있음과 다르다는 것을 표현한다. 이러한 실존의 존재 방식에는 이해, 말, 처해 있음이 속한다. 이러한 존재 방식은 형식적, 형상적 구조로서의 존재 방식이고, 실존의 실제적 존재 양상은 본래성과 비본래성이다. 현존재는 대개 비본래적 차원에 머물러 있는데, 이것이 바로 '빠져 있음'이다. '빠져 있음'에서 현존재는 어떤 본디의 상태에서 떨어져 나오는 것이 아니라, 언제나 본래성 또는 비본래성 사이에서 특정한 방향으로 움직이는 것이다. '빠져 있음'은 원초 상태에서 떨어져 나온 것이 아니라 오히려 사람들의 밝혀져 있음에서 거기-있음[현존재]이 일상적으로 존재하는 방식이다.

하이데거에 따르면, 본래성은 '사람들'의 실존적 변형으로 이해되어야 한다. 따라서 '빠져 있음'을 제대로 이해할 수 있으려면 본래성의 양태를 경험해야 한다. '빠져 있음' 역시 세계-내-존재의 실존론적 존재 양상으로서 거기-있음[현존재]의 존재 양식을 함께 형성하고 있다. 일상적 세계-내-존재의 존재 양태를 존재론적으로 명백히 함으로써 우리는 비로소 거기-있음[현존재]의 존재구성틀에 대한 실존론적으로 적합한 규정을 얻을 수 있다고 하이데거는 말한다.

하이데거는 결론적으로 다음과 같이 말한다. "빠져 있음은 거기-있음[현존재]의 존재론적 구조를 드러내 보이고 있다. 그것은 결코 거기-있음[현존재]의 어두운 면을 구성하고 있는 것이 아니다. 그것은 그의 모든 나날들이 그것들의 일상성 속에서 구성되어 있기 때문이다." 이렇게 하이데거는 인간의 거기-있음[현존재]의 모든 것을 존재와의 관련 속에서 살펴본다.

거기-있음[현존재]에 대한 이러한 분석을 통해 하이데거는 거기-있음[현존재]의 존재로 가까이 다가간다. 하이데거는 거기-있음[현존재]의 존재를 '염려'라고 이름한다. 그리고 이 염려가 이해되고 있는 의미의 지평은 '시간성'이라고 말한다.

인간의 거기-있음[현존재]의 존재는 '염려'

하이데거가 취한 현상학적 방법에는 세 단계가 있다. 첫째 단계에서 하이데거는 거기-있음[현존재]의 존재구성틀[존재구조]을 세계-내-존재로 규정한다. 하이데거는 이것을 바탕으로 삼고 거기-있음[현존재]의 존재 양식인 실존을 분석의 지도이념으로 삼는다. 이러한 실존론적 분석의 귀결을 '염려'라고 규정한다. 두 번째 단계는 거기-있음[현존재]의 존재를 이러한 '염려'로서 풀어낸다. 그리고 세 번째 단계는 이 염려가 지니고 있는 존재의 의미를 찾는다. 하이데거는 현존재의 존재 의미가 시간성이라고 제시하고 있다.

이제 인간의 있음과 관련하여 지금까지 말한 것을 정리해 보자.

첫째, 인간의 있음은 세계 안에 있음이고, 이것은 현사실성이다. 인간의 있음과 더불어 존재자 전체로 침투가 일어나는데, 인간은 이미 나름대로 세계에 대한 이해를 가지고 있고, 이 전제 위에서 세계를 만들어 나간다. 이러한 이해는 철학의 가능 조건이고, 이러한 가능 조건에서 철학은 자신의 지반을 다시 한 번 문제 삼을 수도 있다.

둘째, 인간의 있음은 실존성이다. 인간의 거기-있음[현존재]은 자기 자신, 타인, 세계, 사유, 역사와 관계를 맺으면서 존재한다. 이 관계맺음을 가능케 하는 것은 이러한 관계맺음을 이해하는 것이다. 오직 한 존재자만이 이러한 관계맺음을 이해하는데, 그것은 그 존재자만이 자신의 존재함에서 그 존재를 문제시할 수 있기 때문이다. 그리고 거기-있음[현존재]은 자기 자신까지도 가능성 속으로 던져서 그 가능성을 문제 삼고 자기 자신을 가능성에서부터 이해할 수 있다.

셋째, 인간의 있음은 '빠져 있음'이다. 인간은 끊임없이 세계를 형성하는데, 이는 인간이 존재 가능(실존성)을 갖기 때문이고, 이 존재 가능성에서 자기 자신을 이해하려 하기 때문이다. 인간은 세계와 역사 안에서 정지하지 않고 끊임없이 앞을 내다보고 꿈을 꾸며 살아간다. 그런데 인간의 거기-있음[현존재]은 자기 자신으로서 존재하는 것이 아니라 자기 자신이 아닌 사람으로서 존재한다. 거기-있음[현존재]은 세계 내부의 존재자들에게 마음을 빼앗기고 그것들 속으로 빠져들고, 그것들로부터 자신을 이해하려 한다. 인간은 대개 자기가 관심을 쏟는 존재자에게 빠져 있다. 그리고 그 존재자에게서 반영되어 나오는 자기 자신을 자기로 본다.

이러한 것을 사르트르는 '지향성'으로 설명한다. 지향성이란 '어떤 것에 대한 의식'을 말한다. 인간에게 순수 의식이란 없다. 인간은 자기가 의식하고 있는 그것에서 자기 자신을 보려 한다. 사르트르에 따르면, 인간은 스스로 고정되기를 바라지만, 인간은 결코 고정될 수 없다. 즉 인간에게는 고정된 본질이 없다. 이러한 본질이 없음은 자유, 무, 대자존재 등과 같은 개념과 동의어로 쓰인다. 그런데 인간에게 타인은 고정될 수 없는 나의 존재를 고정시키는 그런 존재이다. 하이데거에게서 '빠져 있음'은 고정될 수 없는 자기 자신으로부터 벗어나 고정시킬 수 있는 어떤 것에 집착하는 것이다. 그래서 사람들은 남이 보듯이 그렇게 봐야 하는 것이다. 그럼으로써 사람들은 고정된 삶의 양식을 갖게 된다.

시간과 관련하여 볼 때 '현사실성'은 과거, '실존'은 미래, '빠져 있음'은 현재이다. 현사실성으로서 과거는, 과거가 인간 실존과 관련되는 한, '게베젠하이트(Gewesenheit)'로 명명한다. 이 독일어는 '기재(既在)'로 번역되는데, 우리말로는 '존재해옴'을 의미한다. 게베젠하이트는 완료형이다.

하이데거는 위에서 설명한 세 가지, 즉 현사실성과 실존성 그리고 빠져 있음의 단일성을 '염려'로 파악한다. 이때의 염려는 근심, 걱정 등의 존재적 의미를 갖는 것이 아니라 존재론적 의미를 갖는다. 염려의 존재론적 의미는 세 가지로 파악될 수 있다. 첫째, 현사실성과 관련하여 세계 안에 이미 존재함이고, 둘째, 실존성과 관련하여 자신을 앞서 있음이며, 셋째, '빠져 있음'과 관련하여 세계 내부에서 만나는 존재자들 곁에 머물러 있음이다.

인간의 거기-있음[현존재]은 각자 자기 자신의 존재 가능성에 대한 염려(Sorge)이다. 인간은 끊임없이 자기의 존재를 염려한다. 인간은 자기가 만나는 존재자에 대해서는 배려하고(Besorge), 자기가 만나는 타인에 대해서는 심려한다(Fürsorge).

거기-있음[현존재]은 각기 그때마다 자기 자신이 문제가 된다. 그 이유는 현존재가 그때마다 자기 자신을 받아들이든가, 아니면 자기 자신 앞에서 도망해야 하기 때문이고, 이러한 선택과 함께 자신의 세계를 변형시킬 수 있기 때문이다. 여기서 거기-있음[현존재]이 비본래성에서 벗어나서 존재할 수 있는 어떤 가능성이 필요하게 되는데, 하이데거는 이것을 '불안'을 통해 제시하려 한다. 불안은 비본래적 상태로부터 자기 자신에게로 눈을 돌리게끔 만든다. 여기서 하이데거는 섬뜩함(Unheimlichkeit)이란 용어를 써서 불안을 설명한다. 섬뜩함이란 마치 가정 속에서 살아왔던 것 같은 분위기가 갑자기 무너져내림을 말한다. 이 말은 여태까지 포근함을 제공해 왔던 그들(사람들)의 세계가 무너지며 전혀 무의미해져 버림을 뜻한다. 즉 존재자 속에 파묻혀 버린 나를 보게 해주는 것이 불안인데, 이 불안은 불현듯 죽음을 대면할 때 갑자기 피어오른다.

하이데거는 불안과 관련하여 무(Nichts)를 얘기한다. 독일어 '니히츠(Nichts)'라는 말의 뿌리는 'nicht etwas'이다. 어떤 것이 아닌 것, 다시 말해 존재자가 아닌 것이 무(Nichts)이다. 하이데거는 존재와 무는 같다고 말한다. 존재는 존재자가 아니고, 무 역시 존재자가 아니므로, 존재와 무는 같은 것이다. 불안할 때 존재자에게 모든 것을 빼앗겼던 거기-있음[현존재]의 의미가 드러난다. 즉 불안할 때 내가 기댔던 모든 존재자가 의미를 잃어버리고 적나라한 내가 나타난다는 것이다. 불안이 그 앞에서 불안해하는 것은 세계 내부의 손 안에 있는 어떤 것도 아니다. 그런데 일상적 대화가 유일하게 이해하고 있는 손 안에 있는, 아무 것도 아닌 것인 무는 절대적인 무는 아니다. 손 안에 있는 아무 것도 아닌 무는 가장 근원적인 어떤 것 안에, 즉 세계 안에 속한다. 그런데 이 세계는 존재론적으로 세계-내-존재인 거기-있음[현존재]의 존재에 본질적으로 속한다. 그러므로 무가 자신을 불안의 대상으로 드러낸다면, 이 말은 곧 불안이 세계-내-존재임을 뜻하는 것이다. 불안은 거기-있음[현존재]이 그 앞에서 도망가는 그것을 대면하게 하는데, 이때 그 앞에서 도망가는 그것이란 바로 세계-내-존재인 거기-있음[현존재]이다.

불안은 거기-있음[현존재]에게 그의 섬뜩함을 드러내 주며 그로써 그를 그 자신의 가장 고유한 세계-내-존재-가능 속으로 되던져 준다. 존재자 안에서의 지탱을 거의 잃어버린 거기-있음[현존재]은 그가 개별화될 수 있는 가능 존재인 그 자신으로 지시된다. 그러므로 불안은 가장 고유한 각자의 개별적 존재 가능을 드러낸다. 다시 말해 인간이 자기 자신을 선택할 수 있는 자유를 얻게 되는 것은 불안 속에서이다. 여기서 비본래성과 본래성의 선택의 자유를 얻게 되는 것이다.

본래성과 비본래성을 가르는 분수령은 다름 아닌 '양심'이다. 하이데거에 의하면, 양심은 본래적인 나를 자유롭게 선택하게 해주는 것이다. 그리고 거기-있음[현존재] 자신의 유한성과 내던져져 있음 앞으로 끌고 오는 것이다. 비본래성의 상태에 빠져 있는 거기-있음[현존재]은 자기 자신의 세계 속에 있음에 대한 불안을 통해 자기 자신의 존재 가능 속으로 불러내진다. 양심은 비본래적 거기-있음[현존재]을 그의 본래성으로 되돌아오도록 부르는 가장 본래적인 말이다. 거기-있음[현존재]은 양심의 부름에 응답함으로써 본래적인 자기 자신의 가능성을 듣게 되어 자유롭게 자기 자신을 선택할 수 있게 된다.

인간 현존재를 염려로 파악하는 것은 이미 고대 서양의 신화 속에서도 나타난다. 고대 신화에서, 인간은 '쿠라(Cura)'라고 불렸다. 쿠라는 우수, 염려란 뜻이다. 하이데거는 이 염려의 의미를 시간성으로 규정한다. 이런 시간성의 규정과 함께 이루어져야 할 것은 인간을 전체성으로 규정하는 것이다. 이 말은 인간의 있음 전체를 염려로 파악한다는 말이다.

인간의 전체성에서 뗄 수 없는 것이 바로 '죽음'이다. 염려로서의 인간은 죽음을 향한 존재이다. 죽음의 순간에서만 인간은 자기의 존재를 존재한다. 모든 인간이 죽음을 남에게 맡길 수 없고, 죽음만은 그 자신이 감당해야 하듯이, 인간은 자기의 존재와 싸워야 한다. 이렇게 죽음을 향한 인간 존재를 하나의 의미로 통합하는 것이 바로 '시간성'인 것이다.

'염려'와 쿠라의 신화

하이데거는 인간의 '있음'의 방식을 풀이하면서 이러한 '있음'의 방식의 계기들을 하나하나 따로 떼어내서 말할 수는 없다고 강조한다. 그것들이 서로 밀접하게 연관되어 있으므로 하이데거는 그것들이 '동일근원적'이라고 한다. 하이데거는 인간의 '있음'이 무엇인가 하는 물음에 대해서 시인과 철학자가 말하는 것에서 그 답을 얻을 수 있다고 생각했다. 즉 시인은 성스러움을 말하고 사유가인 철학자는 존재를 말한다는 것이다. 철학자가 해야 하는 것은 존재를 말하는 것, 곧 존재를 개념으로 파악하는 것이다. 하이데거는 이러한 인간의 '있음[존재]'을 하나의 개념으로 파악하여 그것을 '염려(Sorge)'라고 했다. 이제까지 인간의 '있음'에 대해 사유, 정신, 이성, 인격, 주체, 지성 등 본질만을 강조해왔던 것에 반해, 하이데거는 인간의 '있음'을 '염려'라고 규정한 것이다. 이것이 하이데거의 독특한 인간 규정이라 할 수 있다. 인간의 '있음'은 끊임없이 자기 자신의 존재를 염려하고 자기가 관심을 가지고 있는 존재자와 관계 맺으면서 그 사물들, 도구들을 배려하고, 자기가 좋아하는 사람들, 친구들을 심려하며 사는 그런 '있음(존재)'이다. 그러한 '염려'는 고정된 것이 아니라 역동적인 것이다. 하이데거는 이미 신화 속에서 인간을 '염려'라고 말한 것을 지적했다.

『존재와 시간』에 그것에 관한 글이 있다. 그것은 '쿠라의 신화, 염려의 신화'이다. 그곳에 인용된 부분을 보면 다음과 같다.

"염려가 강을 건너갈 때, 그녀는 점토를 발견했다. 생각에 잠겨 그녀는 한 덩어리를 떼어내어 빚기 시작했다. 빚어낸 것을 바라보며 곰곰이 생각하고 있는데, 유피테르(쥬피터)가 다가왔다. '염려'는 빚어낸 점토 덩어리에 혼을 불어넣어 달라고 유피테르에게 간청했다. 유피테르는 쾌히 승낙했다. '염려'가 자신이 빚은 형상에 자기 이름을 붙이려고 하자, 유피테르가 이를 금하며 자기의 이름을 주어야 한다고 요구하고 나섰다. 이름을 가지고 '염려'와 유피테르가 다투고 있을 때 텔루스(대지)도 나서서, 그 형상에는 자기의 몸 일부가 제공

되었으니, 자신의 이름을 붙일 것을 요구했다. 다투던 이들은 사투르누스(시간)를 판관으로 모셨다. 사투르누스는 다음과 같이 얼핏 보기에 정당한 결정을 내려주었다. '그대 유피테르, 그대는 혼을 주었으니 그가 죽을 때 혼을 받고, 그대 텔루스는 육체를 선물했으니 육체를 받아가라. 하지만 '염려'는 이 존재를 처음으로 만들었으니, 이것이 살아 있는 동안 '염려'는 그것을 그대의 것으로 삼아라. 그러나 이름 때문에 싸움이 생겼는데 바로 그것이 후무스(흙)로 만들어졌으니 '호모(인간)'라 불러라.'"

우리는 이 신화를 통해서 우리가 인간을 호모라고 했을 때, 그 호모는 바로 흙으로 빚은 존재를 의미한다는 것을 알 수 있다. 신화에서는 인간을 흙으로 빚어낸 신이 '쿠라(염려, 우수의 신)'였기 때문에, 그 염려가 인간이 살아 있는 동안 계속 인간을 자기의 손안에 잡고 있다고 이야기하고 있다. 하이데거는 이렇게 신화에서도 드러나듯이 인간의 '있음'을 '염려'라고 할 수 있다고 보았다.

학문이기를 표방하는 철학이 하필이면 신화에서 그 근거를 끄집어 내오느냐고 불쾌하게 생각할 철학도가 있을 것이다. 흔히 철학을 신화(Mythos)에서 이성(Logos)으로 넘어온 발전된 단계로 이야기한다. 신화는 이야기, 곧 인간이 꾸며낸 신들의 이야기이다. 로고스도 이야기는 이야기이되 근거 있는 이야기이다. 미토스나 로고스는 설명이라는 점에서는 같을 수 있지만, 미토스는 근거를 대지 않은 설명인데 반해서, 로고스는 근거 있는 설명이라는 점에서 구별된다. 그 둘은 다 인간이 존재하는 방식과 연관이 있다. 인간은 자신이 사는 방식을 이해하고 설명해야 마음놓고 살 수 있는 지적 존재이다. 인간은 로고스가 발달하기 전에는 미토스로 자신의 삶을 이해 가능한 것으로 만들었는데, 이제 로고스의 시대로 오면서 미토스는 근거 없는 허황된 이야기라고 천시하고 근거 있는 이야기에 매달리게 되었다. 이것이 로고스 이후의 시대적 특징이다.

현대에 와서는 이것이 반대로 되어 버렸다. 즉 너무 이성 중심적으로만 살다보니 경험, 실증 등 인간이 감각적으로 볼 수 있는 것, 확인할 수 있는 것만을 존재하는 것으로 보게 되고, 그래서 인간의 현실도 예전보다 훨씬 축소되었다. 따라서 이제는 오히려 이성에서 신화로의 열망이 일어나게 되었다. 사실 신화의 시대에는 인간의 언어로 파악될 수 없는 것이 있음을 알고 있었다. 로고스 시대로 오면서 언어로 파악되는 것만을 인정함으로써 인간들은 많은 것을 잃게 되었다.

현대에서 서양의 신화에 대한 관심은 야스퍼스가 지혜, 불, 정치를 관장하는 신인 프로메테우스를, 카뮈가 끊임없이 의식 하나만을 가지고 도전하는 시지프스를, 롬바흐(Heinrich

Rombach)가 헤르메스라는 은닉의 신을 끌어들이는 데에서 잘 드러나고 있다. 이제까지는 있는 것만을 강조해 왔는데 롬바흐는 헤르메스를 통해 감추어져 있는 것, 드러나지 않는 것, 곧 심연을 부각시켜 우리의 관심을 그쪽으로 쏠리게 하려 한다. 서양의 역사를 표피에 관한 것이라 한다면, 그 표피가 있기 위해서는 드러나지 않는 심연이 있음을 인정해야 한다. 심연을 심연으로서, 감추어져 있는 것을 감추어져 있는 것으로서 간직하며 그것과 관계를 맺어야 한다는 것이 롬바흐의 헤르메스 신에 들어 있는 메시지이다. 롬바흐는 바로 동양적 사유가 바로 그러한 은닉된 것과 관계를 맺어온 전형적 사상이라고 말했다.

4장

과학, 일상, 실존의 세계

외부세계의 실재와 세계-안에-있음

『존재와 시간』은 인간에 관한 논의를 전반적으로 다룬 책이라 할 수 있다. 지금까지의 논의에서 인간의 실존이 부각되었다면, 이제는 인간과 세계와의 관련성 안에서 인간의 모습이 규명되어야 할 차례이다. 하이데거는 한마디로 인간을 세계-내-존재라고 규정하고 있다. 이것을 우리말로 풀어본다면, 그것은 세계-안에-있음이다. 하이데거는 이렇게 '–'을 달아 핵심적인 개념을 표현하고 있다. 그가 여기에서 '–'을 사용하여 강조하려는 것은 이것들을 다같이 하나로, 곧 하나의 현상으로 보아야 한다는 점이다. 다시 말해 이것들을 제각기 떼어 보아서는 안 된다는 것이다. 하이데거는 인간을 '세계-안에-있음'이라 규정하면서, 지금까지 대칭관계에 있었던 인간과 세계를 분리될 수 없는 하나의 원초 현상으로 아우르고 있는 셈이다.

근대에서는 인간이 가장 확실한 존재였다. 그렇다면 '세계란 무엇인가?'라는 물음에 대한 근대의 답변은 어떠한가? 지금의 우리에게는 이상하게 들리겠지만 근대에서 세계의 문제는 가장 해결하기 어려운 골치 아픈 물음의 하나였다. 세계가 존재한다는 것을 과연 증명할 수 있는가 하는 물음이 근대의 철학자들을 가장 괴롭혔던 문제였다. 데카르트는 "나는 사유한다. 그러므로 나는 존재한다"는 명제가 가장 자명하다고 주장한다. 그는 '나는 사유한다'라는 것을 가장 확실한 진리라고 생각했다. 그러한 사유가 있는 한에서 '나는 존재한다'라는 것이 데카르트에게는 가장 확실한 진리, 곧 제일원리였다. 그러나 데카르트에게 여전히 남아 있는 중요한 문제는, 나의 존재는 확실한데 나 이 외의 다른 것들이 존재한다는 사실에는 확실성을 부여할 수 없다는 점이다. 그가 확실성을 가지지 못한 것 가운데 하나가 바로 외부세계가 실재한다는 사실이다. 데카르트는 내가 보고 있는 외부적인 모든 것들이 환영인지 아닌지를 어떤 식으로 보장받아야 할지를 고민해야 했다.

데카르트는 자신의 철학적 방법의 엄격함을 보장받기 위하여 수학적 진리조차도 틀릴 수 있다고 했다. 그러나 '2+

2=4'라는 진리는 우리가 꾸는 꿈에서도 진리가 아닌가? 수학적 진리는 우리가 꿈을 꾸고 있을 때나 깨어났을 때나 한결같이 진리인데, 데카르트는 다음과 같이 그것마저도 회의할 수 있다고 말했다. 즉, 어떤 사악한 신이 있어서 실제로는 2 더하기 2가 5임에도, 2 더하기 2를 4라고 계산하도록 우리를 계속 속일 수 있다고 주장했다. 어떤 수학적인 계산도 이와 같이 언제나 사악한 신에 의해서 조작될 수 있다는 것이다. 데카르트는 사악한 신에 의해 조작될 수 있는 가능성을 배제할 수 없는 한, 수학적인 계산도 확실한 것으로 받아들일 수 없다고 주장했다. 하물며 외부 세상이 내가 보고 있는 그대로 존재한다고 할 수 있는 보장은 어디에 있는가 하는 것이 데카르트의 물음이었다. 세계가 내가 보고 있듯이 그렇게 존재하는지에 관한 물음은 데카르트의 가장 큰 고민이었다.

결국 데카르트는 세계가 과연 내가 보듯이 그렇게 존재하는가의 문제를 해결하기 위해 신을 끌어들였다. 그리고 그 신은 사기꾼 신이 아니라 진실하고 전지전능한 신이며, 내가 보고 있는 그것이 사실 그대로 존재하도록 보장해 주는 착한 신이라고 말함으로써 그는 다시 그의 철학에 신을 끌어들였다. 이런 점에서 데카르트는 중세적 사유에서 완전히 벗어난 철학자가 아니라고 할 수 있다. 어쨌건 이와 같이 '세계가 있다(세계의 실재성)'라는 것에 관한 문제가 근대철학에서 가장 큰 문젯거리로 남게 되었다. 근대는 데카르트 이후 '세계'의 문제를 해결하기 위해 부단히 노력하는 시대였다고 할 수 있다.

그래서 칸트는 "철학의 스캔들은 외부 세계가 존재한다는 것을 증명하지 못한 데 있다"라고 말했다. 그러나 하이데거는 반대로 "철학의 스캔들은 외부 세계가 실재한다는 것을 증명하려는 시도에 있다"라고 말했다. 왜냐하면 인간이 바로 세계 안에 있는 존재이기에 인간에게서 세계-안에-있음을 제거할 수는 없다는 주장이다. 인간이 있어야 하는 바로 거기인 '세계'는 있고 없고가 증명되어야 하는 대상이 아니라, 오히려 인간을 이야기하기 위해서는 반드시 전제되어야 하는 것이다. 다시 말해 인간이 인간이기 위한 첫 번째 전제조건은 바로 인간이 세계-안에-있다는 그 사실이다. 그리고 이 세계-안에-있음이 하이데거 철학의 전제조건이며 이것은 증명이 필요 없는 원초적 사실이다. 데카르트적인 사유가 '나'의 있음만이 확실한 것이고 그 확실한 '나'가 어떻게 세계로 나아가는가 하는 인식론적 물음에 머물러 있다고 한다면, 하이데거는 오히려 인간을 바깥에, 곧 세계 안에 내던져 있는 존재자로 보고 자신의 철학을 전개했다.

하이데거는 '세계'라는 현상에 세 가지 구조들이 서로 연관되어 있다고 보았다. 그는 이 세 가지 구조들의 단일성을 나타내기 위해서 '-'을 달아 '세계-내-존재'라는 개념으로 하나로 묶어서 표현했다. 그 구조들 중 하나는 '세계'라는 문제이다. 그것은 세계란 무엇인가, 세계의 세계적인 것은 무엇인가, 세계의 구조는 무엇인가 하는 물음으로 요약될 수 있다. 두 번째는, 내-존재(안에-있음)는 무엇을 의미하는 것이고 그 안에-있음의 방식은 어떠하며, 안에-있음의 구조들은 무엇인가 하는 것이다. 세 번째는 세계 안에 누가 존재하는가, 곧 세계 안에 있는 존재자, 세계-안에-있음의 주인(주체)은 누구인가 하는 물음이다. 하이데거는 이 세 가지 구조들이 뗄 수 없는 연관 속에 있다고 보았다. 다시 말해 이 세 가지 구조들은 항상 같이 붙어 다니는 것으로 보아야 한다는 것이다. 안에-있음의 방식에서도 다시 세 가지의 뗄 수 없는 것들이 서로 얽혀 있는데, 그것은 '처해 있음', '이해', 그리고 '말'이다. 이것은 앞에서 보았다.

'세계'라는 현상

세계의 다양한 의미와 세계-안에-있음

우리는 다양한 의미의 세계를 이야기할 수 있는데, 하이데거는 『존재와 시간』에서 세계를 네 가지 의미로 정리하고 있다. 첫째, 세계는 '존재자의 총체'를 의미하는 것으로 이해될 수 있다. 둘째, 특정한 존재자의 영역, 즉 식물의 세계, 동물의 세계, 역사의 세계, 수학의 세계 등과 같은 영역을 구별하여 그 독특함을 강조하는 구조적인 세계가 있다. 이는 존재자의 한 특정한 영역의 존재에 해당되는 것이다. 셋째는 인간이라는 존재자를 염두에 두고 인간의 삶이 이루어지고 있는 자리[마당]를 지칭한다. 넷째는 인간의 삶의 자리로서의 세계가 무엇인가 하는 세계의 존재에 관한 문제이다. 하이데거는 이것을 세계성이라 칭했다. 하이데거는 이러한 네 가지 의미 중에서 자신이 관심을 갖는 것은 세 번째와 네 번째 의미임을 밝혔다.

즉, 하이데거는 인간의 삶의 자리로서의 세계와, 그 삶의 자리로서의 세계를 이루고 있는 구조적인 계기들, 요소들이 무엇이며 그 의미가 무엇인지에 관해서 관심을 가졌다. 하이데거는 기존의 세계에 대한 개념을 바탕으로 우리가 과연 세계를 어디에서 만나는지, 즉 세계현상을 직접 대해볼 것을 권고한다. 하이데거의 사유 방법은 현상학적인 방법으로서 그 방법은 우리가 세계를 직접 만나게 되는 자리를 우리 스스로 직접 찾아 나가 대면하기를 권한다. 즉 우리는 다른 사람들이 이야기하는 세계에 전적으로 의존하지 말고 우리 스스로 사태와 현상을 직접 대하려고 노력해야 한다. 하이데거는 세계라는 현상을 만날 수 있는 자리를 직접 찾아 나선다. 그는 우리가 일상적인 삶 속에서 만나는 세계를 분석의 대상으로 삼아야 한다고 말했다. 앞에서 존재자의 총합이 세계라고 했지만, 우리는 과연 존재자의 총합을 만날 수 있는가? 만날 수 있다면 어디서 만나는가 하는 물음을 던져야 한다.

하이데거는 세계라는 현상을 어디서 만날 수 있는지 다음과 같이 간략하게 말했다.

"사용사태라는 존재양식 안에서 존재자를 만나게끔 하는

'그리로'가, 즉 자기 자신을 지시하는 이해의 '그곳'이 세계라는 현상이다."

인간의 거기-있음[현존재]은 손안에 있는 도구적 존재자도 아니고, 그렇다고 눈앞에 있는 사물적 존재자도 아닌 실존에 의해 규정된 존재자이다. 실존하는 거기-있음[현존재]은 그의 존재에서 이 존재 자체를 문제시한다. 실존은 인간적 거기-있음[현존재]이 관계를 맺고 있는 모든 존재를 일컫는 말이다. 그러나 거기-있음[현존재]이 관계를 맺고 있는 존재에는 거기-있음[현존재] 자신의 존재만 있는 것이 아니라 거기-있음[현존재]이 아닌 다른 존재자들의 존재도 있다. 거기-있음[현존재]은 존재자 일반의 존재와 관계를 맺고 있다. 거기-있음[현존재]은 존재자 일반의 존재에 대한 이해 속에 있다. 거기-있음[현존재]은 존재자 '곁에' 있으면서 동시에 존재자의 존재로 '초월'해 있다. 거기-있음[현존재]은 초월의 영역 속에, 즉 존재자의 존재의 영역 속에 머물러 있다. 우리는 거기-있음[현존재]이 존재자를 넘어 그것의 존재에 머물러 있는 것을 거기-있음[현존재]의 '초월' 또는 '세계-안에-있음'이라 명명한다. 그러나 '세계-안에-있음'이 어떻게 초월일 수 있는가? 그리고 거기-있음[현존재]이 세계 안에 있다고 말하는 한, 이 '세계-안에-있음'이라는 존재구성틀[존재구조]은 거기-있음[현존재]의 존재 내지 '있음'을 근본적으로 규정해 주는 존재론적 규정이어야 한다. 따라서 '세계' 역시 거기-있음[현존재]의 존재, 즉 실존에 대한 규정이어야 한다. 세계는 실존 범주이어야 한다. 실존 범주로서의 세계는 사물적 존재자의 전체, 즉 '눈앞에 있음'의 양식을 갖는 것으로서 이해되어서는 안 된다. 그렇다면 실존 범주로서의 세계는 어떻게 이해해야 하는가? '세계'를 제대로 이해해야 '세계-안에-있음'도 더 잘 이해할 수 있을 것이다. 그때에만 '초월'과 '세계-안에-있음'이 동일한 현상임을 깨닫게 될 것이다.

그런데 우리는 거기-있음[현존재]이 머물러 있는 세계와 같은 것을 어디에서 내보일 수 있는가? 여기서 잊지 말아야 할 것은 세계에 대한 분석은 거기-있음[현존재] 분석론의 일환이라는 사실이다. 따라서 근원적으로는 존재물음에 의해 앞서 이끌리고 있다는 사실이다. 세계나 '세계-안에-있음'은 거기-있음[현존재] 분석론의 주제가 되는 것들이며, 그런 점에서 세계를 분석하기 위한, 즉 세계를 현상으로서 기술하거나 내보이기 위한 방법적 지침은 이미 주어진 셈이다. 세계에 대한 분석은 거기-있음[현존재] 분석론에서의 올바른 현상적 출발점과 마찬가지로 거기-있음[현존재]의 평균적 일상성이란 지평에서 시작되어야 한다.

도구의 손안에 있음과 '위하여-연관'

일상적 거기-있음[현존재]이 친숙하게 머물러 있는 세계는 어떠한 세계인가? 우리는 그러한 세계를 '주위세계'라 할 수 있을 것이다. 우리는 주위세계에 빙 둘러싸여 있다. 우리는 우리가 주위세계 안에서 만나는 도구적 존재자들을 다루고 사용한다. 이것을 우리는 도구적 존재자와의 '왕래'라고 한다. 이러한 실천적 왕래에서 우리는 우리들이 사용하는 도구를 배려한다. 도구는 '⋯⋯을 하기 위한 것'이다. 예컨대 망치는 못을 박기 위한 것으로 사용될 수 있고, 못은 다시 시계를 걸기 위한 것으로, 시계는 다시 시간을 읽기 위한 것으로 사용될 수 있다. 우리가 도구를 사용할 때, 그러한 왕래에서 우리가 배려하는 것은 도구 자체보다는 오히려 우리가 도구를 갖고 사용하고자 하는 것들의 연쇄, 즉 '위하여-연관'이다.

그러나 망치는 어떻게 존재하는가? 우리가 망치질을 하고 있을 때, 이미 제작된 도구로서의 망치는 어떠한 존재 성격을 갖는가? 만일 우리가 망치를 가지고 못을 박는 데 온 신경을 쏟고 있다면, 망치는 아마도 우리들의 눈에는 띄지 않을 것이다. 흔히 우리는 신발이 발에 잘 맞아 걷거나 달리는 데 아무런 불편을 느끼지 않으면, 신발을 잃어버린다고 말한다. 도구는 그것이 자신의 기능을 잘 발휘하고 있는 한 자신의 존재를 잃어버리는 것만 같다. 도구들이 우리들의 손에 익으면 익을 수록 우리는 그것들을 자유자재로 사용할 수 있다. 우리들이 도구를 가장 잘 발견할 수 있을 때는 도구를 사용할 때이다. 무엇을 하기 위해 사용되는 도구는, 그것이 도구로서 잘 기능할 수 있으려면, 우리들의 손에 '익어야' 한다. 우리는 도구의 이러한 '손에 익음' 혹은 '손안에 있음'을 도구의 '도구 성격' 또는 도구의 '존재 양식'이라 부른다.

우리가 비록 못을 박기 위해 망치를 사용하긴 하지만, 이러한 사용이 맹목적으로 이루어지는 것은 아니다. 도구의 사용에는 그 사용을 주도하는 그 나름대로의 '눈'이 있다. 도구를 제대로 사용할 수 있으려면 그 도구가 어디에 사용되는 것인지를 알고 있어야 한다. 다시 말해 어떤 도구가 '……을 하기 위한 것'일 때 그것을 사용하는 사람은 그 도구에 속한 '위하여-연관'을 볼 수 있어야 한다. 그런데 우리는 못을 박기 위해 망치가 매우 편리하다는 것을 잘 알고 있다. 그러나 우리는 망치가 없는 경우에도 못을 박을 수 있다. 또 우리는 망치를 반드시 못 박는 데에만 사용하는 것도 아니다. 우리는 어떤 때 망치를 사용할 수 있는지를 잘 알고 있다. 우리는 망치를 가지고 할 수 있는 것들이 무엇인지를 잘 이해하고 있다. 우리는 망치의 이러한 다양한 사용 가능성을 볼 줄 안다. 우리는 이러한 '봄'을 '둘러봄'이라 부른다.

도구는 '……을 하기 위한 것'으로서 '손 안에 있음'에 의해 규정된다. 따라서 '도구'는 '……을 하기 위한 손 안의 것'이다. 손 안의 것은 그것의 '손 안에 있음'에서 자신을 숨긴다. 이때 손 안의 것으로서의 도구는 아무 불편 없이 잘 사용될 수 있는 상태에 있다. 그러나 도구로서의 망치가 부서졌거나 너무 무겁거나 사용하기에 불편하거나 할 경우에 망치는 비로소 사용자의 눈에 띄게 된다. 눈에 띈 이 망치는 못 박기에는 부적합한 것이다. 망치는 못을 박기 위한 것이다. 못 박는 것이 바로 망치질의 목적인 셈이다. 따라서 망치는 그 목적에 유용할 때만 망치로서 사용될 수 있다. 그리고 우리가 망치질을 통해 한 켤레의 구두를 만들어 냈다면, 그 구두도 결국 신기 위한 것인 한, 도구의 존재 양식을 갖게 된다. 만일 구두가 이러한 도구의 성격을 잃어버린다면, 우리는 아마도 그 구두를 내버릴 것이다. 따라서 도구나 그것에 의해 제작된 것들은 그 사용성에 근거해서만 존재할 수 있다.

그러나 망치라는 도구를 사용하여 한 켤레의 구두를 제작하기 위해서는 구두에 들어갈 재료들이 필요하다. 우리는 우리가 도구를 사용하여 어떤 물건을 만들 때 거기에 어떠한 '재료들'이 필요한지 이미 이해하고 있다. 구두와 같은 제품을 만들기 위해서는 가죽이나 실 등이 필요하고, 책상을 만들기 위해서는 나무가 필요하다. 이렇듯 제작이나 제작에 의해 만들어진 물건에는 재료의 '지시'가 놓여 있다.

사용사태 전체성과 거기-있음[현존재] 때문에

제작된 물건은, 그것이 신거나 책을 보기 위한 것일 때 그 나름대로의 '무엇을 위해'[쓰일 데]를 지시하고 있을 뿐만 아니라 특정의 무엇[재료]에 의해 제작된 것으로서 그 나름대로의 '무엇에 의해'[재료]를 지시하고 있다. 더 나아가 제작된 물건에는 그것을 만든 사람은 물론 그것을 사용하거나 이용하는 사람에 대한 지시가 놓여 있다. 따라서 우리는 제작된 물건을 통해 그 물건이 만들어지는 작업장의 세계는 물론 제작자와 사용자가 더불어 사는 공공의 세계까지도 만나게 된다. 물론 '세계'라는 낱말의 의미는 아직 불명료한 채로 남아 있다.

도구와 그것을 통해 제작된 물건과 같은 손 안의 것은 '지시'의 성격을 갖는다. 손 안의 것은 그것이 쓰여질 목적을 지시하며, 그것이 만들어진 재료를 지시하고, 그것을 만든 사람과 이용할 사람을 지시하며, 그러한 사람들이 살아가고 있는 세계를 지시한다. 도구의 '있음'[존재]은 '지시'의 구조에 의해 규정되어 있다. 도구는 그 자체에서 '지시되어 있음'의 성격을 갖고 있다. 도구로서의 망치는 못을 박는 데 사용되도록 지시되어 있는 셈이다. 예컨대 우리는 망치를 가지고 못 박는 데 사용하며, 못을 가지고 시계를 거는 데 사용하며, 시계를 가지고 시간을 보는 데 사용한다. 우리는 어떤 도구를 가지고 그것을 어디에 사용할 수 있는지를 안다. '어떤 것을 가지고 어디에 사용함'이라는 도구적 연관을 '사용사태'라고 한다. 도구는 그것[도구]을 가지고 어디에 사용할 수 있는 것이다. 바꿔 말해 도구는 그것이 사용될 수 있는 '어디에[목적]'에 대한 지시를 자체 내에 간직하고 있다.

따라서 '손 안의 것'의 '있음' 혹은 존재는 사용사태이다. 이것을 인간의 거기-있음[현존재]의 존재로서의 실존과 비교해 보라! 거기-있음[현존재]의 존재는 그의 존재에서 존재를 문제 삼는다. 그러나 도구와 같은 손 안의 것은 그것의 존재에서 결코 존재를 문제 삼을 수도 없고 그렇다고 문제 삼지 않을 수도 없다. 손 안의 것의 '있음'은 '무엇을 하기 위해' '어디에' '사용될 수 있음'이다. 그러나 이러한 사용사태는 그 자체로 독립된 것일 수 없다. 예를 들어, 망치의 사용사태는 못을 박는 데 있고, 못의 사용사태는 시계를 거는 데 있으며, 시계의 사용사태는 시간을 보는 데 있는 것과 같이 하나의 사용사태는 또 다른 사용사태와 연관되어 있다. 우리가 망치를 그것의 사용사태에 걸맞게 사용할 수 있으려면 우리는 사용사태의 이러한 전체적 연관을 잘 알고 있어야 한다. 망치의 사용사태 속에는 이미 못의 사용사태가 함께 이해되어 있다. 사용사태의 이러한 전체적 연관을 사용사태 전체성이라 한다.

그러나 '전체성'은 그 끝을 함축하고 있는 말이 아닌가? 그렇다면 모든 사용사태의 '끝'은 어디인가? 위에서 시계의 사용사태로서 제시된 것, 즉 '시간을 보는 것'의 사용사태는 어디에 있는가? 시간을 보는 것의 목적은 아마도 인간의 거기-있음[현존재]이 무엇을 잘 하기 위함일 것이다. 다시 말해 거기-있음[현존재]이 무엇을 잘 하려 하기 때문에 그는 시간을 보는 것이다. 거기-있음[현존재]은 그가 시간을 봐야 할 필요가 있기 때문에 시계를 사용하는 것이다. 시간을 보는 것과 같은 경우에는 도구로서의 시계를 사용하는 데서 나타나는 것과 같은 사용사태를 발견할 수 없다. 대신 시간을 볼 경우에 우리는 그것의 목적을 말하는 것보다는 그것의 이유를 말하는 것이 훨씬 자연스러워 보인다. 우리가 시계를 가지고 시간을 보는 목적은 거기에 또 다른 목적으로서의 사용사태가 있어서가 아니라 오히려 거기-있음[현존재]이 그 자신에게 문제되고 있는 어떤 '존재 가능성'을 염려하고 있기 때문이다. 거기-있음[현존재]은 주어진 시간 내에 자신이 해야 할 어떤 일을 성공적으로 끝마치려 하기 때문에 시간을 본다. '……을 하려 한다는 것'은 거기-있음[현존재] 자신의 존재 가능성, 즉 자신이 있을 수 있는 가능성을 염려한다는 것을 뜻한다. 따라서 거기-있음[현존재]이 시간을 보는 까닭은 그 자신의 '존재 가능성' 때문이다. 그렇다면 사용사태 전체성의 끝은 거기-있음[현존재] '존재 가능성'인 셈이다.

유의미성과 세계

사용사태는 그 '지시'의 구조에 근거하여 결국 거기-있음[현존재]의 존재 가능성 때문에 존립할 수 있는 것으로 드러났다. 거기-있음[현존재]은 자신의 존재 가능성 때문에 도구를 사용한다. 이때 거기-있음[현존재]이 배려하는 것은 사용사태에서 도구가 사용될 수 있는 '곳', 즉 '어떤 것을 가지고 어디에 사용함'의 구조에서 '어디에[목적]'이다. 자신의 존재 가능성이 문제가 되는, 즉 실존하는 거기-있음[현존재]에게는 이제 도구가 먼저 만난 다음 그 도구의 쓰임이 알려지는 것이 아니라, 오히려 거기-있음[현존재]은 자신이 배려하는 어떤 일, 즉 자신의 존재 가능성 때문에 도구를 사용하는 것이다. 거기-있음[현존재]은 사용사태의 '어디에'에서부터 사용사태의 '어떤 것을 가지고'를 발견한다. 거기-있음[현존재]은 예컨대 시계를 걸기 위해 못을 사용하는 것이다. 그러나 거기-있음[현존재]은 시계를 걸기 위해 못과는 다른 도구를 사용할 수도 있다. 시계를 걸기 위한 도구의 선택이나 발견은 거기-있음[현존재]의 이해의 폭에 달린 것이다. 이러한 사실을 통해 우리는 도구가 사용될 수 있기 위해선, 즉 도구가 도구로서 역할을 할 수 있기 위해선 거기-있음[현존재]이 자신의 존재 가능성을 배려하고 있어야 한다는 것을 알 수 있다. 거기-있음[현존재]의 배려함은 도구를 도구로서 존재케 하는 것이고, 그런 의미에서 도구를 도구로서 '사용케 함'인 것이다. 이러한 '사용케 함'은 존재론적으로 말하면, 모든 개개의 손 안의 것을 그것의 가능적 사용사태로 '자유롭게 내어줌'을 뜻한다. 거기-있음[현존재]은 자신이 만나는 모든 개개의 손 안의 것이 어떠한 사용사태를 갖는지를 이미 선행적으로 이해하고 있다. 여기서 선행적으로 이해하고 있다는 것은 거기-있음[현존재]이 '이미' 각각의 손 안의 것을 그것의 가능적 사용사태 전체성으로 '사용케 해왔다'는 것을 뜻한다. '이미 사용케 해왔음'이란 표현은, 거기-있음[현존재]의 존재 성격을 규정해 주는 것으로서, '선험적 완료'를 나타내는 것이다. 이 말은 거기-있음[현존재]이 어떤 도구를 가지고 그것을 어디에 사용할 수 있으려면, 언제나 도구를 사용사태 전체성으로 자유롭게 사용케 해왔어야 한다는 것을 뜻한다.

사용사태 전체성은 거기-있음[현존재]이 손 안의 것을 자유롭게 내주는, 즉 사용케 하는 '열린 지평'이다. 따라서 '사용케 함'이 손 안의 것을 사용사태 전체성으로 자유롭게 내줄 수 있으려면, 사용사태 전체성이 어떻게든 선행적으로 열어 밝혀져 있어야만 한다. 어떤 것이 '선행적으로 열어 밝혀져 있다'는 것은 그것이 이미 '이해되어 있다'는 것을 뜻한다. 그리고 사용사태가 손 안의 것의 존재나 '있음'인 한, 사용사태를 열어 밝히고 이해할 수 있는 존재자는 존재를 이해하고 있는 존재자, 즉 존재 이해가 그의 존재에 속해 있는 존재자, 즉 거기-있음[현존재]밖에 없다. 그런데 거기-있음[현존재]은 실존하는 존재자로서 '세계-안에-있음'이라는 존재 구성틀을 갖는다. 따라서 거기-있음[현존재]의 존재 이해에는 어떻게든 이미 세계에 대한 이해가 함께 속해 있어야 한다.

'세계-내-존재'로서의 거기-있음[현존재]의 '사용케 함'은 '어떤 손 안의 것을 가지고 어디에' 사용케 함이다. 따라서 '사용케 함'은 사용사태 전체성이 선행적으로 이해되어 있을 때에만 가능하다. 그리고 이 전체성과 더불어 결국 거기-있음[현존재]의 존재 가능성이 앞서 이해되어야만 한다. 예컨대 거기-있음[현존재]은 그가 약속 시간에 늦지 않으려 하기 때문에 시계를 통해 시간을 정확히 보려는 것이다. '세계-내-존재'로서의 거기-있음[현존재]은 이미 언제나 '자신이 하고자 하는 그 어떤 것 때문에' 특정의 사용사태를 갖는 '도구'를 사용하게 되는 것이다. 도구의 사용을 배려할 때 거기-있음[현존재]의 구체적 관심사는 그의 '존재 가능성'에서부터 도구의 '위하여-연관'으로 쏠리게 된다. 거기-있음[현존재]은 자기 자신에게 그의 '존재 가능성'에서부터 사용사태에서의 '어디에'로 그리고 다시 사용사태에서의 '도구'로 관심을 쏟도록 지시한다.

이러한 지시함을 통해 거기-있음[현존재]은 자신의 존재 가능성을 사용사태 전체성과 관련하여 이해할 수 있게 된다. 거기-있음[현존재]의 '존재 가능성'은 어떤 것을 하기 위한 '목적'을 지시하고, 이 목적은 그 목적에 적합한 '도구'를 지시한다. 여기서의 '지시함'에는 도구에서 보인 것과 같은 어떤 연관이 놓여 있다. 지시함에서의 연관의 성격을 '의미부여함'이라 부른다. 따라서 우리는 지시함의 방식을 의미부여함의 방식으로 바꿔 쓸 수 있다. 예컨대 거기-있음[현존재]의 '존재 가능성'은 '목적'에 의미를 부여하고, '목적'은 '도구'에게 의미를 부여한다. 따라서 우리가 만나는 모든 손 안의 것은 이미 거기-있음[현존재]의 존재 가능성에서부터 '의미부여된 것'이다. 이러한 의미부여함의 연관 전체를 '유의미성'이라 부른다. 이러한 유의미성이 바로 세계의 구조를 이루고 있는 것이다. 유의미성은 세계의 세계성이다.

이제 우리는 세계를 다음과 같이 규정할 수 있을 것이다. 세계는 도구가 '위하여-연관'이라는 지시 구조에 따라 그것의 사용사태 전체성으로 자유롭게 주어질 수 있는 '그곳'이자 거기-있음[현존재]이 자신의 존재 가능성 때문에 자신을 특정의 사용사태에 속해 있는 '도구'로 지시하는 '곳'이다.

의미부여와 세계

하이데거는 의미부여를 염두에 두고 세계를 규정한다. 세계란 의미가 부여된 전체이다. 나의 세계, 우리들 각자의 세계는 그 사람이 부여한 의미부여의 장이고 거기에는 그 사람에게 맞는 사용사태 전체성이 있다. 그러나 나의 세계는 나만의 세계로 끝나는 것이 아니다. 나의 세계는 반드시 우리의 세계이다. 나는 결코 내가 만든 나의 세계에 홀로 살 수 없다. 나의 세계에서 나 자신이 만들어 사용하는 모든 도구에도 이미 남의 손길이 묻어 있다. 하이데거가 세계-안에-있음이라 할 때 그 있음은 나 혼자 있음이 아니라 '더불어-있음'이고 '함께-있음'이다. 이와 같이 인간의 있음은 항상 남과 더불어 있음이다. 우리 개인들의 세계가 언제나 항상 우리들의 세계로 뭉치기 때문에 언어 소통에 아무런 문제가 없는 것이다. 우리의 세계를 묶고 있는 끈은 바로 말이다. 세계 구성원의 정체성을 형성해 주고 있는 것은 언어, 즉 모국어이다. 우리는 언어로 공동의 기반이 마련된 '삶의 그곳'을 공유하면서 그 속에서 만나는 모든 존재자에게 똑같은 의미를 부여하며 그것들에 대해 남들과 이야기하며 산다.

도구를 어떻게 사용하는가 하는 지침은 내가 그 도구를 처음으로 사용하는 데에서 주어지는 것이 아니라, 이미 도구 안에 어떻게 사용되어 왔음이 전제되어 있다. 하이데거는 이러한 사태를 '선험적 완료'라고 표현한다. 완료형은 '……해 왔음'이다. 『존재와 시간』에서 하이데거가 가장 많이 쓰는 표현은 '……해 왔음'이라는 과거 완료형이다. 도구에 대한 선험적 완료는 이미 '사용해 왔음'이다. 사용사태 전체성을 구성하는 '사용해 왔음'은 하나의 도구가 나에 의해서 경험되기 이전에 이미 그렇게 의미부여(고정)되어 있다는 것을 말한다. 나는 그 의미부여에 따라서 거기에 정해진 대로 그 도구를 사용하면 된다. 이처럼 인간의 세계는 내가 이제 처음으로 만들어 나가는 것이 아니라, 남들에 의해서 이미 의미부여된 그런 세계이다. 인간은 그 의미부여를 따라가면서 살아가는 것이다. 즉 누가 망치를 가지고 사람을 죽인다면, 그는 망치를 망치로서 제대로 사용한 것이 아니다. 하이데거는 이 '사용해 왔음'이라는 개념에서 자유롭게 내어줌이라는 해방적 진리의 현상을 보기도 한다. "진리가 너희를 자유케 하리라"는 성서의 말을 유비적으로 여기에 사용한다면, 망치를 제대로 사용하는 사람은 망치를 망치의 본질로 자유롭게 내어주고 있는 것이다.

이렇게 세계에는 선험적 완료가 있는데, 이것을 '이해의 지평'이라 한다. 어떤 것을 어떤 것으로 사용하게끔 규정하는 이해의 지평이 있는 것이다. 다시 말해 의미 전체를 두루 비춰주는 지평이 있는 것이다. 세계는 서로 다른 이해의 지평을 갖고 있지만 세계끼리는 서로 소통이 가능하다. 이렇게 세계가 서로 만나 이해의 지평이 혼합되고 융합되어 지평이 확장되는 '지평 혼융(지평 융합)'의 사건이 일어난다.

세계 간의 만남

하이데거가 인간을 거기-있음[현존재]이라 표현했을 때, '거기'란 다름이 아니라 세계다. 그래서 인간의 있음을 '세계-안에-있음'이라 할 수 있는 것이다. 즉, 거기-있음[현존재]이 그대로 세계-안에-있음이라고 할 수 있다. 인간의 있음은 나 혼자, 홀로-주체로 있는 것이 아니라 나의 의지와는 상관없이 거기에 내던져져 있는 것이다. 그 '거기에'는 나와는 아무 상관없던 세계이다. 나와 상관없다는 것은 내가 그 세계의 형성에 아무런 관여를 하지 않았다는 것을 의미한다. 세계는 이미 만들어져 있는 것이고, 나는 이미 만들어져 있는 세계 안에 누구의 자식으로 아무런 선택의 여지없이 내던져진 모습으로 탄생하게 된다. 이와 같이 인간의 거기-있음[현존재],

즉 세계-안에-있음이란 이미 만들어져 있는 세계-안에 있음이다.

이것이 현사실성, 곧 내던져져 있음의 차원이다. 그러나 인간은 이러한 내던져져 있음을 순전히 수동적으로 그리고 운명적으로 받아들이고만 있는 것이 아니라 그것을 떠맡아서 살아 나가야 한다. '사실성'이라는 말은 '바꿀 수 없는 확정된 사실'을 뜻하는 것이다. 그러나 여기에서 말하고 있는 '현사실성'이란 '바꿀 수 없는 사실'이 아니라 내가 그 사실을 떠맡아서 그것을 나의 사실성으로 받아들여 존재할[살] 때, 나는 그 사실을 바탕으로 하여 새로운 것을 만들어 나갈 수 있음을 의미한다.

따라서 현사실성이란 단순히 내던져져 있음을 수용하여 운명적으로 순응해 나가는 것이 아니라, 그 사실로부터 무언가 새로운 것을 만들어 나가는 것을 말한다. 인간의 세계는 확정된 세계가 아니다. 인간은 비록 처음에는 나와는 상관없는 세계에 내던져져 그 세계의 논리와 문법을 배우면서 살아 나가지만 차츰 이 세계를 나의 세계, 우리들의 세계로 이해하면서 세계 형성에 함께 참여한다.

하이데거가 강조하는 것은, 인간은 자신의 처해 있음을 자신의 존재의 과제로 떠맡아야 한다는 것이다. 인간 이외의 사물들에게는 그 존재[있음]가 그냥 주어져 있지만(gegeben),

인간에게는 그 있음이 존재해야 하는 과제로 주어졌다(aufgegeben)는 것을 하이데거는 부각시킨다. 처해 있는 상태가 우리들의 발목을 잡고 있는 경우가 많이 있다. 예를 들어 『오체불만족』의 저자와 같은 상황은 한 인간에게 비극적인 것이지만, 저자는 비극적인 상황을 극복하여 자기 나름대로의 만족스러운 세계를 만들었기 때문에 많은 사람의 존경을 받는 것이다.

이렇게 결단을 통해 독특하게 만들어낸 그 나름의 실존의 세계를 보고 우리는 비극적인 상황에 굴복하지 않은 그 사람을 존경하게 된다. 이와 같이 끊임없이 세계를 형성해 나가는 데에는 자기가 가지고 있는 것, 자기가 처해 있는 상황에서 가능성을 일궈내 그 가능성을 구현시키려는 지속적인 노력이 있다. 여기에서 우리는 '일상의 세계'와 대비되는 '실존의 세계'에 관해 논의할 수 있을 것이다. 즉 하이데거는 우리가 그저 내던져져 있는 존재일 뿐 아니라 동시에 존재가능, 가능존재, 존재할 수 있음이라고 말한다. 인간에게 중요한 것은 존재가능, 즉 '존재할 수 있음'이다. 존재할 수 있음의 가능성을 찾아내는 것은 결국 얼마만큼 자기가 처해 있는 상황을 자기 것으로 의식하고 거기에서 많은 가능성을 일궈내는가에 달려 있다.

인간의 세계란 투명한 것처럼 보인다. 우리는 우리가 살고 있는 세계를 투명하다고 생각한다. 그리고 우리는 우리 앞에 있는 존재자들을 투명하게 직접 대하고 있다고 생각한다. 그러나 앞에서도 이야기했듯이 현대 철학의 발견은 우리가 인식·관찰·직관을 통해 투명하게 모든 것을 직접 본다는 직접성이 사실은 직접성이 아니라 일종의 간접성이라는 데에 있다. 인간만이 가지고 있는 이러한 간접성을 헤겔은 '매개된 직접성'이라고 칭한다. 우리는 존재자들의 모양이나 형태에 대해 말할 때, 직접 보고 직접 그 존재자에 관해 말하는 것으로 생각하지만, 이때의 직접성은 강아지 한 마리가 그것을 볼 때 얻게 되는 그런 직접성과는 근본적으로 다르다. 인간이 경험을 통하여 얻게 되는 직접성은 매개된 직접성인데, 이때 매개는 언어에 의해 이루어진다.

비트겐슈타인은 철학의 임무를, '파리를 파리병에서 끌어내오기'에 비유한다. 파리는 파리병에 한 번 갇히면 밖으로 나올 수 없다. 파리 주위가 온통 투명한 유리병이기 때문에 파리는 출구가 어디인지를 알아보지 못하고 보이는 대로 거기가 출구이겠거니 하고 날아들다 유리병 벽에 부딪쳐 혹만 얻게 된다. 비트겐슈타인은 지금까지 철학의 문제란 파리병 안의 파리처럼 언어라는 벽을 모르며 직접 현실에 뛰어들어 날뛰다가 얻게 된 혹과 다르지 않다고 말한다. 그는 이런 식으로 철학을 비유했다. 이제까지 인간은 바깥에 있는 현실을 직접 손으로 잡고, 눈으로 본다고 생각했다. 그러나 사실은 바깥에 있는 현실과 우리 인간 사이에는 (유리병과 그 안에 있는 파리처럼) 언어라는 보이지 않는 투명한 벽이 가로놓여 있다. 그 병이 매개이며, 그것이 세계와 우리 사이를 매개한다. 그러므로 우리가 투명하다고 생각하는 세계는 언어로 짜인 의미의 그물망이다.

훔볼트는 "언어는 세계를 보는 눈이다"라고 말했다. 즉 우리는 언어를 통해 세계를 보는 것이지 순전히 우리의 육체적인 눈만을 통해서는 세계를 보지 못한다. 우리에게는 언어라는 '보이지 않는 투명한 그물망'이 있는 것이다. 따라서 우리는 언어라는 투명한 그물망이 매개해주는 것만을 본다고 할 수 있다.

이미 앞에서 우리는 "현대가 존재를 둘러싼 거인들의 싸움터이다"라고 말했다. 존재자 전체로의 침입, 존재이해의 지평과 관련하여 20세기 들어서서 서구적인 해석과 동양적인 해석, 그리고 한국적인 해석이 한판 싸움을 벌였지만 서양의 해석이 완승을 거둠으로써 동양적 존재해석, 존재이해는 참패를 당하고 말았다고 할 수 있다.

인간의 공동체 세계는 언어로 짜여 있다. 그러기에 프랑스 철학자 라캉(Jacques Lacan, 1901~81)은 "언어는 무의식의 가능조건이다"라고까지 말했다. 즉 언어는 우리들의 의식의 밑바탕에 깔려 있어 의식을 보이지 않게 통제하고 조절하는 무의식이라는 것이다. 외국에 나가 생활할 때 얼마나 그 나라 말에 익숙해져 있는가 하는 것은 그 나라 말로 꿈을 꿀 수 있는가에 따라 가늠될 수 있다. 이렇게 이미 언어가 모든 것을 결정하고 있는 셈이다. 세계란 언어로 짜인 그물망이며 언어로 짜인 그물망은 그 언어에 의해서 이미 의미부여된 세계를 투영하고 있는 것이다. 세계에는 사물들의 세계가 있는데 이 사물들의 세계에 인간의 목적과 의미가 개입되어 사물들을 짜임새 있는 전체로 만든다. 인간이 있기 전에는 짜임새 있는 전체란 없었다. 그러므로 인간이 전체를 짜임새 있게 엮었다고 할 수 있다. 인간이 전체로 엮어내는 것이 바로 세계(우주, Kosmos)이다. 그리고 이 세계를 엮어내고 만드는 틀은 바로 언어이다. 따라서 언어와 세계는 서로 뗄 수 없는 연관 속에 있다. 세계의 지배권을 둘러싼 싸움이 '언어를 둘러싼 강대국의 싸움'인 이유가 여기에 있다.

유럽 사람들은 근대 말까지 자기들의 세계만이 유일한 세계라고 보았다. 마찬가지로 동아시아 중국인은 자신들의 세계를 '중화'라 하여 자기들의 세계만을 중앙에 있는 유일한 중심세계로 보고 나머지는 다 변방의 오랑캐 정도로 보았다. 18~19세기 조선의 실학자들이 서양 사람들이 작성한 세계지도를 보고 놀랐던 이유가 여기에 있다. 이전에는 중국이 세계의 중심이고 자신들은 중심 가까이에 살고 있다고 위안 받으며 살았는데, 이 환상이 여지없이 와르르 무너져 내렸다. 서양에서도 마찬가지였다. 콜럼버스의 신대륙 발견 이후 유일한 세계관이 깨져 버렸다.

그러나 서양인들은 이러한 발견을 다른 세계가 있다는 것을 인정하는 계기로 삼기보다는 그들의 세계를 확장하는 계기로만 생각했다. 따라서 그들은 정복의 야욕을 공공연하게 선교, 계몽, 파견 등의 미사여구로 포장해 미개 나라, 야만 민족을 깨우쳐야 하는 것이 인류 문명사적 과제라는 명분을 내세우면서 다른 세계를 침략하여 식민지로 만들기 시작했다. 그들에게는 세계를 형성하는 것은 곧 세계를 확장하는 것이었다. 세계 확장에서는 오직 점령과 지배가 있을 뿐이다. 서양인들이 다른 세계를 인정하는 것은 자신들의 세계가 분열되었을 때뿐이다. 제1세계, 제2세계의 구분은 서양인들끼리의 이데올로기 싸움으로 이루어졌다. 즉 헤겔 이후 마르크스가 등장하고 산업혁명 이후 계급질서가 무너지면서 기존의 신분질서가 새로운 계급질서로 통합되어 가는 과정에서 자본주의 체제에 따른 자유민주주의 체제를 선택할 것인가, 아니면 모든 사람들이 평등하다는 사회주의 체제를 선택할 것인가라는 이념의 싸움이 일어났던 것이다. 이러한 이념 대립의 결과로 하나였던 세계가 분열하여 제1세계, 제2세계로,

그리고 동서로 나뉘게 되었다. 그리고 거기에 속하지 않는 세계를 일컬어 제3세계라고 통칭하게 되었다.

그러나 20세기 후반에 이르러 포스트모더니즘이 유행하면서 제1세계는 일류국, 제2세계는 이류국, 제3세계는 삼류국이라는 평가는 반발에 부딪히게 되었다. 즉 모든 세계는 모두 나름대로 중심이라는 주장이 대두됨으로써 서양 중심으로부터의 해방에 관한 논의가 이루어지게 되었다. 각 세계마다 중심으로 인정되면서 그 중심의 핵인 언어를 중심으로 민족이 형성되고 민족을 중심으로 국가가 형성되며, 이렇게 형성된 국가가 가장 이상적인 국가라 할 수 있다. 즉 언어와 핏줄과 국가가 같은 것이 가장 이상적인 국가이다. 20세기 후반 들어 세계는 이와 같이 재편되고 있다.

다시 말해 자기가 가지고 있는 세계를 남에게 강요하는 것이 아니라, 세계가 여럿임을 인정하고 같이 살아야 하는 것, 그것이 곧 다원주의 혹은 다중심 사회라고 할 수 있다. 더 이상 세계는 하나라고 쉽게 말할 수 없는데, 왜냐하면 하나의 가치, 하나의 문화, 하나의 화폐, 하나의 언어가 그 의미 안에 섞여든다면, 거기에는 보이지 않는 제국주의가 숨어 있는 것이기 때문이다. 사실 '문화제국주의'란 이전처럼 총과 칼을 앞세운 제국주의가 아니라, 문화가 어느 곳에서나 반발을 받지 않고 쉽게 침투하여 생활방식과 사유태도를 바꿀 수 있다는 데에 착안한 전략적 세계 공략이라 할 수 있다. 그러므로 세계는 하나라는 것이 문화까지도 하나로 만드는 것이라면, 이는 사실 인류의 죽음을 의미하게 되는 것이다.

타고르는 "인류가 획일화되어 문화적·철학적·종교적으로 하나가 된다면, 아마 하느님은 제2의 노아를 준비할 것이다"라고 말했다. 이는 지구촌이 모든 면에서 획일화로 유지된다면 그것이 곧 인류에게는 파멸이고 재앙이라는 말이다. 현대에서 인류가 가장 경계해야 할 것은 문화·사상·종교의 획일화이다. 이것이 세계관과의 만남에서 주시해야 할 점이다. 그러나 문명끼리는 어차피 만날 수밖에 없는 것인데, 이것을 단지 체제의 충돌 혹은 문명의 충돌로만 볼 것인지, 아니면 배울 수 있는 점은 배우고 줄 수 있는 것은 주는, 서로를 포용함으로 보아야 할 것인지가 중요한 문제로 부각된다. 서로를 인정하고 포용함, 그것은 곧 '살림의 원칙'이라 할 수 있다. 살림의 원칙을 생활화하는 인간살이는 바로 '살림살이'이다.

다원주의 시대에 우리가 살아나가야 할 삶의 원칙과 문법은 남을 죽이고 점령하고 소유하고 굴복시키는 것이 아니라, 남과 더불어 사는 대동(大同)의 삶이어야 할 것이다. 우리 민족은 애초부터 소위 가정경제를 살림살이라고 이름했듯이 '살림'을 생활해 왔으며 종교적으로도 서로를 인정하며 살아갈 줄 알았다. 그래서 지금 이 땅에는 온갖 세계 종교들이 다 어깨를 맞대고 공존하고 있다. 그것은 우리의 심성과 언어가 그러했기 때문에 가능했다고 할 수 있다. 우리말은 모든 것을 살려주는데, 그것은 우리말의 장점이자 단점이 된다. 즉 우리 스스로 지키지 않는다면, 우리는 중심을 잃어버리게 된다. 왜냐하면 우리는 모든 것을 살리자는 심성과 언어를 가지고 있기 때문이다. 이것이 우리가 다른 나라 사람들과 다른 특성이다.

21세기는 더 이상 정복의 시대가 아니라 다중심, 다원주의의 공존과 화합의 시대이다. 이러한 시대에 우리의 살림살이의 논리와 원칙이 이 시대에 더 합치되는 것으로 각광을 받을 수 있는 가능성이 부각되고 있다. 문제는 다른 나라에서 이를 받아들이는가에 달려 있다. 그래서 결국 지식인들이 머리를 맞대고 새로운 대안을 모색하려고 노력해야 하며, 우리 측에서 우리 삶의 원칙을 다른 나라 사람들에게 설득시키는 과제를 떠맡아야 한다. 그것이 바로 이 땅의 지식인들이 해야 하는 과제이다. 우리는 다른 나라의 문화, 사상, 유행을 더 이상 무비판적으로 받아들이던 수동적인 태도에서 벗어나, 우리 스스로 중심을 잡고 주체적으로 우리의 세계를 형성해 나가야 하는 임무를 부여받고 있다. 우리의 독특함이 무엇인지, 그리고 우리가 가지고 있는 것 중에서 세계에 내세울 수 있는 것이 과연 무엇인지를 우리 스스로 판단해야 한다. 그러기 위해서는 세계를 알고 우리 자신을 알아야 한다.

철학에서도 마찬가지로 '존재를 둘러싼 거인들의 싸움'은 결국 사상을 둘러싼 싸움이다. 이제까지 우리는 철학이라면 곧 서양 철학이라고 배워 왔다. 그러나 이는 서양이 그들의 세계가 유일한 세계라고 했을 때 나올 수 있는 말이다. 다른 문화권에서는 다른 식의 사유함, 다른 식의 철학함이 있을 수 있다면, 서양에서는 그들이 가지고 있던 좁은 철학개념을 이제는 넓게 확장시켜야 한다.

예를 들어, 독일의 철학자 볼파르트(G. Wohlfart)는 동양을 여행하며 동양의 사유를 배우려고 노력하고 있다. 이제 더 이상 서양세계는 철학을 서양철학이라고만 생각해서는 안 된다. 철학사 또한 서양철학의 울타리 안에만 가두어 놓아서는 안 된다. 사실 이것은 서양인들이 인정하기 어려운 일이다. 예를 들어 20세기 후반 영국에서 나온 철학사는 현대철학을 소개하면서 19세기 말~20세기 초에 걸친 영국철학만을 소개하고 있다. 독일철학으로는 칸트, 헤겔 정도 소개되고 있을 뿐, 마르크스조차 언급하지 않았다. 흄, 버클리, 무어 등 그들의 철학자들만이 이야기되고 있는 것이다. 이것은 프랑스 철학사에서도 마찬가지인데, 프랑스어권 밖에서는 고작 니체 정도만 소개되고 있는 형편이다. 독일도 마찬가지인데, 독일에서는 철학이라 하면 독일철학밖에 인정하지 않는다.

이와 같이 '세계는 하나'라는 '세계 전체'를 포괄할 수 있는 철학에 관심을 가져야 할 지식인들조차 그들의 시각을 좁게 가두어 두고 있는 것이 사실이다. 왜냐하면 그들이 이제까지 가지고 있던 모든 기득권을 버리고 새로운 것을 수용하며 배우는 것이 쉽지 않기 때문이다. 새로운 것을 배워 자신의 철학함의 지평을 넓혀 보려는 열린 사람은 지극히 소수에 한정되어 있을 뿐이다.

지금 세계를 지배하는 것은 자유민주주의와 기술과 과학, 그리고 자본주의 시장체제이다. 이것들은 모두 유럽에 근원을 두고 있다. 따라서 세계는 지금 유럽적인 것이 지배한다고 말할 수 있다. 이에 '철학=유럽철학'이라는 등식은 현상학적으로 보아 틀리지 않다고 할 수도 있다. 이런 서양인들을 설득시키기 위해서 우리는 스스로 노력해야 한다.

일상세계와 실존세계

일상세계와 말

일상세계에서도 중요한 것은 말, 언어이다. 언어에는 네 가지 요소가 있다. 첫째는 말걸이(대화에서 이야기되고 있는 사태나 사물), 두 번째는 말의 내용(이야기된 말이나 발언), 세 번째는 다른 사람과 대화하면서 함께 나눔, 마지막으로는 자기를 알리는 것이다. 이것이 하이데거가 『존재와 시간』에서 말[언어]의 요소로 꼽고 있는 네 가지 구조계기이다. 예를 들어 '백조는 희다'라는 문장이 있다고 가정하면, 이것은 말의 내용이다. 우리는 '백조'(말걸이)에 대해 '희다'라고 말한 것이고 이것이 명제이다. 그런데 '백조는 희다'에서 말이 걸리고 있는 것은 바로 백조이다. 이때의 백조는 낱말로서의 백조가 아니라 실제 존재하는 새로서의 백조이다. 백조가 '흰' 것에 대해서 우리는 말을 한 것이다. 그런데 말은 거기에서 끝나는 것이 아니다. 우리는 누군가와 함께 백조의 흰 것에 대해 이야기를 나누고 있는 것이다. 말하는 사람[말하미]과 듣는 사람[들으미]이 말의 내용을 함께 나누고 있는 것이다. 함께 나눔이라는 것은 말하는 사람이 어떤 내용을 말함으로써(단순히 사물의 속성에 관해 말하는 것이 아니라) 하나의 사태에 대해 말하는 것이다. 말하는 사람은 그렇게 말하면서 알게 모르게 자기 자신의 기분이나 처지, 또는 자신의 세계를 드러낸다. 이와 같이 언어에는 이 네 가지 요소가 언제나 항상 붙어 다닌다. 우리가 설령 침묵 속에 어떤 것을 속으로 말하고 이해한다고 해도 거기에는 어떠한 요소들이 잠깐 가라앉아 있을 뿐 네 가지 요소는 거기에도 뗄 수 없는 것으로 항상 같이 있다. 우리는 언제나 다른 사람들과 어떤 사태나 사물에 관해서 어떠하다고 말하면서, 그것에 관해 어떤 점을 함께 나누며 말하는 가운데 자기 자신을 드러낸다는 것이 하이데거가 언어의 특징으로 이야기하고 있는 것이다.

이러한 논의를 한 걸음 발전시킨 사람이 하버마스이다. 하버마스는 '의사소통 행위이론'이라는 독특한 이론을 만들어냈다. 우리가 이야기한 내용과 관련지어서 논의할 수 있는 것은 하버마스도 언어현상에서 주목해야 할 네 가지를 주장하고 있다는 점이다.

첫째로, 언어는 '이해 가능'해야 한다. 즉 우리가 표현하는 모든 것은 우리에게 이해될 수 있는 단어와 말로써 들어와야 한다는 것이다. 언어가 언어의 형태상의 차원, 기호론적인 차원, 문법상의 차원에서 언어로서 이해될 수 있는 것이어야 한다는 말이다.

두 번째는 '진리성'이라 할 수 있다. 이것은 언어가 말하는 것, 예를 들어 '백조는 희다'라고 말했을 때, 그 말의 내용이 그것에 대해 이야기하고 있는 사태와 일치해야 한다는 것이다. '백조는 희다'라고 말할 때 백조가 사실로 희어야만 한다. 그래야만 그 말이 참이라고 할 수 있다.

세 번째는 말하는 사람의 '진실성'이 전제되어야 한다. 진리성과 진실성은 구별되어야 한다. 이를테면 남을 속이기 위해서 진리를 말할 수도 있는 것인데, 이것은 올바른 의사소통이 될 수 없다. 하버마스는 말하는 사람의 진실성을 중시한다. 왜냐하면 사태에 관한 진리라는 것은, '백조는 희다'라고 했을 때, 거기에서 오직 백조의 흰 것만 이야기될 뿐 그 외 나머지 사실에 대해서는 전혀 이야기가 되고 있지 않다. 즉 거기에서는 하나의 사태에 대해 아주 일부분만을 드러내 보여 주고 있을 뿐이다. 따라서 그렇게 일부분에 대해 말하면서 전체에 대해 말하는 것처럼 말하는 사람이 사태를 왜곡시킬 수 있는 가능성이 있다. 그래서 말하는 사람의 진실성이 중요한 관건이 된다. 말하는 사람의 진실성은 진리성과 뗄 수 없는 관계에 놓여 있다.

네 번째로 하버마스는 '정당성'을 들었다. 이것은 사회성과 관련이 있다. 하나의 명제, 즉 '백조는 희다'라는 명제는 문맥(Context)에 맞아야 하고 이 문맥은 전체 텍스트에 맞아야 하며, 전체 텍스트는 그것이 지시하고 있는 실제 상황인 삶의 맥락에 맞아야 한다. 그래서 언어에 관한 연구를 보면, 한쪽으로는 기호론적인 차원을 중시하여 문법으로서의 언어, 기호로서의 언어를 연구하는 문법학(Grammatik), 기호학(Semiotik), 문장론(Syntaktik) 등이 있다. 다른 한편 진리성을 부각시켜 실제와 언어와의 관계, 즉 낱말이 가지고 있는 의미는 무엇인가를 연구하는 의미론(Semantik)이 있다. 진실성을 따지는 것은 소위 화용론적 차원(Pragmatik)이 될 수 있다. 그리고 화용론에서는 사회성도 중시하고 함께 다루고 있다. 정당성에서는 현재의 사회만 문제되는 것이 아니라 사회의 정체성, 즉 역사도 문제가 된다. 다시 말해 거기에는 역사와 문화가 밑바탕에 깔려 있다. 역사와 문화가 깔려 있는 언어의 콘텍스트를 생각하면, 이것은 해석학적 차원(Hermeneutik)이라 할 수 있다. 이렇게 언어에는 여러 다양한 관계들이 서로 복잡하게 얽혀 있다.

잡담

하이데거가 일상의 세계에서 다루고 있는 것 가운데 첫 번째는 '잡담'이다. 앞에서는 말의 실질적이고 형식적인 구조에 관해 살펴보았다. 말은 네 가지 요소를 가지고 있어야 한다고 했다. 그런데 거기에서 두 가지만, 즉 말한 것과 함께 나눔[전달]이 강조되고 나머지가 무시될 때 그 말함은 '잡담'이 된다. '잡담'에도 무언가 말하는 것은 있다. 그러나 이때 '잡담'으로 말해지는 것은 그것이 사태와 일치하는가 그렇지 않은가는 확인되지 않는다. 그저 들은 것을 계속 남에게 전할 뿐이다. 따라서 애초에 대화에서 거기에 관해서 말하고 있었던 그 사태는 모두 잊은 채로 '그것'에 관해서는 알려고도 하지 않고, 다만 말이 말을 낳는 결과만을 만들어갈 뿐이다. 예를 들면 유언비어, 유비통신, 표절, 베껴 쓰기 등의 경우가 그런 것들이다. 하이데거는 일상의 세계에서 가장 많이 자행되는 것이 '잡담'이라고 지적한다.

세계는 언어의 그물망이며, 해석의 그물망이다. 구조적으로 본다면 말의 그물망이라 할 수 있다. 그러나 말은 고정되어 있는 것이 아니라 구체적인 인간이 구체적인 공간과 시간 안에서 어떤 것에 대해서 말하는 것이기 때문에 말은 언제나 일종의 해석인 셈이다. 우리가 우리말로 무엇인가를 말할 때, 이미 그 말함은 일종의 해석이다. 따라서 말함에서 우리가 어떤 해석을 따르는가 하는 물음이 대두된다. 모든 세계는 이미 그 나름대로 해석되어 있다. 우리는 대개 전체적으로 해석되어 있음을 특정의 분위기(기분, Stimmung) 속에서 만난다. 우리가 갖는 특정한 기분 속에서 이미 세계는 해석되어 우리에게 펼쳐진다. 이 해석은 일상성의 방식으로 전개되며 이러한 일상의 해석을 주도하고 있는 것은 '그들(사람들, das Man)'이다.

논의를 되돌려 보면, 하이데거는 그의 철학을 시작하면서 인간의 독특한 있음(거기-있음, 세계-안에-있음)을 '실존'이라고 규정했다. 그는 이 실존에 두 가지 의미를 부여하는데, 하나는 '존재해야 한다'는 '존재이행'이고, 다른 하나는 각자 자기의 존재를 존재해야 한다는 '각자성'이다. 인간은 각자 자기의 존재를 떠맡아서 존재해야 하는데, 하이데거는 이를 '실존'이라고 규정한 것이다. 각자 자기의 존재를 존재하는 것이 바로 '실존의 세계'이다. 그러나 사람들은 흔히 '일상의 세계'에서 각자 자기의 존재를 존재해야겠다는 결단 없이 '그들[사람들]'이 하는 대로 따라 살 뿐이다. 이것을 하이데거는 『존재와 시간』에서 실감나게 표현하고 있다.

"우리는 남들이 즐기는 것처럼 즐기며 좋아한다. 우리는 남들이 보고 판단하는 것처럼 읽고 보며 문학과 예술에 대해 판단한다. 우리는 또한 남들이 그렇게 하듯이 '군중'으로부터 물러서기도 한다. 남들이 격분하는 것에는 우리도 '격분한다.'. '그들'은 어떤 특정한 사람들이 아니고, 비록 총계로서는 아니더라도 모두인데, 이 '그들'이 일상성의 존재양식을 지정해주고 있다." 여기에서 '남들'은 특정한 타인이 아니며 눈에 띄지 않는 타인, 나도 바로 그 타인에 속하는 타인, 그래서 그야말로 규정되어 있지 않은 타인이다. 이런 불특정 다수로서의 타인에 대해 하이데거는 다음과 같이 말했다.

"사람들이 타인들에게 속한 고유한 본질적인 귀속성을 은폐하기 위해서 그렇게 이름하고 있는 '남들'이 곧 일상적인 서로 함께 있음에서 대개 '거기에 있는' 그들인 것이다. 그 '누구'는 이 사람도 저 사람도 아니고, 사람들 자신도 아니며, 몇몇 사람들도 아니고, 모든 사람의 총계도 아니다. 그 '누구'는 중성자[불특정 다수]로서 '그들'(세인, 사람들)이다."

이미 우리는 '거기에', 즉 '세계'에 있는데, 이 세계는 내가 만든 것이 아니라 이미 만들어져 있는 세계이다. 이미 만들어져 있는 세계를 지배하는 삶의 논리는 사실 '그들'의 논리이고, '그들'의 해석되어 있음이며, '그들'의 언어이다. 이러한 '그들'의 언어가 바로 '잡담'이다. 하이데거는 이와 같이 우리는 대개 '그들' 속에 태어나서 '그들'의 논리에 따르면서 산다고 말한다. 많은 사람들이 일상의 세계에 안주하면서 실존의 세계에 대한 아무런 고민 없이 그렇게 살다가 죽는다. 왜냐하면 그 일상의 세계가 편안하기 때문이다. 일상의 세계가 우리에게 보장하는 것은 안정감, 편안함, 포근함이다. 우리는 남들이 하듯이 하면 안심할 수 있다. "가만히 있으면 중간은 간다"는 우리말도 있듯이 '그들'의 논리가 우리를 휘어잡고 있는 것이다. 해방 이후 우리들의 지난 삶은 그야말로 '그들'의 논리에 휘둘린 전형적인 일상의 삶이었다. 예를 들어 우리 가운데 퍼져 있는 '생각하면 골치가 아프다'라는 말은 문제를 곰곰이 따지고 생각하며 해결하려 하기보다는 그저 빨리 잊어버리는 것이 상책이라는 사고방식이며, '가만히 있으면 중간은 간다'는 말은 각자로 존재함이라는 실존적 결단을 가로막고 적당히 살기를 권장하는 삶의 문법이다. 그리고 '말 많으면 빨갱이'라는 말은 우리의 말함을 틀어막는 효과적인 통제장치였다.

'그들[사람들]'의 논리와 불안

이렇게 '그들'의 논리 안에서 우리들은 생각하지도 말고, 두드러지게 부각되어서도 안 되며, 하물며 말조차 하지 못하고 살도록 틀지어졌던 것이다. 이런 것들이 바로 철저한 '그들[사람들]'의 논리이다. '그들'의 논리에서는 적당한 거리를 유지하게 한다. '그들'이 주는 논리는 포근함으로 우리에게 다가든다. 가정 같은 포근함, 가정 속에서 느낄 수 있는 안정감과 유대감과 편안함이 '그들'의 세계에는 있다. 그리하여 우리들은 가정 같은 일상성으로부터 벗어나려는 노력을 하지 않는다. 오히려 일상성이 무너지면 겁을 낸다. 그때 생기는 것이 바로 '불안'이다. 일상의 세계, '그들'의 논리 안에서 사는 사람들이 가장 두려워하는 것은 '불안'이다. 불안을 느끼는 사람은 불안으로부터 벗어나고자 술을 마시기도 하고 잡담을 하기도 한다. '그들'과 비슷해질 때 '불안'은 사라진다. 곧 자기도 '그들' 속에 속해 있고 '그들'과 다르지 않음을 확인할 때 '불안'은 사그라진다. 하이데거는 이렇게 불안감이 없이 사는 사람을 철저하게 '그들' 속에 빠져 살고 있는 사람이라고 한다.

하이데거는 '불안'이 피어오르도록 그대로 놔두라고 권고한다. 불안 속에서 우리가 대면하는 것은 결국 자기 자신이다. 막연한 불안감 속에서 사람들이 가장 두려워하는 것은, 바로 가장 보기 싫은 나 자신을 발견하는 것이다. 그래서 나 자신으로부터 도망을 다니다가 문득 그 '나'와 맞닥뜨릴 때, '나'는 소스라쳐서 돌아서려 한다. 이때 온몸을 섬뜩 스치고 지나가는 것이 바로 불안이다. 누군가가 그렇게 멍하니 쭈뼛쭈뼛하는 '나'에게 "왜 그러느냐?"고 물으면 '나'는 "아무것도 아니다"라고 대답한다. 그렇다! '나'는 옳게 대답했다. "불안 속에서 내가 불안해하는 그것은 사실 아무것도 아니기" 때문이다. 그러나 중요한 것은 바로 이 '아무것도 아님'이다. 그것은 내가 여태 매달려 있던 '그들'의 논리와, 내가 여태까지 빠져 있던 사물, 도구, 취미들에 비추어 보면 분명 결코 그런 것이 아니다. 그래서 우리가 정신없이 그런 존재자에 매달려 있을 때 불안은 생기지 않는다. 그래서 우리들은 끊임없이 일거리, 볼거리를 찾아다닌다. 우리는 끊임없이 "바쁘다, 바빠!" 하며 살아가면서 아예 불안이 일어나지 못하도록 조치를 취한다. 그것은 곧 자기를 망각하기 위한 조치인 셈이다.

하이데거는 '불안'이란 어디로부터 도망을 가는 것인데, 도망가고자 하는 것은 다름 아닌 '나 자신'이다. 이때 내가 거기에서 도망가려는 바로 그 '나'가 사실은 '본래의 나'라고 하이데거는 말한다. 더 이상 안전함, 편안함, 포근함에 머물러 있지 않을 때 불안은 다가오며 우리는 화급하게 도망하게 되는데, 그 도망은 우리가 본래적으로 존재할 수 있는 가능성을 함축하고 있음을 보여주는 것이다. 따라서 하이데거는 불안을 그 자체로 마주 대할 수 있는 용기, 곧 '불안에 대한 용기'를 가져야 한다고 말한다. 불안에 대한 용기를 갖는 사람은 자신을 대면하는 사람으로서 자신이 어떻게 살아야 할지를 생각하는 사람이다. 그 사람은 그 동안 자기가 매달려 있던 것들이 사실 아무런 의미가 없다는 것을 깨닫는 사람이다. 이 아무것도 아님이 곧 '무(無)'인데, 아무것도 아님을 깨닫는다는 것은 그가 그간 매달려 왔던 것들이 다 부질없는 것으로 무화(無化)되는 것을 의미한다. 그때 비로소 나는 그들 속에 푹 빠져 있는 것으로부터 나 자신을 되찾을 수 있고, 나 자신을 대할 수 있으며, 나 자신을 스스로 택할 수 있게 된다. 이것이 바로 '결단'이다. 그러나 사람들은 결단을 계속 유보한다. 하이데거는 안절부절못함을 불안의 표식이라 하면서 이제 안절부절못함을 제거하려 할 것이 아니라 안절부절못함 속에서 자신을 대해야 한다고 말한다.

자기 자신의 문제

세계는 존재하는 것들의 가능성이 열려 있는 영역이다. 세계성은 우리가 만나는 존재자들이 발견될 수 있는 지평이다. 이러한 지평은 자기 자신의 존재 가능을 위해 존재하는 존재자가 있기 때문에 열릴 수 있다. 이제 자기 자신을 위해, 자기 자신 때문에 존재하는 거기-있음[현존재]이 맺고 있는 자기 자신의 문제를 살펴보자. 사물이 세계 내에서 어떤 것으로서 발견된다는 것은 그것이 거기-있음[현존재]의 존재 가능을 위한 그 나름대로의 의미를 갖고 있다는 것을 뜻한다. 사물은 자기 자신 때문에 존재하는 어떤 거기-있음[현존재]이 있기 때문에, 어떤 것으로 발견될 수 있다. 그러면 '자기 자신 때문에' 존재한다는 것은 무엇을 의미하는가?

이러한 실존의 의미를 밝히기 위해서는 실존성(Existenzialität)의 의미를 앞서 밝혀야 한다. 인간이 하나의 세계 안에 실존하고 있다는 사실과 더불어, 세계 내부의 존재자[4]의 존재뿐만 아니라 거기-있음[현존재]의 존재도 밝혀져 있다. 인간은 그가 관계를 맺고 있는 대상으로서 존재자의 존재를 이해하고 있다. 자기 자신에서 문제가 되는 것은 본래성과 비본래성이다. 인간이 자기 자신과 본래적으로 관계하는지 아니면 비본래적으로 관계하는지가 문제인 것이다.

그러면 나 자신의 존재는 어떻게 이해해야 하는가? 거기-있음[현존재]은 궁극적으로 자기 자신 때문에 존재한다. 거기-있음[현존재]의 존재함과 더불어 사물들도 그것들의 존재로 인해 자유롭게 내어지고 있다. 이것은 거기-있음[현존재]이 존재자에게 세계와의 친숙함에서부터 의미를 부여하고 있다는 것을 말한다. 거기-있음[현존재]이 세계 내부적 존재자들과 현사실적으로 친숙해 있는 까닭은 그가 자기 자신의 존재 가능성을 염려하고 배려하기 때문이다. 이러한 친숙함의 가능 조건은 세계가 열어 밝혀져 있음이다. 인간은 존재가 열어 밝혀진 거기에 있으며, 인간과 더불어 세계가 개방되어 있는 것이다.

인간의 거기-있음[현존재]이 '자신'으로 존재함을 주제로 하여 거기-있음[현존재]을 파악해보자. 우리가 따라야 할 것으로서 실존 이념은 각자성과 존재 이행의 측면을 갖는다. 거기-있음[현존재]에서 문제가 되는 것은 가능 존재로서의 그의 고유한 실존, 즉 자기 자신으로 존재해야 하는 것이다.

그러나 우리는 '자기 자신'을 어떻게 이해해야 하는가? 거기-있음[현존재]이 자기 자신 때문에 존재한다는 그 자기 자신은 무엇인가? 세계-안에-있음으로서 현존하는 자기 자신은 과연 누구인가? 그리고 인간의 거기-있음[현존재]은 누구 때문에 존재하는가? 세계-안에-있음의 주체는 바로 '나'이며, 이러한 거기-있음[현존재]은 바로 각자성의 나 때문에 존재하는 것이다. 여기서 '나'란 보통 '자아'로서 표현되는데, 자아란 모든 관계맺음과 체험의 변화 속에서 동일한 것으로 보존 유지되면서 그 다양성과 관련을 맺는 것을 말한다. 이러한 자아란 자립성 또는 주체로서 표현되기도 한다. 이러한 자아는 또한 자기 자신의 존재인 행위의 주체로서의 나에 대한 반성을 통해서 이를 수 있는 것이다.

철학자들은 주체로서의 나보다 의심의 여지가 없는 것은 무엇인가 하고 질문해 왔다. 데카르트 이후의 근대철학에서 '자아'는 칸트, 헤겔, 후설로 이어지는 철학적 전통에서 문제시되어 온 것이었다. 여기서 하이데거가 문제시한 것은 과연 나로서 자기 자신을 이해하는 것이 그렇게 자명한가 하는 것이다. 즉 일상의 거기-있음[현존재]의 주체는 내가 아닐 수도 있다고 생각해 봐야 한다는 것이다.

거기-있음[현존재]은 자기 자신에 대한 가장 가까운 대꾸로 "그게 바로 나야", "그것을 한 것이 바로 나야"라고 말하지만, 사실은 바로 그 자신이 아닌 그때에 가장 큰소리로 그렇게 말하고 있다. 이것은 바로 인간의 독특한 비본래적인 존재 방식을 보여준다. 거기-있음[현존재]은 제각기 그때마다 본래적으로 또는 비본래적으로도 존재한다. 거기-있음[현존재]은 자기 나름대로 어떤 방식으로 존재할지 이미 결정해 왔다. 거기-있음[현존재]에게는 그의 존재에서 바로 이 자기 자신이 문제가 된다. 이 '자기 자신'이 미래에 자신이 되어야 할 바를 뜻하는 것이라면, 거기-있음[현존재]은 자기 나름대로 자신의 존재 가능과 관계를 맺고 있는 셈이다. 거기-있음[현존재]은 각기 자기 자신의 존재 가능 때문에 존재한다. 다시 말하면, 각자가 그것 때문에 존재하는 자기 자신의 존재 가능이 바로 거기-있음[현존재] 자신이라고 할 수 있다.

사르트르가 이 문제에서 하이데거의 영향을 받아 쓴 책이 『존재와 무』이다. 사르트르는 말하기를, 사물은 그것이 무엇인 바의 존재로서 즉자존재이고, 인간은 그것이 무엇인 바 그것이 아닌 존재로서 자유로운 존재라고 한다. 일상적인 인간은 자기가 무엇인가 하는 것이 정해져 있지 않기 때문에 불안하다. 인간에게 자유는 가장 견디기 어려운 고통이다. 사르트르의 이러한 말은 인간이 되어야 할 것은 각자가 결정해야 하는데, 그것이 가장 어려운 일이고 고통스러운 일이라는 것이다. 일상적인 현상 속에서 자기 자신을 본다면, 인간들 대부분은 자기 자신 때문에 사는 것이 아니라 오히려 사람들(das Man)의 눈에 맞추어 산다. 하이데거는 그들 자신(das Man)의 특성 몇 가지를 들고 있다.

첫째, 획일성 또는 '평준화'이다. 다른 사람이 살고 있는 것과 자신이 살고 있는 것이 같을 때 인간은 평안함을 누린다. 인간은 삶의 의미가 같은 곳에서 안심할 수 있다. 살고 있는 모습이 동일하기를 바라는 점이 바로 인간이 원하는 것이다.

그들 자신이 가지고 있는 두 번째의 특성은 세계-안에-있음의 규범적 역할을 하는 '공공성'이다. 규범이란 모든 사람이 그렇게 해야만 하는 것으로 이해되듯이, 세계를 보는 것도 모든 사람이 그렇게 보는 방식으로 봐야 한다는 것이다. 이럴 경우 자기 자신에 대해서 책임을 질 필요가 없어지고 존재의 부담이 없어진다. 즉 '그것' 때문에 살아야 하는 '그것'을 남에게 맡겨 버리는 것이다. 존재의 부담이 없다는 것이 바로 그들 자신(das Man)의 세 번째 특성이다. '그들' 자신에게서는 자립성 혹은 주체성이란 찾아볼 수가 없다.

일상적인 거기-있음[현존재]이 그것 때문에 살고 있는 '그들 자신'은 비본래적인 자기 자신이다. 그것 때문에 살고 있는 것은 '그들 자신'이 아니라 '자기 자신'이어야만 바로 본래적인 자기 자신이 된다. 세계 발견 지평이 자기 자신인데, '자기 자신'이 '그들 자신' 때문에 살고 있으므로 '그들 자신'이 세계의 발견 지평이 된다.

하이데거는 『존재와 시간』에서 말하기를 "거기-있음[현존재]의 세계는 만나는 존재자를 그들이 친숙해 있는 그런 사용사태 연관의 전체성으로 자유롭게 내주는데, 이것은 보통의 균등성에 의해 한정된 한계 안에서 이루어진다"고 했다. 사물은 도구 전체성에서 파악되는데, 이 도구 전체성은 어떤 것에 연관되어 있으며, 이것을 사용사태 연관성이라 한다. 이 사용사태 연관성이 밝혀지는 곳이 바로 세계인 것이다. 현사실적 거기-있음[현존재]은 평균적으로 발견되는 공동세계 안에 존재한다. 우선 '나'는 고유한 자신의 의미로서 '나'가 아니며 오히려 '그들'의 방식으로 사는 사람이다. 거기-있음[현존재]은 우선 '그들'이고 대개는 그렇게 남아 있다. '그들'은 비본래적인 실존의 양상이고 이 양상 안에서 거기-있음[현존재]이 자기 자신의 가능성을 이해하지 못하는 것이다. 오히려 자기 자신의 가능성이 '그들'에 속하기 때문에 존재의 부담을 덜고 있다.

사물의 발견 지평은 거기-있음[현존재]이 자기 자신을 이해하고 있음이며, 이러한 자기 자신의 어떠함에 따라 사물이 어떻게 발견되는가가 결정되는데, 하이데거는 이를 가리켜 '밝혀져 있음'이라고 한다. 거기-있음[현존재]은 '밝혀져 있다'고 해야 하는데, 거기-있음[현존재]의 거기에(Da)가 바로 '밝혀져 있음'이다. 이 '밝혀져 있음'이 바로 발견의 지평이고, 자기 자신으로 존재하고 있는 그 거기-있음[현존재]의 '거기에', 거기-있음[현존재]에서부터 자기 자신이 밝혀져 있는 것이다.

자기-자신과 그들-자신 : 본래성과 비본래성

하이데거는 나를 위해 있는 사물의 세계에서 계속 의미를 부여하는 것은 곧 자기 자신 때문에 그런 세계를 만들어 나가고 있는 '나'라고 한다. 여기에는 '……때문에'라는 구조가 들어 있다. 인간만이 '자기 자신 때문에' 산다. 하나의 의자는 인간의 의지에 맞추어서 여기에 놓여 있는 것이지 자기 자신 때문에 있는 것이 아니다. 인간은 다른 어느 누가 그에게 목적과 의미를 부여해 주어서 사는 것이 아니라, 그 자신이 어떻게 살아야 할지, 어떻게 존재해야 할지를 결정한다. 인간은 바로 '자기 자신 때문에' 그렇게 결정을 내리는 것이다. 이렇게 '자기 자신 때문에, 자기 자신을 위해서' 살아가는 사람을 실존적인 사람이라 하며, 그러한 자신을 '본래적인 자기 자신'이라고 한다.

다시 말해 자기 자신을 위해 자기 자신이 결정을 내리면서 자기 자신의 존재를 염려하고 어떻게 살아야 할지를 끊임없이 걱정하며, 미래의 가능성을 오늘에 곱씹으며 결단을 내리며 살아가는 사람이 본래적인 실존이다. 이러한 생각을 이어받은 신학자가 곧 폴 틸리히(Paul Tillich)이다. 인간은 끊임없이 '근본결단'을 내리도록 재촉 받는다. 근본결단이라는 칼날 위에 서서 이것이냐 저것이냐를 결정해야 한다. 결단을 내리지 않고 '그들'이 하라는 대로 사는 사람은 자기 자신을 따르는 사람이 아니라 '그들-자신'을 따르는 사람이다. 곧 일상의 세계 속에서 '그들'이 하듯이, '그들'이 살듯이, 그렇게 살아가는 사람들은 '자기 자신' 때문에 사는 것이 아니고 '그들-자신' 때문에 사는 것이다. 어떤 것을 선택하는 데 나름대로 자기가 결정했다고 큰소리치지만 사실은 '그들'에 의해서 결정된 것을 뒤따라 하면서 자기가 선택한 것으로 착각하고 있는 것이다.

특히 현대에 와서 일상의 세계는 보이지 않는 권력의 그물망에 의해서 통제되는데, 푸코는 이를 '지식 권력'이라고 한다. 푸코의 위대함은 흔히 그렇듯이 권력 개념을 거시적인 관점에서 보지 않고, 오히려 우리를 보이지 않게 통제하고 지배하고 있는 것은 욕망을 욕망으로 조절(조종, 통제)하는 미시권력임을 보았다는 데에 있다. 현대인은 자기가 원하고 있는 것을 행하고 있다고 행복한 자유감에 도취되어 있지만 누군가가 그의 욕망을 조종하고 있다는 것은 보지 못한다. 보이지 않는 힘에 의해 인간의 욕망구조가 조작당하고 있으며, 현대에 들어서 그 보이지 않는 힘은 우리들 삶의 구석구석을 통제하고 있다. 푸코는 이것을 '지식 권력', '미시 권력'이라고 보았다.

1926년에 이미 『존재와 시간』을 통해서 발표된 하이데거의 일상세계 분석은 현재를 살고 있는 우리에게도 중요한 시사점을 던져주고 있다. 이러한 분석에 충격받은 사람은 1960년대 말 혁명의 철학을 주장한 허버트 마르쿠제(Herbert Marcuse)였다. 마르쿠제가 『존재와 시간』에서 가장 놀랐던 부분은 바로 '그들'의 논리, '일상의 세계'에 대한 분석이었다. 그것을 나름대로 자기 것으로 만들며 쉽게 풀어 쓴 책이 그의 『일차원적 인간』이다. 그러나 마르쿠제는 나치에 입당한 하이데거에 몹시 실망하고 만다. 마르쿠제는 혁명의 철학을 논하는 자리에서 혁명의 주체는 하이데거가 보듯이 어떤 개인의 실존적인 결단이 될 수 없다고 보았다. 그는 혁명의 주체는 어떤 특정한 계급집단이 될 것이라고 생각하고, 처음에는 한 사회에 동화되지 않고 사회에 주변인으로 남아 있는 아웃사이더들을 주목했다. 이들은 한 사회에서 통용되고 있는 '그들'의 논리에 반항하고 '그들'의 논리에 거부하는 방식으로 기존의 세계를 변화시키고 있다고 본 것이다. 따라서 마르쿠제는 처음에는 노동자를 그 주체로 보았다가 배부른 미국의 노동자가 '그들'과 다르지 않음을 확인하고서는 히피족에게 기대를 걸어본다. 그러나 히피족도 혁명에 대한 열정이나 조직력이 없어 아무런 희망이 없음을 알게 되면서, 다음으로 학생을 그 주체로 보기에 이른다. 이렇게 하여 마르쿠제는 1960년대 후반 학생운동의 기반을 마련하게 된다.

'자기 자신'과 '그들 자신'을 마무리 지으면서 우리는 하이데거가 『존재와 시간』에서 던지고 있는 메시지는 실존으로 살아야 한다는 것이라고 요약할 수 있다. 그러나 우리는 사실 '그들'의 지배로부터 벗어날 수 없다. 인간은 우선 대개 '그들'의 세계에 태어나서 '그들'의 지배 속에 살다가 '그들'처럼 죽는다. 대개의 경우 우리는 '그들'의 논리에서 포근함과 안정감을 느끼며 살다가 죽는다. 결단을 내려 자기 자신으로 살려는 사람들은 위대한 사람이라 할 수 있다. 하이데거는 그러한 위대한 사람으로 철학자, 예술가, 정치가를 든다. 다시 말해 하이데거가 말하는 위대한 사람이란 민족적 거기-있음[현존재]으로서 민족이 부여받은 역사적 사명을 깨닫고 민족적인 결단을 내려서 국가와 민족의 흐름과 가능성을 바꾸어 놓는 사람들이다. 이 점에서 하이데거가 나치의 등장에서 그러한 가능성을 보았던 것으로도 생각할 수 있다. 그러나 하이데거가 생각한 나치와 실제의 나치는 달랐기 때문에 하이데거는 10개월 만에 프라이부르크 대학의 총장직을 사임한다. 그렇지만 그 결단은 잘못된 것이었으므로 하이데거의 일생 내내 따라다니게 된다. 하이데거는 전쟁이 끝난 후, 실존적 결단의 거기-있음[현존재]에서 정치가를 제외시킨다. 하이데거는 정치가를 '그들'의 논리를 교묘하게 이용하고 '그들'의 논리에 파묻혀서 사는 사람들로 생각하게 되었다. 이후 하이데거는 시인과의 대화를 통해서 새로운 철학함의 길을 모색해 나간다.

'그들'의 지배

'그들'의 지배 아래 있음의 특징은 평균성, 공공성, 존재부담(책임감) 면제라고 요약할 수 있다. '그들'의 논리가 가장 못 참는 것은 잘난 체라고 할 수 있다. 인간의 심리란 참으로 묘한 것이어서 거리가 있으면 그것을 못 참고 같아지려고 버둥거리다가도, 자기가 조금 앞서 가면 그 거리감을 지킴으로써 기득권을 유지하려고 별의별 수단을 동원한다. 그렇게 끊임없이 앞으로 뒤로 거리감을 없애면서 동시에 유지하려고 한다. '그들' 속에 사는 사람들의 독특함은 이렇게 어느 정도의 차이는 유지하면서도 거리를 없애려 하는 것으로 나타나게 된다. 여기에서는 이것을 평균성, 평준화라고 표현하는데, 더 나아가면 그것이 획일화되는 것이고 그러한 면이 마르쿠제의 『일차원적 인간』에서 확연히 부각된다. 평균화, 평준화가 되면 공공성이 도덕으로 된다. 이렇게 '그들'은 공공성을 들먹이면서 모든 것을 지배해 나갈 수 있게 된다. 그 예로 '여론'을 들 수 있다. 존재부담 면제에 관해서는 정치인들을 예로 들 수 있다. 누구도 자기 잘못은 없고 모든 것이 구조적 잘못이라는 식으로 모든 책임을 다른 것에 전가할 뿐 스스로 책임지려 하는 사람이 없다. 정치인들은 언제나 자기는 책임지지 않고 모든 탓을 '그들'의 탓으로 돌리고 만다. 하이데거는 '그들' 자신 때문에 사는 삶을 비본래적인 삶이라 하고, 실존적인 자기 결단을 통해서 사는 삶을 본래적인 삶이라고 명명한다.

이제 잠깐 '호기심'을 살펴보자. 한마디로 '그들'의 시각을 호기심이라 할 수 있다. 동서양을 막론하고 봄, 시야, 시각이 중요시되어 왔다. 이를테면 하이데거는 우리가 일상적 도구를 다룰 때 사용하는 시각을 '둘러봄'(이전 철학에서는 실천이라고 함.)이라고 한다. 그간의 우리들은 이론과 실천을 구별하여 마치 실천에는 시야가 없는 것처럼 이야기했지만, 그는 실천에도 시야가 있다고 말한다. 하이데거는 실천의 시야는

'둘러봄'이라 하고, 이론의 시야 즉, 학문의 시야는 '바라봄'이라고 한다. '둘러봄'은 끊임없이 무언가를 찾아 사용하며 그것을 어디에 어떻게 사용하는가 하는 점에서, 바로 그 사용하는 물건과 사용하는 곳을 찾기 위한 시각이다. 우리는 모든 것을 우리 가까이에 두고 사용한다. 따라서 '둘러봄'에는 막힘과 거리낌이 없다. 이 '둘러봄'의 시각이 무언가에 의해 방해받았을 때 '둘러봄'은 이제 '바라봄'이 된다.

다시 말해, '그것을 가지고 어디에' 사용하기 위해서 그것을 보는 것이 아니라 다만 '바라보기' 위해서 보는 것이다. 예를 들어 망치를 못을 박기 위해 보는 것과, 사용 용도를 잃어버린 부러진 망치를 보는 것은 다르다. 관찰은 학문, 이론의 시작이라 할 수 있는데, 거기에는 더 이상 사용 용도, 사용 목적이 중요하지 않고 보임새가 중요시된다. 즉 겉모양, 형태 등이 부각된다.

호기심은 '둘러봄'도 '바라봄'도 아니며 그저 보임새라는 겉모양에만 관심이 있다. 그래서 끊임없이 새로운 보임새만을 찾는다. 본 것은 이미 싫증난 것이 된다. 무언가를 이해하기 위해서 어디엔가 머무르며 보는 것이 아니므로 호기심은 모든 것을 늘 새로운 것으로 갈아치우면서 어디에도 머무르지 않고 부지런히 돌아다닌다. 다시 말해, 호기심이란 이해하기 위해서나 관찰하기 위해서 또는 사용하기 위해서 보는 것이 아니라 그저 자기 것으로 점찍기 위해 본 것으로 만족하는 그런 '봄'이라 할 수 있다. 우리말에도 모든 동사에 대해서 '봄'을 추가하는 호기심적인 차원이 있다. 예를 들어 '먹어보다', '맛보다', '걸어보다', '취해보다' 등이 그것이다.

호기심이 가지고 있는 독특함은 어느 한 곳에 머물지 않고 끊임없이 날아다니는 것이라고 말할 수 있다. 이것은 집중되어 있지 않고 계속 흩어져 있는 상태를 말하는 것이다. 앞에서 설명했던 잡담은 이야기되고 있는 말걸이, 즉 대상 그 자체에 관해서는 관심이 없고 다만 말해진 것에만 관심을 보인다. 잡담은 이렇게 말해진 것에 자기의 말을 덧붙여 나감으로써 근원으로부터는 더욱더 멀어져 가게 된다. 잡담에서는 거짓이 눈덩이처럼 불어날 뿐이다. (예 : 풍문, 소문, 유언비어, 표절 등) 말이 어떤 것을 전달하는 것이라면, 잡담에서는 이야기되고 있는 말걸이로서의 사태와는 관련이 없이 오히려 그것과 계속 멀어질 뿐이다. 하이데거의 독특한 표현을 빌린다면, 말은 '존재케 함'이다. 앞에서 이야기했듯이 시인들의 말은 사물을 사물로서 존재케 한다. 따라서 시인들의 말은 존재를 낱말 속에 세우는 것이라고 할 수 있으며, 낱말 안으로 존재를 정립하는 것이라 말할 수 있다.

이와 같이 말이 갖는 독특함은 사물을 사물로서 존재케 함이다. 그러나 잡담에서는 이러한 '열어보임'과는 반대개념인

'닫아버림'이 성할 뿐이다. 잡담을 통해서는 이야기되고 있는 것에 대해 계속 거짓말을 퍼뜨리기 때문에 이야기가 되면 될수록 우리는 그것에 관해서는 더욱 거리가 생기며 더욱 모르게 될 뿐이다. 따라서 잡담에 대해서는 '닫아버림', '뿌리 뽑힘'이라는 표현을 쓰게 되는데, 호기심은 이러한 것들을 거들고 있다고 할 수 있다. 따라서 호기심과 잡담이 한데 어우러지면, 애매함이 판을 치게 된다. '애매함'이란 어떤 것도 확실하지 않음을 말한다. 우리는 서로 모르면서 아는 체하며 말할 뿐이다. 애매함이 기준이 되어서 말은 계속 겉돌게 된다. 그렇게 되면 세계는 더욱 본래의 상태에서부터 멀어지게 된다. 하이데거는 이러한 전체의 상황을 '빠져 있음'이라고 부른다. 인간은 '그들'의 논리와 '그들'의 해석되어 있음에 빠져 있어서 '그들'이 말하는 대로 말하고, 생각하듯이 생각하고, 판단하듯이 판단하며, '그들'이 살아가는 대로 살아가게 되는 것이다.

'빠져 있음'의 상태는 일종의 서로 함께 있음, 남과 더불어 있음이라는 독특한 있음의 방식이다. 남과 더불어 '그들'처럼 있다는 있음의 방식은 매력적이고 안정적이고 기분을 고조시키는 경향이 있다. 그러나 그것은 자기 자신을 망각한 채 유행을 따라다니며 모든 사태를 닫아버리고 근원에서부터 멀어지기 때문에 자기 자신에 대해 소외적이다. 하이데거는 이렇게 고향[근원]을 떠나 사태로부터 멀어져서 소용돌이처럼 끊임없이 휘몰려 다니는 상태를 '빠져 있음'이라고 한다. 이 빠져 있음에는 떠맡음도 없고 결단도 없으며 계속 남에게 미룸만이 있다. 이것이 바로 일상의 세계이다.

과학, 일상, 실존의 세계

하이데거의 세계에 대한 논의를 확장시켜서 구체적인 세계에 대한 논의를 시도해보자. 우리는 하이데거가 비판하고 있는 과학의 세계를 볼 필요가 있다. 거기에서는 과학적인 엄밀함, 합리성, 투명성, 동일성 등이 지배하고 있다. 즉 서양의 철학은 'A=A'라는 동어 반복적인 동일성의 원리에 의해 지배된다고 할 수 있는데, 이것은 같은 것만 남겨두고 차이는 제거해버리는 방법적인 절차를 뜻한다. 이런 동일성의 원리는 획일성의 논리와 맞아떨어지게 된다. 그렇게 맞아떨어지는 것이 합리적인 것이라 간주된다. 모든 감추어져 있는 것을 들추어내어 투명하게 만들고 설명해 버림으로써 신비나 수수께끼와 같은 것이 설 자리를 아예 없애버리는 것이 과학의 세계이다.

그러나 하이데거는 과학의 세계는 생활세계에 뿌리를 두고 있다고 말한다. 다시 말해 과학의 세계는 일상의 세계에 뿌리를 내리고 있는 것이다. 과학의 세계는 흔히 논리학이 지배하고 있으며 일상의 세계는 삶의 문법이 지배하고 있다. 그런데 일상의 세계는 과학의 세계와는 달리 우리가 몸을 가지고 있음(신체성)을 인정한다. 그리고 공공성과 익명성이 일상의 세계가 과학의 세계와 다른 독특한 성격이라 할 수 있다. 물론 과학의 세계에는 신체는 없고 오로지 보편만이 있을 뿐이다.

하이데거는 과학의 세계가 일상의 세계에 뿌리를 내리고 있는데, 과연 우리에게는 이렇게 과학의 세계와 일상의 세계만이 있는가 하는 물음을 던진다. 하버마스 식으로 말한다면, 생활세계가 과학의 세계에 의해서 식민지화되고 있으므로 생활세계를 과학의 세계로부터 해방시켜야 한다고 말한다. 이것이 바로 하버마스의 의사소통 행위이론이라 할 수 있다. 이렇듯 하버마스는 우리가 지향해야 할 세계를 일상의 세계로 보면서 남과 더불어 억압받지 않는 대화의 상황을 이루어야 한다고 강조한다. 하버마스의 논의에 의하면, 이러한 억압받지 않는 대화 상황 속에서 자기 의견을 이야기하고 남의 의견을 듣고, 의견이 맞지 않을 경우 계속되는 담론과 토론을 통해서 합의를 도출해 나가야 하며 도출된 합의는 모두가 지켜야 한다. 이러한 논의에서는 당연히 진리는 합의일 수밖에 없다. 이것을 대단히 민주적이라 예찬하는 사람도 있겠지만, 과연 진리가 다수결로 결정될 수 있는가 하는 물음을 우리는 던져야 할 것이다. 여기에는 진리를 본 사람이 한 사람일 경우 진리를 보지 못한 다른 많은 사람들에 의해(다수결 원칙에 의해) 한 사람이 본 진리가 거짓으로 바뀔 수도 있는 위험이 도사리고 있다. 하버마스 논의에 의하면 모든 것은 다수결로 결정된다. 거기에는 현대와 같은 다원적인 세계에서 다수결 결정이 가장 좋은 삶의 문법이라는 생각이 깔려 있다.

그러나 하이데거는 일상의 세계가 우리가 살아가는 통상적인 삶의 방식이긴 하지만 그것이 우리가 목적으로 삼고 지향해야 할 바람직한 삶의 모습은 아니며, 더욱이 본래적인 삶의 모습은 아니라고 지적한다. 그래서 하이데거는 본래성과 비본래성을 구별한다. 하이데거는 일상의 세계가 우리가 지향해야 할 본래적인 것은 아니라고 한다. 이전에도 철학에서는 본래성과 비본래성에 관한 문제가 끊임없이 제기되어 왔다. 예를 들어 플라톤의 이데아의 세계와 현실의 세계 등, 이런 식의 구도는 내내 있어 왔다.

그러나 하이데거는 이것을 인간의 삶의 방식, 존재의 양태와 관련지어서 논의했는데, 이점이 그의 독특함이다. 하이데거는 일상의 비본래성을 지적하며 인간은 그와 같은 비본래성에서 벗어나 실존의 세계를 살아야 한다고 말한다. 실존의 세계에서는 결단의 순간이 중요하다. 하이데거는 결단을 내림으로써 '그들'의 논리로부터 벗어나 스스로 자기 자신의 상황을 떠맡고, 거기에서부터 자기 자신의 독특한 가능성을 찾아 그 가능성을 자기 자신의 가능존재로 여기고, 거기로부터 새로운 자기 자신의 삶(새풀이)을 만들어 나가야 한다고 주장한다. 이것이 바로 실존의 세계이다. 하이데거가 말하는 실존의 세계는 내용적으로 다른 형태의 어떤 세계를 보여주기보다는 형식적인 구조를 보여줄 뿐이다. 그렇다면 실존의 세계는 어떤 모습인가? 하이데거는 처음에는 정치가, 예술가, 사상가들의 삶을 그 예로 들었지만, 나중에는 주로 예술의 세계에 관심을 가졌다.

예술, 종교의 세계

내 나름대로 해석을 해보면, 하이데거가 예술의 세계에서 강조하려 했던 것은 '그늘'이라고 생각한다. 다시 말해 과학의 세계에서는 투명하게 모든 것이 드러나는 밝힘이 강조되었다면, 예술의 세계에서는 '그늘'과 '은닉'을 강조한다고 보는 것이다. 하이데거는 '존재(있음)'라는 말이 모든 것이 똑같이 있음을 뜻하는 것이 아니며, 거기에서 본래적 존재(있음)와 비본래적 존재(있음)를 구별해야 한다고 말한다. 그렇다면 본래적 존재(있음)란 무엇인가? 전통철학은 본래적 있음이란 변하지 않고 지속적으로 있는 것이라고 말한다. 그것은 이데아와 같이 영원한 것이다. 그러나 하이데거는 이제

'존재(있음)'를 동사적으로 생각할 것을 주문한다. 이제까지 '있음'은 정태적이었고, 실제적인 '있음'이 정태적이기 때문에 불변하는 것이었다. 그리고 변화하는 '있음'은 지금까지의 철학에서는 거짓 또는 가짜라고 보았다. 그것은 비존재이다. 존재는 변화하지 않는 이데아, 지속성, 항상성이라는 성질을 갖는 것이다. 이러한 변화하지 않는 것을 알아볼 수 있는 것은 오로지 이성뿐이었으며, 이러한 존재가 최고도로 이루어진 것은 결국 신 안에서이다. 그래서 신은 존재 자체이고 본질 자체로 이해되었던 것이다. 이후 중세를 거쳐서 근대로 오면서 이 존재자의 자리에 인간이 들어서게 된다. 존재란 일정한 자리를 차지하고 소유하며 점령하면서 물러서지 않고 지속적으로 영원히 거기 머물러 있는 것이다. 이제 그 자리에 인간이 들어앉아 마치 신처럼 모든 것을 지배하게 되기에 이른 것이다. 서양 철학에서는 존재 안으로 들어오지 않는 것들은 모두 제거해버렸는데 그것이 바로 '무(無)'이다. 즉 존재 속에 없는 것은 '무'라는 것이다. 나중에는 이성적으로 설명될 수 없는 모든 것들이 다 이 '무' 속으로 편입되기에 이른다.

따라서 서양의 역사는 존재 중심의 역사이며 그것은 '무' 제거의 역사라고 할 수 있다. 그러나 인간이 없다고 모두 제거해버린 것이 사실은 없는 것이 아니다. 그리고 현대는 어떻게 보면 그렇게 서양이 없는 것으로 제거해버린 '무'가 반란을 일으키고 있는 시대이기도 하다. 이를테면 그것이 생태계 파괴와 같은 현상으로 우리에게 자신의 모습을 드러내고 있는 것이다. 존재(있음)를 동사적으로 보면, 그것은 변하지 않고 지속적으로 있는 것이 아니라 시간 속에 있는 것이다. 존재(있음)를 동사적으로 생각하면 이는 곧 '시간 속에 있음'이다. '시간 속에 있음'은 '없음'을 전제로 한 있음으로, '없음'에서 나와서 잠시 있음에 머물다가 다시 '없음' 속으로 들어가는 있음이다. 따라서 '시간 속에 있음'에는 항상 '없음'과 '있음'이 함께 이어져 있다. 그리하여 그것은 '없이 있기'도 하고 '있이 없기'도 하는 것이다.

우리는 흔히 시간 속에 있지만 우리 눈에 보이지 않는 것을 본질(Wesen)이라 하는데, 하이데거는 그 본질도 동사적으로 볼 것을 요청한다. 동사적으로 보면 본질(Wesen)은 '없이 있는 것'으로, 있기는 있되 우리 눈에는 보이지 않는 것이다. 눈에 보이지 않게 있으면서 그것(본질)은 끊임없이 존재[있음]를 떠받치고 있다. 존재(Sein)는 시간 속에 드러나 있는 것인데, 존재가 있기 위해서는 '없이 있는' 본질(Wesen)이 그 존재(있음)를 뒤에서 떠받치고 있어야 한다. 따라서 '없이 있음'은 '있는 것'을 있게끔 하고 자신은 숨는 것이다. 하이데거는 이를 '존재 자체'라고 말한다. 우리가 보고 있는 것은 모두 존재자인데, 존재자를 존재자로서 보기 위해서는 존재가 존재자를 그 앞에 내세우고 자기 자신은 숨기고 있음이 전제됨을 우리는 알아야 한다. 유비적으로 자연과 자연 사물을 들 수 있다. 자연은 자연 사물이 아니다. 그러나 자연 사물이 있기 위해서는 자연이 있어야 한다. 마찬가지로 존재하는 것(있는 것)이 있기 위해서는 바로 그 존재(있음)가 있어야 한다. 드러난 것들이 드러난 것들로 있기 위해서는 드러난 것을 드러나게 하고 자기 자신은 숨기는 존재(있음)가 있다.

이것이 하이데거가 존재(있음)를 동사적으로 생각하라고 요청하는 요지이다. 동사적으로 존재함(있음)은 시간 속에 있음이며, 그것은 자기 자신을 전부 내보일 수 없다. 그것은 항상 숨겨져 있다. 하이데거는, 역사는 존재가 자기를 내주는 '존재[보냄]의 역사'라고 말한다. 존재가 끊임없이 자기 자신을 내주는 것이 존재의 역사이지만, 거기에는 주는 것보다 숨기는 것이 더 많음을 간과해서는 안 된다.

예술의 세계에서는 예술가들이 바로 이 '숨김'을 보는 것이다. 있는 것을 드러내고, 강조하고, 설명하는 과학의 세계에 반해 예술의 세계에서는 오히려 있는 것에 가려져서 없는 것으로 간주되고 있는, 그리하여 우리의 시각이 그리로 향하지 않는 것을 부각시킨다. 따라서 예술의 세계에서는 '차이'와 '무' 그리고 '성스러움'이 강조된다. '무' 제거의 역사에서 가장 먼저 사라진 것은 바로 '신'이었다. '신'은 없는 것 중에서도 가장 없는 것이기 때문이다. '신'은 없이 있다. 예술의 세계에서 강조하는 차이, 무, 성스러움은 이성적인 것이 아니기 때문에 이성의 눈으로는 거기에 도달할 수 없다.

실존의 세계로 전향 : 양심과 불안

어떻게 하면 일상의 세계에서 실존의 세계로 넘어갈 수 있는가? 과연 하이데거가 말하듯이 일상의 세계로부터 벗어나는 것이 본래적인 모습인가? 아니면 우리가 그렇게 살고 있듯이 그리고 대부분 그렇게 죽고 있듯이 많은 사람들이 살아가고 있는 일상의 세계가 본래적인 모습이 아닌가 하는 문제 제기가 가능하다. 하이데거가 살아 있을 때, 『나와 너』의 저자 마르틴 부버(Martin Buber)는 하이데거의 『존재와 시간』을 읽고 "당신이 이야기하는 '그들'의 세계가 사실 본래적인 우리들의 세계가 아닌가?" 하며 하이데거를 비판하였다. 부버가 지적하는 것은 우리들은 남들이 살아가는 대로 그렇게 살아가고 있으며 그것이 우리의 본 모습이라는 것이다. 그것을 우리는 받아들여야지 거기로부터 결단을 내려 다른 것을 찾아가는 것은 오히려 전도된 것이 아닌가 하는 비판이다. 현상적으로 구체적인 인간의 살아가는 모습을 볼 때 많은 사람들은 남들이 살아가듯이 그렇게 산다는 것이다. 그리고 그는 나아가 결단의 가능성이 있다는 것에 대한 증명을 요구한다.

하이데거는 이에 대해 증명을 해내야 했고 자기 나름대로 그렇게 증명하고 있는 부분이 바로 '불안'과 '양심'의 장이다. '불안' 속에서 우리는 무언가 '그들'의 논리 속에 파묻혀 살고 '그들'의 분위기에 고조되어 살면서도 "이것이 전부는 아닌데……"라는 것을 느낀다. 쾌락의 절정에서도 그것이 전부가 아님을 느낀다. 불안감, 특히 불안이 고조되는 것은 죽음을 보는 순간이다. 하이데거는 불안이 우리가 '그들' 속에 살고 있는 것이 전부가 아니라는 것을 지시해주는 방향타라고 생각했다.

그에 따르면, 불안은 자기 자신을 불안해하고, 무엇 앞에서 불안해하고, 무엇 때문에 불안해한다는 구조를 띠고 있다. 이 불안의 구조를 자세히 보면, 무엇 앞에서 불안해하는 것은 세계 속에 내던져져 있는 자기 모습이다. 그리고 무엇 때문에 불안해하는 것은 무언가 달라질 수 있는 자신의 가능성 때문이다. 하이데거는 불안이 불안해하는 것은 결국 자기 자신 때문에, 곧 자기 자신이 내던져져 있는 상태, 그리고 자기 자신의 존재할 수 있음이라는 존재 가능 때문에 불안해한다고 말한다. 불안 속에서 우리는 우리의 일상적 삶의 방식이 무언가 본래적이지 않다는 것을 깨닫게 된다. 본래성의 의미는 '나 자신 곁에 있음'이다. 그것에 관해서는 키르케고르가 이미 말했다. 그는 실존이란 바로 자기 자신에 대해 현재적이 되는 것이라고 말했다. 그러나 인간은 자기 자신 곁에 있는 것이 아니라 끊임없이 관심거리, 일거리, 먹거리 등 관심 쏟고 있는 것들 곁에 있다. 인간은 끊임없이 무슨 '거리'를 찾아다니느라 정신없이 바쁘다. 즉 인간은 자기 자신 곁에 있지 않고 사물 곁에 빠져 있다. 그러다가 어느 순간 "이것이 전부는 아닌데……"라는 것을 느끼는데, 그 순간 불안이 바로 나 자신을 지시하는 것이다. 하이데거는 이 불안이 지시하고 있는 것, 즉 우리가 자기 자신으로 존재할 수 있음이라는 가능성으로 넘어가게 되는 것, 그것이 바로 '양심'이라고 한다. 따라서 하이데거에게는 '양심'이 부버의 요구에 대한 증명이 되는 셈이다.

하이데거에 의하면 이성은 인간이 무엇인가 하는 보편적인 인간에 대해서 이야기한다. 그러나 나 자신의 실존에 대해서, 곧 나는 어떻게 존재해야 하는가 하는 것에 대해서 이성은 말할 수 없다. 이것은 '양심'만이 말할 수 있다. '양심'은 바로 자기 자신으로 존재해야 함을 말해주기 때문에 양심이 일차적으로 해야 하는 것은 '그들'로부터 자기 자신을 빼내어 오는 것이다. 그러므로 양심과 불안은 함께 있는 것이다. 즉 불안을 거두어버린 사람에게는 양심도 무뎌지는 것이다. 하이데거는 양심을 '나 자신 안에서 나 자신을 나 자신 앞으로 불러 세우는 침묵의 소리'라고 묘사한다. 이 양심의 소리는 끊임없이 수다 떠는 잡담 속에서는 들리지 않는다. 양심의 소리는 말을 끊고 자기 자신을 대면하는 고요함, 침묵 속에서 들려온다. 끊임없이 바쁘게, 남들과 더불어 정신없이 사는 삶 속에서는 자기 자신을 불러 세우는 양심의 소리는 들려오지 않는다. 그리하여 하이데거는 불안의 용기를 갖고 나 자신을 대면할 수 있는 조용한 시간이 있을 때, 그런 상황이 나 자신에게는 꺼림직하고 안절부절 못할지는 모르지만, 바로 거기에서 양심의 소리를 들을 수 있는 가능성이 있다고 말한다.

하이데거는 양심의 소리를 듣기 위해서는 무엇보다 '양심을 갖기 원함'이라는 자세가 필요하다고 말한다. 즉 양심에 대한 열린 마음이 있어야 한다는 것이다. 이것은 자유에 관해서도 마찬가지이다. 나 자신으로 살 수 있는 가능성을 열어놓고 그 가능성을 택할 수 있을 때, 그리고 그렇게 양심을 갖기를 원할 때 양심의 소리는 들린다. 하이데거가 말하는 '탓이 있음을 떠맡음'이란, 나의 내던져져 있음이 나의 선택과는 상관없이 주어진 것이지만, 나에게 과제로 주어졌기 때문에 그것을 바로 내가 살아야 하는 삶의 길로 떠맡아 거기에서부터 자신으로 존재할 수 있는 가능성을 찾으라는 것이다. 이렇게 하이데거는 '양심을 갖기 원함' 그리고 '탓이 있음을 떠맡음'을 강조하였다. 하이데거는 일상의 논리로부터 자기 자신으로 돌아왔을 때 결단을 내릴 수 있고, 바로 그때 이제까지의 세계와는 다른 세계를 볼 수 있다는 것을 강조하고 있다.

5장

세계 시간과
현존재의 시간성

하이데거 시간논의의 출발점

하이데거에 의하면, 전통 형이상학 또는 존재론은 언제나 존재의 자리에 어떤 한 특정의 존재자를 세워놓았다. 데카르트의 사유하는 사물이 그렇고, 칸트의 의식이 그렇고, 관념론의 이념이 그렇다. 이렇게 사람들은 존재 그 자체로, 즉 존재론까지 밀고 들어가지 못하고 언제나 존재적인 것의 차원에 머물러 있을 수밖에 없었다. 그러므로 하이데거는 모든 지금까지의 형이상학을 해체하려고 모색한다. 형이상학에 대한 적대감때문이 아니라, 도리어 형이상학을 본래의 기초존재론에서 이제 그 자신을 되찾아 주기 위해서 지금까지의 형이상학에 대한 해체를 시도한다.

하이데거의 결정적인 통찰에 의하면, 형이상학의 이탈은

형이상학이 사유를 '봄'으로, 존재를 지속적인 눈앞의 있음으로, 지속적인 현존으로 생각하여 존재의 의미에 대한 물음을 애당초부터 제기하지 않았다는 데에 있다. 그리고 그러한 무차별한 존재의 지평 안에서 인간의 거기-있음[현존재]도 사물존재와 똑같은 범주를 갖고 규정하려 했다는 데에 있다. 만일 형이상학이 존재를 지속적인 현존으로 생각했다면, 형이상학은 존재를 특정한 시간의 양태인 현재에서부터 생각한 것이 아닌가? 존재의 의미에 대한 결정의 본질이 '시간'인 영역 안에서 이루어지고 있는 것인가? 시간이 존재의 의미에 속하는가? 그리고 이 시간을 형이상학이 사유하지 못하고 망각하였던 것은 아닌가?

『존재와 시간』은 어떻게 시간이 존재의 의미에 속하는가 하는 물음을 전개시키고 있다. 의심의 여지없이 하이데거의 주도적 물음은 다음과 같은 것들이다. 존재자란 무엇인가? 존재자를 그 존재에서 어떻게 파악할 수 있는가? 존재자가 그 의미에서 다양한 방식으로 말해질 수 있다면 '존재'에 대한 다양한 의미의 단일성은 어떻게 생각할 수 있는가? 하이데거의 시간 개념을 올바르게 이해하기 위해서는 그가 어떻게 존재이해를 설명하고 있는지 주의 깊게 살펴볼 필요가 있다.

하이데거에 의하면, 존재의 물음이 제기될 때 존재자 가운데 어떤 한 특정한 존재자가 일종의 우선권을 갖게 된다. 이 존재자는 '거기-있음[현존재]'인 한에서의 인간이다. 거기-있음[현존재]은 그것이 그냥 단순하게 다른 존재자들 사이에 놓여 있지 않고, 그에게 그의 존재가 문제가 되고 있다는 점에서 다른 존재자보다 특출하다. 현존재만이 존재관계를 갖고 있으며 그로써 존재이해도 가지고 있다.

존재이해를 가지고 있다는 것은 곧 실존하고 있음이며 실존에 의해 규정되어 있음을 말한다. 현존재의 존재 또는 '본질'을 하이데거는 실존이라고 한다. 실존의 분석학은 존재로서의 존재가 이해될 수 있는 바로 그 지평을 밝혀 놓아야 한다. 이것은 세 단계로 전개된다. 거기-있음[현존재]의 근본구조가 그 일상성과 평균성에서 세계-안에-있음으로, 하나의 의미연관 속에 있음으로 제시된다. 그 다음으로 이 세계-안에-있음이 본질적으로 시간적이며 역사적이라는 것이 보여진다. 그 다음 거기-있음[현존재]의 시간성에서부터 시간이 이해되어야 한다. 즉 어떻게 존재의 의미에 시간이 속하는지, 다시 말해 시간이 존재로서의 존재가 이해되는 바로 그 지평을 어떻게 규정하고 있는지가 보여져야 한다. 이렇게 "올바로 고찰되고 설명된 시간의 현상 속에 모든 존재론의 중점적인 문제틀이 뿌리를 내리고 있는가"가 밝혀져야 한다.

하이데거가 어떻게 시간의 본질을 설명하고 있는지 보기

위해 우리는 먼저 하이데거의 통속적인 시간이해에 대한 분석을 살펴보기로 하자. 그리고 근원적인 시간에 대한 그의 탐구를 뒤좇아보기로 하자.

통속적인 시간이해 : 세계 시간

 하이데거는 통속적인 시간이해가 가장 두드러지게 드러나는 것은 통상적인 시계의 사용이라고 본다. 시계를 사용하면서 우리는 단지 수를 읽음으로써 지금의 연속으로서 자신을 드러내고 있는 시간을 파악한다. "우리는 이러한 방식으로 시계 이용에서 보이는 세계시간을 '지금시간'이라고 명명한다." 통속적인 시간의 이해에서 시간은 지속적으로 '눈앞에 있는', 도래하며 동시에 흘러 지나가는 지금의 연속으로 나타난다. 이러한 시간의 이해에서부터 시간은 지금의 연속이라는 시간의 개념이 나온다. 그리고 이 지금의 연속을 좀더 정확하게 동일한 의미로 방향 잡힌, 되돌릴 수 없는 잇따른 흐름의 계속, 즉 지금의 '흐름', '시간의 경과'라고 규정한다.

그런데 하이데거에 의하면, 이렇게 통속적으로 알려져 있는 시간을 그 본래의 현상학적인 내용에서 고찰해 보면, 그것이 근원적인 시간을, 시간성을 소급 지시하고 있음을 알 수 있다. 그렇기 때문에 통속적인 시간에 대한 분석에서 하이데거의 일차적인 관심은 통속적으로 알려져 있는 시간의 현상학적인 내용을 탐구하여 근원적인 시간을 밝혀내는 데에 있다. 여기에서 우리는 밖으로 표현된 시간인 '지금', '그전에', '그때에'와 이것의 구조계기들을 조사해 보기로 한다.

우리가 '지금'이라고 말할 때 그것으로 우리는 어떤 대상을, 어떤 눈앞의 것을 의미하는 것이 아니다. 오히려 그러한 '지금'의 표현 속에서 우리가 어떤 것의 현재화, 현재라고 지칭하고 있는 것이 밖으로 표현되고 있다. '그전에'라는 말에서는 어떤 것을 간직함이, 그리고 '그때에'라는 표현에서는 어떤 것을 기대함이 밖으로 표현되고 있다. 모든 '그전에'가 전부 '더-이상-지금이-아님'이고, 그리고 모든 '그때에'가 '아직-지금이-아님'이기에, 어떠한 것을 기대함 속에서 발원하고 있는 '그때에'를 밖으로 표현하는 것은 이미 일종의 현재화가, '지금'에 대한 이해가 놓여 있는 셈이다. 이러한 시간 규정들은 즉 '지금', '그전에', '그때에' 등은 모두 각기 현재화시키면서-기대하면서-간직함 또는 망각함의 단일성 속에서부터 말하고 있다.

우리가 시계를 보고 읽어내는 시간이란 모두 '……을 위한 시간', '이것 또는 저것을 하기 위한 시간', 다시 말해 적합 혹은 부적합한 시간이다. 이렇듯 적당한 시간이나 부적당한 시간으로서의 시간은 대체로 세계를 세계로서 특징짓고 있는 유의미성의 성격을 띠고 있다. 그러므로 하이데거는 우리가 그것으로 시간을 보며 우리가 우리에게 용인하고 있는 그 시간을 세계시간이라고 특징짓는다.

  모든 '지금'은 어떤 것을 현재화시키면서 기대와 견지의 단일성 속에서 밖으로 표현된다. 내가 '지금'이라고 말할 때에는 명시적으로는 아닐지라도 언제나 '이것 또는 저것이 되는 지금'을 의미하고 있는 것이다. 그리고 '그때에'라고 내가 말할 때 나는 언제나 '……이 될 그때에'를 의미하고 있는 것이다. 그리고 내가 '그전에'라고 말할 때 나는 언제나 '그전에 ……을 했을 적에'를 의미하고 있는 것이다. 하이데거는 이러한 시간의 연관구조를 시점 기록가능성이라고 지칭한다. '……이 있는 지금', '……될 그때에', '……이 있었던 그전에' 등은 본질상 존재자와 연관되어 있고 이 존재자는 시점을 기록할 수 있는 존재자(인간의 거기-있음[현존재])에게 시점기록을 가능케 한다. 사람들이 통속적으로 지금의 연속으로 파악하고 있는 시간은 이러한 기록의 연관으로 인식되어야 한다.

모든 '그때에'는 암암리에 '지금부터-그때까지'라는 의미를 포함하고 있다. 이렇게 '그때에' 자체로서 지금이 그때까지 확장되어 분류 파악되고 있는 것이다. 이렇게 '그 사이에', '그 동안에', '그때까지' 등의 특징에서 보이고 있는 것을 하이데거는 시간의 연장성(펼쳐져 있음) 혹은 확장성(뻗쳐 있음)이라고 지칭한다. 모든 지금, 그때에, 그전에는 나름대로 일종의 기록을 갖고 있을 뿐 아니라 그 자체로 펼쳐 있고 뻗쳐 있다.

측량되고 밖으로 표현되는 시간의 마지막 성격으로 하이데거는 시간의 공공성을 언급한다. 우리가 '지금'이라고 말할 때 우리는 '이것과 저것이 일어나고 있는 지금'을 의미한다. 기록된 지금은 일종의 연장성(펼쳐 있음)을 지닌다. 다른 사람들과 더불어 존재하는 가운데 기록되고 연장된 지금을 밖으로 표현함으로써 각자 개인은 다른 사람을 이해하게 된다. 이렇게 밖으로 표현된 지금은 더불어 있음 속에서 누구에게나 접근 가능한 것, 이해 가능한 것이 된다. 비록 각자가 모두 나름대로 자기 자신의 지금을 말할지라도 이 지금은 이제 모두를 위한 것이 된다. 이러한 '지금'은 누구에게나 접근 가능한 것이 되고 어느 누구에게도 속하지 않는다. 이러한 시간의 특징으로 인해 시간에는 독특한 객관성이 있다고 말한다.

우리가 우리를 위해서 취하고 있는 시간, 우리가 지금, 그때에, 그전에 등을 말하면서 밖으로 표현하고 있는 시간은 유의미성, 시점 기록가능성, 연장성(펼쳐 있음), 공공성의 구조 계기들을 지니고 있다.

근원적인 시간 : 거기-있음[현존재]의 시간성

이제 하이데거는 시간의 구조계기들로서, 즉 '지금', '그때에', '그전에' 등으로 무엇이 밖으로 표현되고 있는지, 다시 말해 현재화시킴, 기대함, 간직함 등을 분석하면서 그것을 통해 근원적인 시간을 찾으려고 시도한다.

우리가 어떤 한 사건을 기대하고 있을 때에 우리는 우리의 거기-있음[현존재]에서 항상 어떠한 방식으로라건 우리의 가장 고유한 존재가능과 관계를 맺고 있다. 거기-있음[현존재]은 그가 기대하고 있는 바로 그 자신의 가장 고유한 존재가능에서부터 자신을 이해한다. 이렇게 거기-있음[현존재]이 자기 자신의 가장 고유한 존재가능과 관계를 맺고 있는 한, 거기-있음[현존재]은 자신을 앞질러 존재한다. 하나의 가능성을 기대하면서 나는 이 가능성에서부터 내 자신으로 다가오게 된다. 거기-있음[현존재]은 그의 존재가능을 기대하면서 자기 자신에게 다가오게 된다.

"하나의 가능성을 기대하며 이렇게 자신에게 다가오게 될 때 현존재는 근원적인 의미에서 미래적이다. 가장 고유한 가능성에서부터 비롯되는 거기-있음[현존재]의 실존에 놓여 있는 이러한 자신에게 다가옴―모든 기대함은 이것의 특정한 한 양태이다―이 일차적인 미래 개념이다."[5]

이러한 실존론적인 미래의 개념이 '아직은-지금이-아님'이라는 의미의 통속적인 미래 개념의 전제이다. 어떤 것을 간직하거나 망각하면서 거기-있음[현존재]은 언제나 어떠한 방식으로 그 자신이 존재해 오고 있던 것과 행동관계를 맺고 있다. 거기-있음[현존재]은 언제나 현사실적으로 존재하고 있는 방식, 즉 그가 그러한 존재자로 나름대로 존재해 오고 있는 방식으로만 존재한다. 간직함과 망각함 속에는 거기-있음[현존재]도 함께 포함되어 있다. 거기-있음[현존재]은 그가 이미 그것으로 존재해오고 있는 것 속에 자기 자신을 함께 간직하고 있다. 거기-있음[현존재]이 각기 이미 그것으로 존재해오고 있는 것, 말하자면 그의 존재해옴(기재, Gewesenheit)이며 그것은 함께 그의 미래에 속한다. 어쨌든 어떠한 경우에도 우리가 그것으로 존재해온 그 모든 것이 우리의 실존의 본질적인 규정이다. 존재해옴(기재)은 거기-있음[현존재]의 실존에 속한다. 왜냐하면 거기-있음[현존재]은 존재하는 한 오직 존재해온 것으로 존재하기 때문이다.

"오직 거기-있음[현존재]이 '나는 존재해-왔다'로서 존재하는 한에서만, 그는 도래(미래)적으로 자기 자신에게로 다가올 수 있으며 그래서 되돌아오는 것이다. 거기-있음[현존재]은 본래적으로 도래(미래)적이면서 존재해왔으므로 존재한다. 가장 극단적이고 가장 고유한 가능성으로 앞질러 달려가는 것은 가장 고유한 기재(존재해옴)로 이해하며 되돌아옴이다. 거기-있음[현존재]이 본래적으로 존재해왔으므로 존재할 수 있는 것은 오직 그가 도래(미래)적인 한에서이다. 기재(존재해옴)는 어떤 점에서는 도래(미래)에서 발원하고 있는 것이다."

실존론적인 의미의 현재는 현존성 또는 눈앞의 있음과 동일하지 않다. 거기-있음[현존재]은 실존하는 한 항상 눈 앞의 존재자들 곁에 머무르고 있다. 거기-있음[현존재]은 눈 앞의 존재자를 자신의 현재에 갖고 있다. 거기-있음[현존재]은 오직 현재화시키는 존재자로서만 특수한 의미로 미래적이고 기재적이다.

이렇게 특징지은 미래, 기재(존재해옴), 그리고 현재의 근원적인 단일성이 하이데거가 시간성이라고 말하고 있는 근원적 시간의 현상이다. 시간성은 미래, 기재, 그리고 현재의 그때마다의 단일성 속에서 스스로 시간화한다. '지금' '그때에' '그전에'에서 기대함(미래)과 간직함(존재해옴)이, 그리고 현재화시킴(현재)이 밖으로 표현되고 있다.

미래의 본질적인 면은 자기 자신에게 다가옴에 있고, 기재(존재해옴)의 본질적인 면은 (자기 자신에게) 되돌아옴에 있고, 현재의 본질적인 면은 (존재자) 곁에 머무름, 즉 (존재자) 곁에 있음에 있다. '……에 다가옴', '……에 되돌아옴', '……의 곁에' 등은 시간성의 근본적인 구성틀을 드러내고 있다. 시간성이 이러한 '다가옴', '되돌아옴', '곁에' 등에서 규정되고 있는 한, 시간성은 자기 자신의 밖에 있는 셈이다. 시간은 미래, 기재, 현재로서 그 자체가 빠져나가 있다. 현존재는 미래적인 자로서는 그의 기재하는 존재가능으로, 기재적인 자로서는 그의 기재(존재해옴)로, 현재화하고 있는 자로서는 다른 존재자로 빠져나가 있다. 미래, 기재, 현재의 단일성으로서의 시간성은 경우에 따라 거기-있음[현존재]을 빠져나가는 것이 아니다. 오히려 시간성으로서의 시간성은 근원적인 '자신 밖에' 있음(脫自, das $\epsilon\kappa\sigma\tau\alpha\tau\iota\kappa o\nu$)이다. 하이데거는 이러한 빠져나감을 전문적인 용어로 시간의 탈자적 성격이라고 특징짓고, 미래·기재·현재를 자체 내에 동일근원적으로 공속해 있는 시간성의 세 가지 탈자태들이라고 명명한다.

이러한 시간성의 탈자적인 성격을 갖고 하이데거는 실존을 해석한다. 실존은 존재론적으로 볼 때, 자기 자신에게 다가오는, 자기 자신에게 되돌아오는, 현재화시키는 자기 자신의 밖에 있음의 근원적인 단일성이다. 탈자적으로 규정된 시간성은 현존재의 존재구성틀의 조건이다.

　근원적인 시간은 그 자체(이것이 시간의 시간화의 본질이다.)가 자신 밖에 나가 있다. 다시 말해 근원적인 시간은 우선 한 사물로서 눈앞에 있다가 자신 밖에 나가 자신을 자신의 등 뒤에 남겨두는 어떤 것이 아니다. 그러기는커녕 근원적 시간은 그 자체가 다름 아닌 단적으로 '자신 밖에'이다.

6장

진리에 대한 새로운 해석

숨기기를 좋아하는 자연과 밝히기를 좋아하는 인간 사이의 진리사건

    하이데거는 '진리의 자리는 명제(발언)이며, 그 본질은 일치 또는 올바름'이라는 생각이 알게 모르게 서양철학과 학문 그리고 과학을 2천 년 넘게 지배해 왔으며, 이러한 학문(과학)적 자명성이 일상인의 삶을 보이지 않게 각인해 왔다고 말한다. 그리고 그것은 서양의 이성 중심, 로고스 중심, 존재자 중심의 사유경향과 무관하지 않다. 하이데거는 철학하는 사람이라면 이러한 진리의 본질에 대한 자명성을 한번쯤 문제 삼아 보아야 하지 않느냐고 반문한다. 그래서 그 자명함의 뿌리를 찾기 위해 서양철학의 시작에 그리스인들은 진리를 어떻게 무엇으로 경험하고 그것을 어떻게 표현하려고 노력했는지를 추적한다.

그리스인들의 진리에 대한 근본경험을 통해 우리가 알 수 있는 독특한 몇 가지 사실은 다음과 같다. 우선 진리를 표현하는 낱말이 일치나 올바름의 의미를 함축하고 있는 오늘날의 진리개념과는 거리가 있음을 확인할 수 있다. 진리에 대한 그리스어의 표현인 알레테이아($\alpha\lambda\eta\theta\epsilon\iota\alpha$)라는 낱말은 '비은폐성'을 뜻한다. 그것은 낱말의 구성에서도 결여태적인 표현으로서 무언가 부정적인 것을 가리키고 있다. 즉 은폐되어 있지 않은 상태, 은폐가 제거된 상태를 표현하고 있다. 따라서 그리스인들은 은폐/비은폐라는 근본경험의 지평에서 진리를 파악하고 있음을 알 수 있다. 비은폐성을 의미하는 진리는 그 유래를 은폐에 두고 있는 셈이다.

그 다음 이 비은폐성이 무엇보다도 존재자에 서술되는 것이지, 명제나 인식 또는 사유에 통용되는 것은 아니라는 점이다. 그렇지만 은폐의 장막을 찢어낼 수 있는 탈은폐의 힘을 지니고 있는 존재자가 없다면 비은폐성이라는 진리의 사건은 일어날 수 없다는 점도 그 안에 함축되어 있다. 자연은 자신을 숨기기를 좋아하기 때문에 자연본성에 따른 자연존재에서는 탈은폐의 사건을 찾을 수 없다. 플라톤은 이 점을 이데아와 누우스로, 아리스토텔레스는 로고스로 표현하였다. 은폐된 자연에 진리의 빛을 밝히는 존재가 곧 인간존재이며, 이러한 진리의 역사와 더불어 인간의 역사도 시작되었다. 인간의 참여 없이는 진리사건이 일어날 수 없다.

숨기기를 좋아하는 자연과 밝히기를 좋아하는 인간이 벌이는 진리사건에서, 강조의 축이 서서히 드러나 눈 앞에 있는 것으로 옮아가기 시작한다. 비은폐된 존재자에게 시선이 집중되면서 관심이 사물이나 사태[존재자]에 부가[서술]된 비은폐되어 있음[비은폐성]에 쏠리고 그러한 서술에 흥미를 갖게 된다. 철학의 관심이 사물[사태]의 드러나 있음[비은폐성]에서 드러나 있는 사물[사태]로서의 존재자에게 옮겨가고, 그렇게 눈 앞에 있는[현존하는] 것 자체로 옮겨가면서 서술도 현존하는 것에 국한된다. 나중에는 이것이 뒤바뀌어 서술이 현존하는 것을 규정하는 것으로, 즉 로고스가 존재자를 규정하는 것으로 된다. 하이데거는 이렇듯 이미 서양철학의 시작에 비은폐성으로서의 진리가 서술의 올바름으로 전환되는 사건이 보이게 혹은 보이지 않게 진행되었음을 보여준다.

명제의 진리와 인식함

하이데거의 '진리'에 대한 현상학적 분석을 뒤좇아가보자. 현상학적 분석은 진리를 현상으로서 기술한다는 것을 의미한다. 그러나 현상학적 현상은 대개 가상의 양태로 자신을 내보인다. 따라서 현상학적 분석을 위해 우리가 가장 먼저 해야 할 일은 이 가상을 해체하는 것이다. 우리는 가상에 대한 현상학적 해체를 통해 현상학적 현상이 자신을 내보일 수 있는 지평을 터주어야 한다. 가상은 우리들이 사태로부터 눈을 돌려 전통을 무비판적으로 수용할 때 생겨난다. 따라서 해체는 우리들이 자명하게 받아들인 전통적 개념들을 그것들이 자라나온 사태로 되돌리는 방식으로 이루어져야 한다. 해체는 우리들이 현상과의 맞대면을 위해 통과해야 할 첫 번째 관문이다.

　오늘날까지 이어져 온 전통적 진리 개념은 '지성과 사물의 일치'로 정식화될 수 있다. 그런데 이때 '일치'라는 말은 무엇을 의미하는가? 어떤 것과 다른 어떤 것이 일치할 수 있기 위해서는 그것들이 일치를 이룰 수 있는 어떤 관점이 필요하다. 예컨대 6이라는 수가 '16-10'과 같다면, 그 둘은 '많음의 얼마만큼'이란 관점에서 같은 것이다. 그렇다면 "지성과 사물은 어떤 관점에서 일치하는가?"

　지성의 활동으로서 인식은 그것이 자신의 대상과 일치할 때 참이라 불리고 그렇지 않을 때 거짓이라 불린다. 그런데 인식에는 실제의 심리적 과정으로서 '인식함'과 이념적 내용으로서 '인식된 것'이 속한다. 그렇다면 대상은 우리들의 '인식함'과 일치하는 것인가 아니면 '인식된 것'과 일치하는 것인가?

　'인식함'은 '심리적인 것'으로서 '지향성'의 구조를 갖는다. 즉 '인식함'은 언제나 '어떤 것에 대한 인식함'이다. 우리가 이 구조에 주의를 기울인다면 위에서 제기된 물음은 해소되고 말 것이다. 그리고 인식을 '실제적인 것[인식함]'과 '이념적인 것[인식된 것]'으로 분리하는 것도 부당한 일이 될 것이다. 또 '인식된 것'이 사실은 '이념적인 것'을 뜻할 수 없고 '존재자'를 뜻해야 하는 한, '지성과 사물의 일치'는 '심리적인 것'으로서의 '인식함'과 '존재자'로서의 '인식된 것' 사이의 '일치'로서 파악되어야 할 것이다. 그리고 인식함이 언제나 '존재자에 대한 인식함'이라고 한다면, 지성과 사물의 일치가 일어나는 '관점' 또한 이미 결정된 셈이다. 왜냐하면 '인식함'과 '인식된 것'은 이미 '지향성'의 구조에 속해 있는 것들이기 때문이다. '인식함'은 언제나 자신에 의해 '인식된 것', 즉 '존재자'로 '지향되어 있다'. 그러므로 우리들의 인식이 대상과 일치할 수도 있고, 또 일치하지 않을 수도 있는 것이다. 따라서 '지성과 사물의 일치'가 해명될 수 있기 위해선 인식함의 존재양식에 대한 해명이 선행되어야 한다.

예컨대 "그림이 벽에 삐딱하게 걸려 있다"는 발언은, 우리가 벽에 비스듬히 걸려 있는 그림을 지각할 때, '참인 발언'으로서 입증된다. 이 발언은 벽에 걸려 있는 실제의 그림에 대해 무엇인가를 입증하고 있다. 그리고 그 입증의 방법으로서의 '지각'은 발언되고 있는 존재자가 발언에 의해 제시되어 있는 것과 동일한 방식으로 존재하고 있음을 입증해 주고 있다. 이때 그 발언은 자신이 발언하고 있는 존재자를 그 존재자가 존재하는 그대로 내보인다. 따라서 우리가 지각을 통해 입증해야 하는 것은 '심리적인 것'과 '실제적인 것' 사이의 '일치'가 아니라 '존재자가 어떻게 발견되어 있는가' 하는 것이다. 존재자의 발언 속에서 '발견되어 있음'은 발언된 존재자가 우리들의 '지각'에게 자신을 발언된 것과 '동일한 것'으로서 내보일 때 '확증'된다. 한 발언이 지각 속에서 확증되었다는 것은 발언된 존재자가 발언된 것과의 '동일성' 속에서 자신을 내보이고 있다는 것을 말한다. 그러나 이러한 확증의 가능성은 인식함이, 그 지향성의 구조에 따라 실제적 존재자로 '향해 있음'으로만 가능한 것이다.

따라서 발언이 '참이다'는 것은 그 발언이 존재자를 그 자체에서 발견하고 있다는 것을 의미한다. 발언은 존재자를 그것의 발견되어 있음에서 '보게 해준다'. 우리는 그 발언을 통해 그 존재자를 다시 발견할 수 있다. 그러한 발언은 '인식함'을 통해 확증될 수 있다. 그러나 '인식함'이 발견함의 한 양태라고 한다면, 발언은 결국 '발견함'에 근거해 있는 셈이다. '발견함'은 '발견하고 있는 거기-있음[현존재]'이 실존할 때만 가능하다. 발언의 참임이 '발견하면서-있음'으로서 이해되어야 한다면, 그것은 '세계-내-존재'로서의 거기-있음[현존재]에 그 기초를 두고 있는 셈이다.

인식함과 거기-있음[현존재]의 발견함

　인식함이 귀속해 있는 '발견함'은 거기-있음[현존재]의 한 존재 방식이다. 거기-있음[현존재]의 배려는 '둘러봄'에 의해 이끌리며, 배려의 둘러봄에 의해 도구와 같은 세계 내부적 존재자들이 발견된다. 우리는 세계 내부적 존재자를, 그것이 배려에 의해 '발견된 것'인 한 이차적 의미에서의 '참인 것'이라 할 수 있고, 배려하는 거기-있음[현존재]을 그가 '발견하면서 있는' 한 일차적으로 '참인 것'이라 할 수 있다.

　그런데 세계 내부적 존재자는 세계가 '열어 밝혀져 있을' 때만 발견되어 있을 수 있다. 그리고 세계가 거기-있음[현존재]의 근본구성틀에 그것의 한 구조요소로서 속해 있는 한, 세계 내부적 존재자의 '발견되어 있음'은 거기-있음[현존재]

의 '열어 밝혀져 있음'에 근거해 있다. 따라서 거기-있음[현존재]의 '열어 밝혀져 있음'은 진리의 가장 근원적 현상이다. 거기-있음[현존재]이 본질적으로 자기 자신에게 열어 밝혀져 있고, 자신에게 열어 밝혀진 자로서의 거기-있음[현존재]이 모든 존재자들의 존재 가능성들을 열어 밝히고 존재자들을 발견하고 있는 한, 거기-있음[현존재]은 본질적으로 '참'이다. '참인 것'은 '진리 안에 있는 것'이다. 따라서 거기-있음[현존재]은 '진리 안에' 있다. 이 말은 다음을 의미한다. 거기-있음[현존재]이 실존하는 한, 그에게는 언제나 이미 그 자신의 가장 고유한 존재가 열어 밝혀져 있어야 한다. 즉 거기-있음[현존재]의 실존론적 구성틀에는 그의 가장 고유한 존재의 열어 밝혀져 있음이 속한다.

그러나 거기-있음[현존재]은 '빠져 있음'으로서 자신의 가장 고유한 존재의 열어 밝혀져 있음을 대개 '그들-자신'에서부터 길어 온다. 일상적 거기-있음[현존재]에 의해 발견되고 열어 밝혀진 것들은, 그가 '그들' 속에 몰입되어 있기 때문에, 잡담과 호기심 그리고 애매함에 의해 은폐되어 있다. '빠져 있음'은 근원적으로 열어 밝히고 발견한 것들을 하루아침에 가상의 양태로 전락시켜 버리고 만다. 따라서 거기-있음[현존재]은, 그가 본질적으로 '빠져 있음'에 의해 함께 규정되어 있기 때문에, '비진리' 안에 있다. '비진리'라는 말은 거기-있음[현존재]의 현사실성 내지 유한성을 의미한다. 더 정확히 말하자면, 거기-있음[현존재]의 현사실성에 속해 있는 '닫혀져 있음' 혹은 '가려져 있음'을 의미한다. 그러나 '닫혀져 있음'은 거기-있음[현존재]이 열어 밝혀져 있는 한에서만 가능하다. 즉, 어떤 것이 이해되어 있지 않다는 것은 그러한 사실이 이해되어 있을 때만 가능하다. 세계 내부적 존재자 또한 그것이 이미 거기-있음[현존재]에게 발견되어 있을 때에만 다시 가려지거나 은폐되거나 위장될 수 있다.

거기-있음[현존재]이 본질적으로 '빠져 있음'에 의해 '비진리' 속에 존재하기 때문에, 이미 발견된 것들조차도 언제라도 다시 가려지고 위장될 위험에 놓여 있다. 따라서 거기-있음[현존재]은 이러한 가상과 위장에 맞서 세계 내부적 존재자의 '발견되어 있음'을 언제나 거듭 '자기 것'으로 만들어야 한다. '자기 것으로 만듦'은 '거기-있음[현존재] 자신의 가장 고유한 존재 가능성에서부터 이해함', 즉 '본래적 이해'를 뜻한다. 그러나 현상은 우리들의 일상적 존재 양식에 따라 대개 가상의 형태로 발견되어 있다. 즉, 존재자는 이미 발견되어 있지만 또한 위장되어 있다.

'발견되어 있음'으로서의 진리는 언제나 '발견된 것'으로서의 존재자로부터 쟁취되어야 한다. '존재자'는 '은폐성[숨겨져 있음]'에서 찢겨져 나온 것이다. 그때마다의 현사실적

'발견되어 있음'은 마치 존재자로부터 빼앗아 온 것과 같다. 그래서 진리의 본질은 '알-레테이아($\alpha \lambda\eta\theta\epsilon\iota\alpha$)'라는 결여적 표현으로 발언되고 있다. 이 말은 '숨겨져 있지 않음' 또는 '비은폐성'이라 번역될 수 있다. 여기서의 '않음' 또는 '비(非)'는 우리 인간이 '빠져 있음' 또는 '비진리 속에 있음'에 의해 본질적으로 규정되어 있다는 것을 암시한다. 따라서 진리는, 우리가 언제나 이미 진리 속에 있으면서 동시에 비진리 속에도 있기 때문에, '비진리'를 깨뜨려 버릴 때에만 획득된다.

거기-있음[현존재]은 그가 '이해' 및 '처해 있음' 그리고 '말'이라는 '실존 범주들' 속에 있는 것과 마찬가지로 이미 '진리' 속에, 즉 존재 일반의 '열어 밝혀져 있음' 속에 있다. 존재자는 거기-있음[현존재]이 존재하고 있을 때에만 발견되어 있을 수 있고, 그러는 동안에만 열어 밝혀져 있을 수 있다. '발견되어 있음' 또는 '열어 밝혀져 있음'으로서의 진리는 '발견하고 열어 밝히는 거기-있음[현존재]'이 실존할 때만 주어져 있다. '발견함' 또는 '발견하면서-있음'으로서의 '진리'는 거기-있음[현존재]의 존재양식에 다름 아니다. 세계 내부적 존재자의 '발견되어 있음'으로서의 '진리'도 그것이 세계의 '열어 밝혀져 있음'에 근거해 있는 이상, 그리고 세계가 거기-있음[현존재]의 근본구성틀에 속해 있는 한, 발견하고 있는 '세계-내-존재'로서의 거기-있음[현존재]의 존재양식을 갖는 셈이다. 그리고 '발언의 참임'으로서의 '진리' 역시, 그것이 '발견함'의 한 양태로서의 '인식함'을 바탕으로 있는 한, 결국 거기-있음[현존재]의 존재양식인 것이다.

따라서 모든 진리는 거기-있음[현존재]의 존재와 상관되어 있다고 말할 수 있다. 그러나 이 말은 진리가 인간의 자의적 주관에 맡겨져 있음을 뜻하는 것이 아니다. 아니 오히려 진리는 우리들을 주관적 자의로부터 벗어나 '사태'와 대면할 수 있게 해준다. 그러나 존재자를 그 자체에서 발견하고 자유롭게 열어 밝힐 수 있는 거기-있음[현존재]이 없다면, 진리도 없다.

진리와 인간의 거기-있음[현존재]

 그러나 거기-있음[현존재]이 왜 진리 속에 있어야 하는가? 존재자는 왜 발견되어 있어야 하는가? 이러한 '왜-물음'은 거기-있음[현존재]의 존재의 가장 근원적 전체성으로서의 '죽음'과 거기에서부터 열어 밝혀지는 '거기-있음[현존재]의 존재 의미'로서의 '시간성'이 해명되기 전까지는 대답될 수 없다. 우리가 이러한 물음들에 미리 대답하지 않은 채 진리의 존재와 거기-있음[현존재]을 주장하고 있다면, 우리는 진리의 존재를 전제하고 있는 셈이다. 따라서 우리는 적어도 우리가 왜 진리의 존재를 전제해야만 하는지에 대해서는 그 이유를 댈 수 있어야 한다.

 '전제한다'는 말은 무엇을 뜻하는가? 그것은 '앞에 놓는다'를 의미한다. 어떤 것을 '앞에 놓는다'는 것은 그것으로부터 '출발한다'는 것을 말한다. 그것으로부터 출발하는 데에는 '그것'의 존재가 이미 전제되어 있다. 따라서 어떤 것을 다른 어떤 것 '앞에' 놓는 것은 다른 어떤 것이 어떤 것의 존재에 근거해 존재한다는 것을 받아들이는 것이다. 그러나 어떤 것을 다른 어떤 것의 '존재 근거'로서 받아들임, 즉 이해함은 어떤 것의 '발견되어 있음', 따라서 거기-있음[현존재]의 '열어 밝혀져 있음'에 근거해서만 가능하다.

그러므로 '진리'를 전제한다는 것은 그것을 다른 존재자들의 '존재 근거'로서 이해함을 말한다. 다른 존재자들은 진리에 근거해 자신들의 존재를 갖는다. 따라서 거기-있음[현존재]이 진리를 전제한다는 것은 진리에 근거해 자신의 존재를 갖는 것을 말한다. 이것은 거기-있음[현존재]이 자기 자신의 존재 가능성 때문에 존재하는 존재자일 때, 거기-있음[현존재]이 진리 때문에 존재한다는 것을 뜻하는 것이다.

그러나 진리는 거기-있음[현존재]이 실존할 때에만 있다. 실존하는 거기-있음[현존재]은 '염려'로서 언제나 자기를 앞질러 있다. 거기-있음[현존재]은 자기를 앞질러 자기 자신의 가장 고유한 존재 가능성을 문제 삼고 있을 뿐만 아니라, 이렇게 '자신의 존재 가능성'으로 앞질러 '향해 있음'을 바탕으로 그는 또한 '세계-내-존재'로서 세계 내부적 존재자 '곁에 있음'과 타인들과 '함께 있음'을 문제 삼고 있다. 거기-있음[현존재]은 '염려'로서 언제나 이미 '자신의 가장 고유한 존재 가능'으로서의 '자기 자신'을 '세계 속에 내던져져 있음'으로서 자기 앞에 놓고 있다. 거기-있음[현존재]은, 그가 언제나 '자기를 앞질러 있기' 때문에, 자신의 가장 고유한 존재 가능성의 '열어 밝혀져 있음'으로서의 '가장 본래적 진리'를 전제하지 않을 수 없는 것이다. 진리는 거기-있음[현존재]의 '열어 밝혀져 있음'과 더불어 이미 주어져 있다. 따라서 '전제된' 진리와 그것의 '주어져 있음'은 거기-있음[현존재] 자신의 존재양식과 존재의미를 갖는다. 즉 진리는 실존한다.

존재자는 우리들이 그것을 열어 밝히고 발견하고 규정하는 것과는 무관하게 존재한다. 존재자는 우리들의 경험이나 지식 등과 무관하게 있다. 그러나 존재자의 존재 혹은 '있음'은 존재 일반을 이해하고 있는 거기-있음[현존재]이 실존할 때만 있다. 즉 존재는 거기-있음[현존재]의 이해 속에만 주어져 있다. 존재 혹은 '있음'은 거기-있음[현존재]의 '이해'와 필연적으로 연관되어 있다. 우리가 '이해'를 '열어 밝힘'이나 '발견함'으로서 이해할 수 있을 때 이해의 현상은 우리가 위에서 기술한 진리의 근원적 현상을 의미하는 것이다. 따라서 존재와 진리 역시 필연적으로 연관되어 있어야 한다. 우리는 그 연관의 구조를 염려를 통해 대강 윤곽을 잡을 수 있었다. 그러나 그 연관은 존재 일반의 의미가 해명되고 거기-있음[현존재]의 존재의 가장 근원적 전체성이 해명되었을 때에만 충분히 성격 규정될 수 있다. 지금까지의 우리들의 논의가 보여준 것은 단지 '진리는 거기-있음[현존재]과 연관해서만 근원적으로 이해될 수 있다'는 사실이다.

7장

의의와 영향

나의 사상을 위한 시간은 아직 성숙하지 않았다

하이데거 사상의 영향은 막대했고 아직도 지속적인 영향력을 행사하고 있다. 그의 제자들 중에는 낯익은 이름들이 많다. 이를테면 한스 게오르크 가다머, 칼 뢰비트, 허버트 마르쿠제 등이다. 프라이부르크 시절에 그의 밑에서 공부한 사람으로는 막스 뮐러, 베른하르트 벨테, 칼 라너, 요한 밥티스트 로츠 등이 있다. 하이데거는 후설의 현상학 테두리에 있는 사르트르, 메를로 퐁티, 오이겐 핑크 등에도 결정적인 영향력을 행사하였다. 일본의 유명한 철학자들이 그의 밑에서 공부하려고 독일에 왔다는 것은 너무나 잘 알려져 있는 사실이다.

오늘날에 와서 그의 영향의 흔적을 우리는 많은 프랑스 철학자에게서 찾을 수 있다. 장 보프레, 앙리 비로, 미셸 푸코, 쟈크 데리다 등은 직간접으로 그의 영향을 받았다. 비판이론의 대변가인 유르겐 하버마스도 하이데거의 영향을 받았다고 고백하고 있다. 철학의 흐름이나 분과와 연관해서 볼 경우 하이데거는 실존철학, 현상학, 해석학, 존재론, 철학적 인간학 등에 지대한 영향을 미쳤다.

하이데거의 사상은 철학의 테두리를 벗어나 타 학문에도 영향을 미쳤다. 의학 및 심리분석(루드비히 빈스방거, 메다르 보스)에도 영향을 미쳤을 뿐 아니라, 가톨릭 및 개신교 신학(칼 라너, 루돌프 불트만, 폴 틸리히)에도 지대한 영향을 미쳤고, 자연과학(칼 프리드리히 폰 바이체커)에도 많은 영향을 미쳤다.

하이데거 사상의 수용과 비판은 대단히 어려운 작업으로 매우 불안정한 토대 위에 놓여 있다. 그 까닭은 무엇보다도 하이데거가 언어로 표현하고자 하는 것, 즉 존재로서의 존재가 본질적으로 어떠한 언어적인 고착도 벗어난다는 사실에 있다. 그렇기 때문에 하이데거 자신도 명제로 잡을 수 있는 구속력 있는 주장들을 내세우고 있지 않다. 단지 배움을 가르치고자 할 뿐이다. 그렇게 하면서 그는 다양한 주장들을 함축하지 않을 수는 없었다. 이러한 주장들은 충분히 논쟁거리가 될 수 있는 것도 사실이다.

하이데거의 수용을 대단히 어렵게 만드는 것 중 다음의 사실도 그 하나이다. 즉 그 자체로 충분히 분명하고 논증적으로 기술될 수 있는 많은 것을 하이데거 자신이 너무나 거창한 낱말이나 또는 단순한 암시로 불투명하게 말하고 있다는 사실 말이다. 바로 이러한 이유 때문에 독자는 쉽게 하이데거의 핵심적인 사상까지 접근해 들어가지 못하는 위험에 빠지고 만다. 이런 면에서 아마도 하이데거 자신이 하고 있는 말, 즉 나의 사상을 위한 시간이 아직 성숙되지 않았다는 말은 일리가 있을 수 있다. 그러나 이때에 그의 거창한 시도의 한계도 분명하게 밝혀져야 한다. 그 자신이 나중에 인정한 오류의 길들뿐 아니라 그의 사상의 단초에서 기인하고 있는 한계들도 지적되어야 할 것이다.

예컨대 그의 철학에서는 자주 사회적인 주제에 대한, 상호인격적 차원에 대한 논의가 배제되어 있다고 지적된다. 그로써 현대와 같은 복잡한 사회에서 인간이 행위하는 인간으로서 구체적인 역사 속에서 살아가면서 부대끼는 중요한 문제들인 사회정의, 인권 등에 대한 물음들이 전부 떨어져 나오고 만다. 그러한 물음들에 대한 배제는 자신의 사유가 내재적·필연적으로 존재의 의미에 대한 물음에 국한될 수밖에 없었다는 변명으로는 묵인되기 어렵다.

어쨌거나 하이데거는 서양철학에 관심을 갖는 사람들이

힘들어도 한번은 꼭 정복해야 할 봉우리로 우리 앞에 우뚝 솟아 있다.

3부

관련서 및 연보

하이데거는 『존재와 시간』을 전통 철학과의 차별화뿐 아니라 전통 철학과의 근본적인 대결 속에서 저술했다. 그는 자신의 이러한 접근 방법을 '현상학적 해체'라고 명명하고 있다. 전통 철학의 잘못된 시각과 범주들을 해체하여 새롭게 구성하려는 그의 시도는 분명 대단히 거창한, 2500년의 서양철학사를 관통하는 획기적인 작업이다. 이러한 그의 세기적인 모험을 함께 하려면 그가 그리고 있는 서양철학 전반에 대한 그림을 공유하고, 그것을 이해하며 따라갈 수 있어야 할 것이다.

하이데거의 다른 저작들

1. 『기술과 전향』, 독한대역본, 이기상 옮김, 서광사, 1993.
2. 『현상학의 근본문제들』, 이기상 옮김, 문예출판사, 1994.
3. 『형이상학이란 무엇인가』, 독한대역본, 이기상 옮김, 서광사, 1995.
4. 『세계상의 시대』, 독한대역본, 최상욱 옮김, 서광사, 1995.
5. 『니체와 니힐리즘』, 박찬국 옮김, 지성의 샘, 1996.
6. 『셸링』, 최상욱 옮김, 동문선, 1996.
7. 『논리학, 진리란 무엇인가』, 이기상 옮김, 까치, 2000
8. 『동일성과 차이』, 신상희 옮김, 민음사, 2000
9. 『형이상학의 근본개념들, 세계―유한성―고독』, 이기상 옮김, 까치, 2001

10. 『진리의 본질에 관하여. 플라톤의 동굴의 비유와 테아이테토스』, 이기상 옮김, 까치, 2004.

더 읽어야 할 책들

1. 이기상, 『하이데거의 실존과 언어』, 문예출판사, 1991.
2. _____, 『하이데거의 존재와 현상』, 문예출판사, 1992.
3. _____, 하이데거 사상강좌 『존재의 바람, 사람의 길』, 철학과 현실사, 1999.
4. _____, 『하이데거의 존재사건학』, 서광사, 2003.
5. 이기상(편저), 『하이데거 철학에의 안내』, 서광사, 1992.
6. 오토 페겔러, 『하이데거 사유의 길』, 이기상/이말숙 옮김, 문예출판사, 1993.
7. 한스 페터 헴펠, 『하이데거와 禪』, 이기상/추기연 옮김, 민음사, 1995.
8. F.W. 폰 헤르만, 『하이데거의 예술철학』, 이기상/강태성 옮김, 문예출판사, 1997.

9. _____,『하이데거의 존재와 시간을 찾아서』, 신상희 옮김, 한길사, 1997.
10. G. 스타이너,『하이데거』, 임규정 옮김, 지성의 샘, 1996.
11. 마이클 겔븐,『존재와 시간 입문서』, 김성룡 옮김, 시간과 공간사, 1991.
12. 발터 비멜,『하이데거』, 신상희 옮김, 한길사, 1997.
13. 이기상/구연상,『「존재와 시간」용어해설』, 까치, 1998.
14. 박찬국,『하이데거와 나치즘』, 문예출판사 2001.
15. _____,『하이데거와 윤리학』, 철학과 현실사, 2002.
16. 이수정/박찬국,『하이데거, 그의 생애와 사상』, 서울대출판부, 1999.
17. 리하르트 비서,『하이데거, 사유의 도상에서』, 강학순/김재철 옮김, 철학과 현실사, 2000.
18. 신상희,『시간과 존재의 빛』, 한길사, 2000.
19. 한국하이데거학회 편,『하이데거의 존재사유』, 철학과 현실사, 1995.
20. _____,『하이데거의 철학세계』, 철학과 현실사, 1997.
21. _____,『하이데거의 언어사상』, 철학과 현실사, 1998.
22. _____,『하이데거와 근대성』, 철학과 현실사, 1999.
23. _____,『하이데거 철학과 동양사상』, 철학과 현실사, 2001.
24. _____,『하이데거의 예술철학』, 철학과 현실사, 2002.

하이데거 연보

1889. 9. 26.
독일 남부 인구 4천 명의 소도시 메스키르히에서 성 마르틴 성당의 성당지기인 아버지 프리드리히 하이데거와 모친 요한나 켐프 사이에서 삼남매의 장남으로 태어남.

1903~1906년
콘스탄츠 인문고등학교(김나지움) 재학.

1906~1909년
프라이부르크 인문고등학교(김나지움) 재학.

1909~1911년
프라이부르크 대학에서 신학 공부.

1909~1911년
프라이부르크 대학에서 철학, 인문학 및 자연과학 공부.

1913년

프라이부르크 대학에서 리케르트 교수 지도 아래 「심리학주의에서의 판단에 관한 이론」이라는 논문으로 박사학위 받음.

1916년

프라이부르크 대학에서 「둔스 스코투스의 범주론과 의미론」이라는 교수임용자격 논문이 통과되어 교수자격 취득.

1917년

엘프리데 페트리와 결혼.

1919년

첫아들 요르크 하이데거 출생.

1920년

둘째아들 헤르만 하이데거 출생.

1922년

마르부르크 대학에 부교수로 초빙되어 1928년까지 재직. 토트나우베르크에 통나무집 건립.

1927년

『존재와 시간』 출간.

1928년

에드문트 후설의 후계자로 프라이부르크 대학의 철학과 정교수로 초빙됨.

1929년

프라이부르크 대학에서 교수취임강연 「형이상학이란 무엇인가?」

1933. 5. 27

프라이부르크 대학교의 총장으로 선출됨. 총장취임 강연 「독일 대학의 자기주장」

1934. 2.

총장직 사임.

1935년

프라이부르크 예술학회에서 강연 「예술작품의 근원」

1936년

이탈리아 로마에서 강연 「횔덜린과 시 지음의 본질」

1938년

프라이부르크 대학에서 강연 「형이상학을 통한 근대 세계상의 정초」(『세계상의 시대』 참조)

1940년

강연 「진리에 관한 플라톤의 이론」

1944년

전쟁이 막바지에 이르자 민방위 대원으로 소집됨.

1945년

종전후 연합군은 51년까지 하이데거에게 강의를 금지함.

1946년

릴케 기념 강연 「무엇을 위한 시인인가?」

1949년

브레멘 클럽에서 네 차례의 강연 「존재하고 있는 것으로의 일별」(『기술과 전향』 참조)

1951년

다름슈타트에서 강연 「지음, 삶, 사유」, 「인간은 시인으로서 산다」

1951년

프랑스 지성인들의 끈질긴 호소로 교수직에 복직됨.

1952년

한 학기 강의하고 63세의 나이로 은퇴함.

1953년

강연 「니체의 차라투스트라는 누구인가?」, 「과학과 숙고」, 「기술에 대한 물음」

1955년

메스키르히에서 기념강연 「내맡김」

1956년

브레멘 클럽에서 강연 「근거에 관한 명제」

1957년

토트나우베르크에서 강연 「형이상학의 존재-신론적 구성

틀」, 프라이부르크 대학에서 강연 「사유의 근본명제들」 (『동일성과 차이』 참조)

1958년

프랑스 에-장-프로방스에서 강연 「헤겔과 그리스인」

1959년

뮌헨 바이에른 예술원에서 강연 「언어로의 도상에」, 하이델베르크 학술원에서 취임강연 「횔덜린의 땅과 하늘」

1962년

첫 그리스 여행.

1967년

아테네에서 강연 「예술의 유래와 사유의 규정」

1968년

프랑스 앙리스빌에서 강연(르네 샤르가 프랑스어로 통역함) 「횔덜린과 시」, 토르에서 세미나 개최 「헤겔의 '피히테와 셸링 체계의 차이'」

1969년

토르에서 세미나 개최 「칸트의 '신 존재 증명에 관한 단 하나의 가능한 증명근거에 대하여'」

1976. 5. 26.

고향인 메스키르히에서 87세의 나이로 사망함.

1976. 5. 28.

하이데거의 소원대로 동향 친구이자 제자인 베른하르트 벨테 신부의 주례로 장례미사가 거행됨.

(**1974년** 하이데거 전집이 기획됨. 102권의 전집이 기획되어 지금까지 80여 권이 출간됨.)

주

1) 브렌타노(Franz Brentano, 1838~1917)는 '지향성'이라는 스콜라 철학의 개념을 끌어들여 연상(聯想) 심리학을 극복하고, 그의 제자 후설이 심리주의를 극복하고 현상학의 길을 열도록 해주었다.
2) 마르틴 하이데거, 『존재와 시간』, 이기상 옮김, 까치글방, 1998, 13쪽, 서론 앞에 있는 글.
3) 하이데거의 핵심용어 'Dasein'을 '거기-있음'으로 번역한다. 지금까지 대개의 경우 '현존재'로 번역했던 것을 감안해서 그 표현을 괄호 안에 표기한다. 거기-있음(Dasein). 하이데거는 인간에 대한 고정관념을 가지고 인간을 고찰하려는 자세를 가장 경계한다. 인간의 본래적인 독특함은 그가 행할 수 있는 본질적인 능력이 아니라 바로 그의 존재함의 독특한 방식과 양식이다. 인간의 있음은 사물의 눈앞에 있음이나 도구의 손안에 있음, 식물의 자신 속에 갇혀 있음, 동물의 주변에 붙들려 있음과는 본질적으로 다른 고유한 있음의 방식 속에 존재한다. 그러한 사태를 표현하기 위해 하이데거가 택한 용어가 'Dasein'이다. 그것을 지금까지는 일본학자들의 번역용어를 좇아 '현존재'라고 번역해 왔는데, 하이데거가 의미하고 있는 바를 더 잘 옮기기 위해서는 독일어의 일상적 의미를 그대로 옮기고 거기에 철학적 내용을 실어주는 것이 좋을 듯하다. 그래서 이 책에서는 '거기-있음'이라고 번역하며 혼란을 막기 위해 괄호 안에 '현존재'라는 기존의 번역어를 함께 사용했다. 인간의 '거기-있음'은 존재자의 한가운데서 자기 자신을 숨기기를 좋아하는 존재자들을 그것들의 존재(있음)에서 드러내 보이기 위해서 은폐와 은닉의 장막을 치우고 존재가 나타나도록 탈은폐하는 '거기-있음'이다. 그래서 그 '거기-있음'은 바로 존재가 자신을 알려오는 존재의 장으로서의 '존재의 거기(Da des Seins)'이기도 한 것이다.
4) 하이데거는 세계 안에서 발견되는 사물들과 도구들의 있음을 인간의 세계-

안에-있음(세계-내-존재)과 구별하기 위하여 그것들을 세계내부 존재자라고 명명한다.

5) M. Heidegger, *Die Grundprobleme der Phänomenologie*(현상학의 근본문제들), 전집 제24권, Frankfurt a.M., 1975, p.329/번역본 : 마르틴 하이데거, 『현상학의 근본문제들』, 이기상 옮김, 문예출판사, 1994, 377쪽.

존재와 시간 인간은 죽음을 향한 존재

펴낸날	초 판 1쇄 2006년 1월 31일
	개정판 7쇄 2020년 12월 1일
지은이	이기상
펴낸이	심만수
펴낸곳	(주)살림출판사
출판등록	1989년 11월 1일 제9-210호
주소	경기도 파주시 광인사길 30
전화	031-955-1350 팩스 031-624-1356
홈페이지	http://www.sallimbooks.com
이메일	book@sallimbooks.com
ISBN	978-89-522-0978-8 04080
ISBN	978-89-522-0314-4 04080 (세트)

※ 값은 뒤표지에 있습니다.
※ 잘못 만들어진 책은 구입하신 서점에서 바꾸어 드립니다.